基于文化自信的 大学语文教育研究

赵盛国 著

哈尔滨工程大学出版社

Harbin Engineering University Press

内 容 简 介

大学校园是文化传承、发展和创新的聚集地,大学生更是民族文化自觉和文化自信的重要引领者。因此,大学是必须要坚守文化自信的阵地,用中华优秀传统文化来教育、感染、熏陶学生,使学生清楚地认识到中华优秀传统文化的真谛,让中华优秀传统文化在潜移默化中影响学生的思想意识、行为举止,做到"文以化人",让学生坚定文化自信,提升自身道德品性和创新能力,成长为社会所需要的高素质人才。

本书是研究大学语文教育方向的著作,先从文化自信基础理论介绍入手,针对大学语文教育以及大学语文教育的文化功能进行了分析;接着研究了大学语文教学与创新、大学语文素养系统、大学语文教育生态化教学设计思路、大学语文教师的角色定位与专业修养,以及深度学习对大学语文教学的作用;最后对大学语文课程培育文化自信的路径建设提出了一些建议。本书对大学语文教育的应用创新有一定的借鉴意义。

图书在版编目(CIP)数据

基于文化自信的大学语文教育研究 / 赵盛国著. —
哈尔滨 : 哈尔滨工程大学出版社,2024.1
　　ISBN 978-7-5661-4270-2

　　Ⅰ. ①基… Ⅱ. ①赵… Ⅲ. ①大学语文课-教学研究
Ⅳ. ①H193

中国国家版本馆 CIP 数据核字(2024)第 041737 号

基于文化自信的大学语文教育研究
JIYU WENHUA ZIXIN DE DAXUE YUWEN JIAOYU YANJIU

选题策划　刘凯元
责任编辑　李　暖
封面设计　李海波

出版发行	哈尔滨工程大学出版社
社　　址	哈尔滨市南岗区南通大街 145 号
邮政编码	150001
发行电话	0451-82519328
传　　真	0451-82519699
经　　销	新华书店
印　　刷	哈尔滨市海德利商务印刷有限公司
开　　本	787 mm×1 092 mm　1/16
印　　张	9.75
字　　数	254 千字
版　　次	2024 年 1 月第 1 版
印　　次	2024 年 1 月第 1 次印刷
书　　号	ISBN 978-7-5661-4270-2
定　　价	55.00 元

http://www.hrbeupress.com
E-mail:heupress@ hrbeu.edu.cn

前　　言

随着时代对课程思政、课程育人和文化自信的倡导,越来越多的学者开始关注文化自信教育与大学语文课程教学,大学语文课程应该而且必须成为文化自信教育的有效载体和重要阵地。从大学语文的学科性质上看,其课程本身就蕴含着丰富的文化自信,同时文化自信教育也能够为大学语文课程寻得课程育人的具体方向,二者是互融互通的,并不像人们所质疑的那样——大学语文将沦为纯粹的政治课。因此,把握时代的脉搏,将大学语文课程教学与对学生的文化自信教育结合起来,不仅能帮助文化自信教育更好地走入课堂,形成培育学生文化自信的"大学语文课程经验",还能有效促进课程管理者、实施者和接受者形成对文化自信的认知、认同和践行,不断生成大学语文课程教与学的实践智慧,让学生在大学语文课程中不断坚定文化自信,实现"知识技能+文化素质"双提升。

在教育目的、学习内容、学习方式等方面,大学语文课程与文化自信教育工作都有着完美的契合点,体现了大学语文课程在文化自信教育中具有的独特优势。从教育目的上看,大学语文会把培育学生人文素质作为重要的目的之一,而提升学生的人文素养也是文化自信教育工作的必然选择。从学习内容上看,大学语文的学习内容一般都会编选经典的中国文化名著,通过学习这些经典篇目可以帮助学生认识到为人处世的道理,有利于学生树立坚定的文化自信,促进学生自觉践行社会主义核心价值观。可以看出,大学语文课程是加强学生文化自信的重要载体,二者有着紧密的联系,大学语文在文化自信教育中有着独特的优势,因此,做好文化自信与大学语文教育的研究已成为当下高等教育发展的重要一环。

本书参考了大量的相关文献资料,借鉴、引用了诸多专家、学者和教师的研究成果,得到了很多专业人士的支持和帮助,在此深表谢意。由于著者能力有限,虽极力丰富本书内容,多次修改力求著作的完美,但仍难免有不妥与遗漏之处,恳请诸位专家和读者指正。

著　者

2023 年 11 月

目　　录

第一章 文化自信基础理论

第一节 坚定文化自信的时代必然性

民族文化是维系民族生存和发展的血脉与灵魂,是一个民族的精神载体。而民族精神作为一种特定的民族文化现象,则是一个民族在长期共同生活和实践中逐步形成和培育起来,并通过特定的社会行为方式表现出来的思想品格、价值信念、道德规范等的综合体现,是被高度综合和概括了的精神品质及风貌。民族文化和民族精神之间的内在契合性决定了优秀的文化资源和坚定的文化自信对民族精神培育的至关重要性。

民族精神是一个民族赖以生存和发展的精神支撑,也是实现中华民族伟大复兴中国梦的精神支撑。五千年文明史积淀出的中华民族最深沉的精神追求,是中华民族自信、民族自豪的精神支柱与文化源泉。可以说,在追求国家独立、民族解放的近现代中国历史上,有志之士始终积极探索着救国救民的道路,"中体西用"让西方文化开始广泛进入中华大地。随着改革开放的不断深入,中国特色社会主义建设带来了经济的飞速发展,中华民族重新崛起于世界的东方。我国综合国力日益增强,正在以一种崭新的姿态展现于世界舞台。但是,经济的发展和综合国力的提升并没有直接带来中华文化和民族精神的同步发展,反而愈加凸显出民族精神发展的滞后性和重建文化自信、培育民族精神的重要性。在经济全球化、网络信息化进程不断加快,全球文化之间的交流、交融、交锋愈加频繁,中国共产党领导全国人民致力于全面建成小康社会、实现中华民族伟大复兴中国梦的大背景下,格外需要凝聚全国人民的意志,重拾文化自信,以良好的民族精神品质和精神风貌积极应对新时代的挑战。

一、坚定文化自信是实现中华民族伟大复兴中国梦的强大精神力量

纵观世界各国的发展历史和基本规律,国家和民族的复兴与强盛,势必以文化的发展繁荣为支撑,以全民族的文化自信为底气。换言之,没有繁荣的文化发展,没有高度的文化自信,也就不会有中华民族的伟大复兴。坚定文化自信,以中国特色社会主义文化激励全国人民奋勇前进,是实现中华民族伟大复兴中国梦的强大精神力量。文化自信作为实现中华民族伟大复兴中国梦的强大精神力量主要体现在以下几方面。其一,文化自信根本在于价值观自信。弘扬社会主义核心价值观,增强全民族价值观自信,培养能够担当民族复兴大任的时代新人,是实现中华民族伟大复兴中国梦的智力支持和人才保障。社会主义核心价值观是当代中国文化和民族精神的集中体现,是全国各族人民共同的价值追求,我们应以精神文明创建,精神文化产品创作、生产传播以及国民教育为核心载体,着力弘扬社会主义核心价值观,使社会主义核心价值观作为引导全国各族人民在实现中华民族伟大复兴中国梦的过程中不断奋进的情感牵引和行为规约。其二,文化自信体现的是一个国家的文化

软实力,是综合国力的重要组成部分。坚定文化自信,不断提升文化软实力,增强我国综合国力,是实现中华民族伟大复兴中国梦的软实力保障。其三,文化自信是全民族共同的心理基础。树立高度的文化自信,始终坚持以马克思主义为指导,加快中华优秀传统文化的转化和创新,继承和弘扬优秀革命文化,不断发展社会主义先进文化,是在价值观日益多元的国内外形势下,坚定方向、保持自我,团结一致构建人民群众的精神家园,提升中华文化在世界舞台上的吸引力、竞争力和辐射力,是实现中华民族伟大复兴中国梦的文化心理保障。

二、坚定文化自信要求继续以中国特色社会主义文化涵养民族精神

随着社会主义市场经济的建立和不断完善,多元利益主体在市场竞争中的彼此碰撞和融合带给人们多元化的价值追求。因此,在改革开放日益深化的国内环境和经济全球化趋势逐渐加强的国际形势下,越来越多的民众容易产生对中国文化特质、中华民族精神与核心价值体系的认知偏差或理解差异。从文化和精神的内在关系角度来看,精神是文化的重要内核,同时又孕育和涵养于强大的文化场域之中。在这一背景下,我们要坚守孕育于中华五千年文明史的优秀传统文化,要继承中国共产党领导全国各族人民在革命、建设和改革中创造出的革命文化和社会主义先进文化,更重要的是,必须在此基础上,立足于当代中国处于全面建成小康社会决胜阶段和中国特色社会主义进入新时代这一关键时期的社会现实,始终坚持以马克思主义为指导,不断明确民族的基本精神追求和社会道德底线,在国际竞争的博弈中凭借广阔的世界胸怀,在推进人类命运共同体的进程中借鉴和内化国外先进的文化因素,着力发展中国特色社会主义文化,更加坚定新时代中国特色社会主义文化自信,以中国特色社会主义文化不断涵养中华民族精神内涵,为引导全民族进行正确的价值判断和文化选择、为实现中华民族伟大复兴的中国梦提供强大的精神支撑。

第二节 文化自信的科学内涵和动力源泉

文化是民族的血脉,是人民的精神家园,也是作为国家核心竞争力的重要组成部分。随着经济全球化、网络信息化以及政治多极化进程的日趋深入,国家、民族间的思想文化交流碰撞愈发频繁,思想文化领域的争夺日益激烈。近年来,党中央逐渐明确以培养高度的文化自觉和文化自信建设社会主义文化强国的战略构想,强调了坚定文化自信在中华民族伟大复兴进程中的重要价值,为国家各层面文化建设指明了方向。

一、文化自信的基本含义

坚持不忘初心、继续前进,就要坚持中国特色社会主义道路自信、理论自信、制度自信、文化自信。文化自信,是更基础、更广泛、更深厚的自信。文化自信是一个国家、一个民族在发展中更基本、更深沉、更持久的力量。因此,深入理解文化自信的科学内涵不仅是把握党中央关于中国特色社会主义文化发展战略的前提,也是在当前历史条件下开展文化自信研究和培育工作的基础。

所谓"文化自信",是指一个国家、一个民族、一个政党对自身文化价值的充分肯定,对

自身文化生命力的坚定信念。从本质来讲，文化自信是一种自觉的心理认同、坚定的信念和正确的文化心态。从文化发展的内在逻辑来看，文化自信并非单一系统，而是处于文化发展大的格局中。从文化自信的构成要素来看，文化自信的主体是具备认知、理解、批判、反思、践行意识和能力的文化主体，既包括国家、民族、政党、社会组织在内的文化群体，也包括处于历史活动中的独立个体。文化自信的客体即文化自信的内容，也就是本民族的优秀文化，具体来说，是对优秀文化中蕴含的独特价值、彰显的顽强生命力和文化本身表达的对待外来文化的理性态度等内容。文化自信的中介是一个集文化认知、比较、认同等对象性活动于一体的心理和实践过程。

基于上述理解，文化自信可以被界定为处于历史文化生活中的文化主体，面对身处其中的文化客体，经由认知、理解、比较、反思、认同、践行等一系列自觉的心理和实践活动后，形成的对自身文化价值的充分肯定、对外来文化的理性对待，以及对自身文化生命力坚信不疑的心理状态。概而言之，文化自信就是文化主体在文化生活中，经过自我丰富、自我提升达到自我超越并形成自我肯定的主体性文化心态。这是人类在文化领域的纵深发展，是文化自觉和文化自强在文化发展中的客观呈现。

二、文化自信的主要维度

学者们从不同视角讨论了文化自信的基本维度，主要观点如下。其一，文化自信"二维论"。有学者认为，文化自信主要包括文化主体自我信任的良好心态和基于文化内容的独特性与优越性两个维度；还有学者认为，文化自信的本质和核心包括价值观自信和伦理自信两个维度。其二，文化自信"三维论"。文化自信涉及对文化科学性、文化价值性和文化普适性的自信，主要包括三个关键性构成维度，分别是文化精神自信、文化能力自信和文化道路自信。其三，文化自信"五维论"。文化自信涉及对自身文化发展历史与现实的理性认知、对历史文化成就的崇敬与自豪、对自身文化长处和不足的了解、对自身文化创新和取长补短能力的科学认识、对未来文化发展前景充满希望五个方面。

三、文化自信的本质特征

(一) 根本的民族性

文化是民族的血脉，也是民族的灵魂。民族性是文化自信最根本的特征。民族性不仅体现了文化的差异性，也从本质上决定了国家、民族间文化自信的独特性。一方面，就文化自信的主体而言，无论是国家、民族、政党、社会组织还是个人，都深深地烙印着与生俱来且体现本质的民族属性。文化主体在长期的生活、生产实践的历史过程中创造了自己的民族文化，并在文化实践中持续体验和传承着民族文化。民族文化与文化主体通过民族属性牢牢地联系在一起，民族的文化基因深深地熔铸于每一个文化个体的血液中。也就是说，只有本民族的文化个体才能真正了解本民族文化的发展过程，真正懂得民族文化的独特价值和文化能力，真正拥有本民族文化的自信。如果其他民族的人拥有了中华民族的文化自信，这种文化自信起码不是纯粹意义上的文化自信。另一方面，就文化自信的客体而言，文化自信的客体也可以说是文化自信的本源，取决于本民族自身优秀文化的积极价值、旺盛的生命力和对待其他文化的理性态度，这些内容都是民族生存和发展过程中经过历史和实践检验出来的内容，是值得文化主体尊重、敬畏和信任的。就中华民族文化自信的内容来说，无论是优秀的传统文化、革命文化还是社会主义先进文化，都与中华民族的兴衰息息相关，其中的民族性不辩自明。

（二）鲜明的时代性

文化自信作为一种拥有价值导向的文化理念具有鲜明的时代性特征。文化是人类社会实践的产物，反映的是不同历史时期人类在生产和生活实践中的精神追求。将文化自信上升为具有价值引领作用的理念，必然与国家、民族所处的时代有着密切的联系。从历史的角度来看，每个特定的时代都有其特点，这些特点对民族主体的生存与发展有着或大或小的影响。为了顺应时代发展的潮流，保障民族的生存与发展，民族主体极其重视从人的精神层面进行有针对性的构筑，也就是突出文化的引领作用。因此，审视不同历史时期不同的民族文化，我们会发现这些文化带有明显的时代烙印。

（三）本质的实践性

文化自信的主体是现实生活中的人。在马克思、恩格斯的视野中，人是一切社会关系的总和，人的自然属性与社会属性共同统一于人的劳动实践。而人与动物的本质区别在于人是自由、自觉的类存在物，而劳动实践则是人的基本存在方式，人所特有的文化现象就是劳动实践所创造的。人类的劳动实践过程不仅满足了肉体的直接需要，也实现了自己存在的目的。人类通过实践的方式创造对象世界，改造无机世界，证明了人是有意识的类存在物。人类的实践过程也可以看作马克思、恩格斯所谓的"能动的生活过程"，而由此过程创造的对象性文化也必然具有实践的基本特征。

文化自信作为一种外在的文化现象，也必然是在人的劳动实践过程中被总结、抽象出来的。就这个文化生产和抽象的过程来说，文化自信具有实践性的根本特征。从中华民族的文化自信角度来说，无论是中华优秀传统文化、革命文化还是社会主义先进文化，都是中华儿女在不同历史时期通过劳动实践和文化实践得来的，并且在实践中得到真正意义上的检验，从而具有符合主体需求的价值和客观的真理性。文化自信的实践性特征揭示了文化自信并非由纯粹的思维形成，而是产生于实践的过程。只有从实践出发，作为文化自信主体的人才能真正理解文化自信的本质，从而继续开展对文化自信的认同和践行的过程。

（四）价值的指向性

马克思主义认为，意识具有能动性。意识的能动性不仅能够指导人能动地认识世界，还能够指导人能动地改造世界。正确的意识能够促进客观事物的发展，错误的意识将阻碍客观事物的发展。文化在人的实践过程中实现了"人化"和"化人"的有机统一，人通过文化的指引在改造世界的同时也完成了改造自身的任务。而文化在人的实践活动中所体现的能动性具体表现为对主客体的价值指向性，这种价值指引性主要体现在"人化文化"和"文化化人"两个方面。一方面，人在改造世界的实践过程中需要文化的价值引导，从而能更好地满足生产和生活需求，这种文化外向的价值指向，促使人把在实践过程中创造的内在精神文化以物化形态表现出来,并指导人们开展实践,满足需求;另一方面,作为社会关系总和的人仍有自我发展和超越的客观需要,这就需要利用文化向内的价值指向,将实践作为文化的动态形式作用于自身来满足发展的需求。具体来说,人利用客观存在的文化作用于主体自身,转化为主体的能力、思想、素质、觉悟,从而使得主体在思想品质、道德情操、价值取向方面得到提升。

作为文化特殊表现形态的文化自信所表现出来的价值指向性,一方面体现为主体通过文化实践开展文化创造活动,不断丰富文化自信这一文化形态内涵与价值,挖掘其自身的发展规律和作用机制,使文化自信这一文化现象更具科学性和引领性;另一方面表现为主体在文化实践过程中,深刻认同文化自信本身的价值,自觉地接受文化自信的内在要求,在文化自信的引领和感召下,不断深化对自身文化的理解与认知,提升其精神境界,转变思维方式,完成人格的超越。

(五) 博大的包容性

文化自信在内涵上包含文化主体对自身文化价值和生命力的肯定,同时也包含在应对外来文化上的理性态度上,这种理性态度主要体现为文化自信的包容性。文化作为民族个体在劳动实践中的产物,是民族生活的客观反映,在人类的历史社会发展过程中发挥了不可估量的作用。但世界并非只有一种文化,民族间的文化不同,民族内部的文化也有区别。文化存在着差异,而且这种差异是无法弥合的,更不可能趋同。在多元文化背景下,文化差异导致了人类文化交流、交融与碰撞的出现。这里不得不承认文化的差异为世界的文明发展提供了机遇,但同时也因为文化的差异造成了文明的冲突。

文化自信的包容性充分体现在理性地对待文化的差异上面。是否有包容性是文化自信与文化自负的本质区别。具体来说,文化自信的包容性体现为三个方面:一是尊重,对其他文化抱有尊重的态度,尊重它们的存在和地位,承认它们的文化价值,认可它们的发展历程。这是一种博大胸怀的体现,只有相互尊重,才能保持交流、交融、合作、进步的空间。二是融合,即善于发觉其他文化的优长,并积极通过借鉴来补充和丰富自己的文化,形成更新、更科学的文化系统。三是共享,即把这一系统往外扩充,使人类全体受益。

当然,文化自信的这种包容性还必须有一个前提,那就是要充分肯定自身文化的价值和生命力,也就是恪守自身文化的本位。文化自信的包容性从一定意义上讲也是文化主体的一般性与特殊性、稳定性与开放性的高度统一。

四、文化自信的动力源泉

如前所述,文化自信是文化主体对文化客体的积极的心理感受,而这一心理建设过程需要经历文化客体通过自身所蕴含的动力体系对文化主体施以漫长作用。我们认为文化自信产生的动力源泉主要体现在如下方面:

其一,文化自信源自深厚的民族历史文化底蕴彰显出的不凡的精神气度。中华民族在五千多年的发展进程中,以海纳百川的气魄团结各族人民,以中华民族的集体智慧,经过世代的传承和发展,共同创造并凝练出了中华民族特有的价值理念、信仰体系、思维方式和行为习惯,形成了博大精深的中华优秀传统文化和精神气度。纵观世界文明史,中华文明是人类历史上唯一没有中断过的文明。中华民族深厚的历史文化底蕴所彰显的不凡的精神气度,以及在中国发展和人类文明进步中的地位,是每一位中华儿女与生俱来的自信之源,也是文化自信的动力之源。

其二,文化自信源自当代中国的经济基础和制度自信。文化自信是文化主体精神生活的表现形式,因此从根本上讲,文化自信源自历史文化的积淀,更源自社会生产力和经济社会发展水平。

其三,文化自信源自马克思主义理论指导下的理论自信和道路自信。文化发展方向的正确性,取决于科学的理论引导,取决于正确的发展道路,关系到文化自身的生命力,也关系到国家民族的发展前途,从而决定文化自信的产出。

第三节 文化自信与复兴

一、文化自信与文化认同

文化自信是指全民族对自己民族文化的历史传统、当代发展和未来走向,以及在世界文明发展中的地位和作用,具有高度的价值认同和精神归依,敢于、乐于、善于进行创造性继承和创新性发展。文化自信不是外力强加的,而是发自内心地对民族文化自我价值、能力和前途的坚信,是一种内在的精神力量。就发展阶段和具体形态而言,文化自信包括古典形态的中华优秀传统文化、具有近现代特质的革命文化,以及充满时代精神的社会主义先进文化。

(一) 文化自觉和文化重构是文化认同的重要表现

文化自信首先表现为文化自觉。文化自觉是一个民族对于自己文化之由来,及其发展历程、内在特质、现实状况、发展趋势的理性把握,是对于本民族文化与其他民族文化关系的理性把握。对民族历史文化传统的理性清理,对以改革创新精神为核心的时代精神的光大,对中华优秀传统文化的创造性继承和创新性发展,是文化自觉的当代表现,更是文化自信的切实践行。最近几十年来,研究者对包括先秦子学、两汉经学、魏晋玄学、宋明理学、清代新学在内的不同的学术繁荣时期有实事求是的价值肯定;对墨、名、法、阴阳、农、杂、兵诸家学说的内容有合理的挖掘和阐释;对先秦老子、孔子、墨子、孟子、庄子、荀子、韩非子,以及汉代董仲舒、王充,乃至宋明清时期的程颐、朱熹、陆九渊、王阳明、顾炎武、黄宗羲、王夫之,直到近代的康有为、梁启超、孙中山等思想大家,都有价值创造的褒扬;对浩如烟海的传统典籍里的治国理政智慧,有创造性阐发。这都表明我们的文化自觉意识日益增强,作为文化自觉最高表现形态的文化自信日益高涨。这些不是外力强加给我们的,而是经过长期的实践,经过自我反省、自我批判后自我超越的结果,是积淀于我们内心的价值认同,是对民族文化的价值坚守。

文化自信还表现为对民族传统文化的批判性清理及对有前瞻性的价值进行重构。在积极地光大优秀传统文化的同时,能够清醒地看到民族文化的不足之处,勇于并善于积极地对其进行清理,通过文化批判为新的价值重构创造条件,是我们民族素有的襟怀和胆魄。

历史上不同学派的不同思想相互激荡,往往在碰撞中相互吸收甚至融合,在和而不同的价值理念引导下,做到"万物并育而不相害,道并行而不相悖",从而发展壮大了中华文明。

(二)认同优秀传统文化并开挖其当代价值是文化自信的当代表现

文化自信不仅在于文化自觉,同时还在于对优秀传统文化的历史价值的认同,特别是在于对优秀传统文化的当代价值的开掘。传承弘扬中华优秀传统文化不仅是中国共产党的初心所在,也是时代任务。而要忠实传承弘扬优秀传统文化,就必须在了解的基础上认同其历史意义、挖掘其现代价值,从而在传统与现代相贯通、理论与实践相一致的方法论原则下,坚定我们的文化自信。

诚如人们所知,优秀传统文化凝聚着中华民族自强不息的精神追求和历久弥新的精神财富,是发展社会主义先进文化的深厚基础,是建设中华民族共有精神家园的重要支撑。我们今天讲文化自信,既要有深厚的历史意识,又要有强烈的现代精神。质言之,要对中华民族的优秀传统文化有自觉的价值认同和精神归依。对于拥有五千年文明史的中华民族而言,优秀传统文化理所当然是我们文化自信的价值底蕴。优秀传统文化是中华民族在长期发展过程中逐渐形成的价值观念、理想人格、思维方式、伦理观念乃至审美情趣等思想文化的结晶,是其正面价值或者说合理内核的载体。这个独特的价值体系包蕴着丰富的文化内涵和深刻的价值理念。对于这些文化内涵和价值理念的概括和评价,人们自可见仁见智。但某些最为基本的思想观念和人文精神,却是具有基本共识的。例如,习近平总书记提出,要认真汲取中华优秀传统文化的思想精华,深入挖掘和阐发其讲仁爱、重民本、守诚信、崇正义、尚和合、求大同的时代价值,就是学术界和社会人士都认可的道理。应当说,讲仁爱等六个方面的内容,是中华优秀传统文化的核心价值。与这六个方面的价值观念相辅而行的,是道法自然、为政以德、和而不同、自强不息、厚德载物、天下为公、义以为上、知行合一和己所不欲、勿施于人等重要的思想观念。在中华民族数千年的发展历程中,以优秀传统文化为标识的中华文化积淀着中华民族最深沉的精神追求,为中华民族的发展壮大提供了丰厚的滋养。爱国主义的民族情怀、团结统一的价值取向、贵和尚中的思维模式、勤劳勇敢的内在品质、自强不息的进取意识、厚德载物的博大胸怀、崇德重义的传统情操、科学民主的现代精神,是中华民族精神的重要载体和凝练表现,是多元一体的中华民族和中华文化生生不息的内在的精神动力。"正德、利用、厚生、惟和""为天地立心,为生民立命,为往圣继绝学,为万世开太平",这些充满中华特色的价值追求,为我们民族挺立精神脊梁、善用外部条件、国家长治久安、民众安身立命提供了基本的思维模式和价值理念,从而成为跨越不同时代、超越不同阶层的文化精神构建、思想价值认同的最大公约数。

(三)社会主义核心价值观是对优秀传统文化的开拓与创新

对于我们这样一个拥有五千年文明史的中华民族来说,文化自信的根基首先源自优秀的民族传统文化。但是,"民族优秀文化"并不停留、局限于传统文化,而是贯通古今、内在地包蕴着当代中国文化的一个有机整体。质言之,对中华优秀传统文化的价值认同和对社会主义先进文化的自觉践行,都是文化自信的必然结果。而从文化的民族性和发展的连续性来看,优秀传统文化与社会主义核心价值观是内在相通的,因而我们不仅能够在传统的基础上获得认同,而且能够在认同的基础上开拓创新。

没有对优秀传统文化的价值认同,就会游谈无根,就没法构建当代新型文化价值体系。同样,没有立足当代中国实际的创造性,没有充满改革创新时代精神的文化批判和价值重构,就不能开拓出传统文化崭新的一面,弘扬优秀传统文化就会落空,所谓文化自信就会流于形式,失之肤浅,优秀传统文化的生命就会枯萎。而从思想文化构建的理论化、制度化的层面来看,锻铸社会主义核心价值观正是对优秀传统文化的创造性发展,是富有时代精神的开拓创新之举。

中华优秀传统文化与社会主义核心价值观内在相通。中华优秀传统文化为社会主义核心价值观提供精神滋养,社会主义核心价值观是对中华优秀传统文化的创造性继承和创新性发展。我们讲文化自信,应当深刻地看到这一点,从而才能更好地找到文化自信的价值基点。社会主义核心价值观表现为国家层面的富强、民主、文明、和谐,社会层面的自由、平等、公正、法治,个人层面的爱国、敬业、诚信、友善。

社会主义文化的本质属性是它的先进性,而社会主义核心价值观正是其先进性的典型而凝练的体现。今天我们所追求的国家层面的富强、民主、文明、和谐,包含并超越了中国古代到近代的相应价值追求。在古代中国,实际上没有也不可能达到整体性和持续性的富强(汉唐盛世只是局部地域阶段性地出现富强的景象,比如文景之治、贞观之治),专制政治的本质决定了没有民主可言,文明只能是一种幻想,国家层面的和谐只是虚悬一格。社会层面的自由、平等、公正、法治,由于社会性质的制约和发展阶段的局限,没有形成的可能,更没有实践的可能。

今天的中国,思想文化领域多元而又开放。今天的世界,更是呈现政治多极化、经济全球化、文化多元化。如此可以从容地说,要大力践行社会主义核心价值观,弘扬中华优秀传统文化,吸纳世界各国文化的长处,以成就中国特色社会主义文化。文化自信只有有了历史凭据和现实基础,我们对于优秀传统文化的创造性转化和发展、对于当代先进文化的构建才能落在实处。

二、文化自信与民族复兴

文化自信是更基础、更广泛、更深厚的自信。强调文化自信,是为了民族复兴;强化民族自信,是为了支撑民族复兴。要保持持续、良性增长,整个国家必须持续保持振奋的民族精神和旺盛的创新活力,实现中华民族伟大复兴的中国梦,一定要有文化根基和价值支撑。

文化自信生成于民族复兴的进程之中。文化自信越来越成为民族凝聚力和创造力的重要源泉,越来越成为综合国力竞争的重要因素,丰富的精神文化生活越来越成为我国人民的热切愿望。文化是民族的血脉,是人民的精神家园。全面建成小康社会,实现中华民族伟大复兴,必须推动社会主义文化大发展、大繁荣,兴起社会主义文化建设新高潮。实现中华民族伟大复兴的中国梦,是人民的夙愿、人民的初心,即拯救中华、振兴中华之心。

第二章　大学语文教育

第一节　大学语文的性质

语文是"语言""文字"与"文章"的统一,是人们交流思想、传递信息、获取知识技能不可或缺的手段。由此可见,语文的工具性、人文性和综合性已成为它的本质属性,包括大学语文。

一、工具性

工具性是大学语文的基本特征,在进行大学语文教学时,教材发挥着较为重要的作用。教师按照课程要求设计教学内容,使教学具有一定的科学性,从而使大学语文课程体现出工具性的特点。由于语文具有较强的实践性,在生活、学习中被广泛应用,并且语文还具有向其他科目渗透的趋势,因此,帮助学生获取知识、养成良好的学习习惯是开展大学语文教学工作的主要目的。例如:学生学习过诗歌部分的内容之后,就能够了解对仗、押韵等诗歌特点,并能够在写作时应用这样的诗句,进一步提高语文应用能力。另外,良好的语文习惯是通过大量练习得来的,练习时主要依托的是语文教材,所以,语文教材便成为语文教学工作的重要工具。

语文教材具有德育能力,学生在学习中能够形成良好的人生观、价值观和世界观,并对人格品质的形成具有一定的影响。由于教材内容具有爱国主义色彩,学生学习后能够产生爱国情怀,如《苏武传》《祖国,我亲爱的祖国》等文章,能够很好地发挥其工具性的作用,激发学生的爱国之情,感受中华文化。另外,在大学语文的教材中,不少文章蕴含丰富的哲理,学生在其中能够了解为人处世的方式,并能够发挥教材的指导意义,提高教学的有效性。

语言作为交流的工具,其内容中有大量的信息和知识,而大学语文作为一门语言类课程,能够潜移默化地影响学生的文学能力,使学生能够在提高文学能力的同时,启迪智慧。在教学过程中,传统文化的弘扬和人文精神的塑造也是通过大学语文的工具性实现的。例如:教师在带领学生进行写作练习时,学生会运用文字将自己的真情实感表达出来,鉴别假丑恶,弘扬真善美,这样会使学生的语文综合能力得到进一步提高。

大学语文教材的内容十分丰富,怎样才能将其转化为学生的能力,还需要教师在教学中对课程内容进行合理的分析整理,为不同需求者提供思想文化与语言技巧的丰富内涵与取向标准。但为实现工具性而体现出的文化与技巧功能,还取决于学生本身的兴趣爱好与教师实施的方式方法。由于大学生的语文综合能力参差不齐,传统的教学方法又是按照大部分学生的学习能力进行教学的,因此部分学生语文成绩得不到提高,甚至失去了学习兴趣。为了合理利用语文教材,教师需要先了解学生的语文综合实力,并使用适当的方法进行教学,引导学生进一步了解语文课程,使学生逐渐树立正确的审美意识。另外,在教学的过程中,教师会对优秀作品进行重点讲解,使学生能够潜移默化地提高语文综合素养。教师在教学中有针对性地对学生进行指导,能够帮助学生感受大学语文的美,使之拥有健康的心态,掌握生动形象的语言表达技巧,从而发挥出大学语文教育的工具性作用。同时,教师在授课时,还需要先了解教材的整体结构,并根据教学需求设计教学内容,保障教学工作能够满足不同学生的发展需求。但部分教师对这一工作的重视程度不够,没有丰富教学内容,导致大学语文教材没有发挥其工具性的作用。为了改变这一现状,教师需要提高教学水平与重视程度,并根据学生的兴趣爱好、学习情况合理设计教案,使语文教学工作达到培养全面人才的作用。

二、人文性

人文性能够体现人类文化精神,是文化精神和价值理想的统一。人文精神是以积极的价值信仰确定生命的意义,以正确的伦理观念培育人际关系,以崇高的理性精神探索存在的规律,以自觉的公民意识参与社会事务,以坚定的文化自信传承民族传统,以高尚的审美理想创造美的世界。人文性的内涵是将真善美作为核心价值追求,推动人类文明进程发展。大部分大学语文教材在编写时将汉语言文学的发展历史、民族文化等内容融入其中,使语文具有特定的人文性,学生在学习时,能够感受到文章内容中的文化内涵,促进学生形成健全的人格品质,达到大学语文教学的目的。大学语文课程内容中包括大量的历史、文化、哲学等文章,学生在学习时能够感受到中华文化的博大精深,能够满足学生的学习需求,进一步提高其语文综合能力。由于大学语文的教学对象为非中文专业的学生,部分学生对语文课程的兴趣并不高,为了达到教学的目标,教师应以提高学生整体文学素养为教学目的,对学生进行诱导教学,带领学生从多角度对优秀作品进行分析,使其能够感受文学作品的魅力,并得到感悟和熏陶。例如:在设计语文教学课程时,教师可以将教材中的人文特性进行分类,如仁爱、乡愁、自然等,通过这样的方法,学生能够同时学习到不同类型的作品,并激发自己内心的情感,强化对主题的认知。

语文教育是指导学生学习中华文化的主要活动,语文教材在编写时为了达到素质教育的要求,便按照文体结构形式进行分类。例如:徐中玉版的教材分为十二个单元,学生在学习这版教材时,能够快速了解不同单元的结构模式、主题内容,使单元主题结构具有人文性特点,进一步提高学习效率;夏中义版的教材以人文性为主线,将课程内容分为十六个单元,为每个单元设计一个主题,并在文章之后增加相关链接,达到丰富学生语文综合能力和培养人文素养的目的。另外,部分教材在编写时按照文学结构进行编写分类,例如:彭光芒版的教材按照发展顺序进行分类,使学生在学习时能够进一步了解文史知识。由于这版教材较为系统,并具有人文性,能够帮助学生了解不同时期语文的发展情况,进一步提高语文教学效率。学生在进行学习时不仅能够提高其写作、表达能力,还能够通过文学作品提升民族认同感,使其了解中华文化中的人文性。

语言作为重要的思维工具,具有五千年的历史文化,是中华儿女的根。大学教育对个人的思维发展有一定的影响,由于大学语文教材中具有人文性特点,能够承载其他教育意义,但部分教师对引导学生学习民族文化的重视程度不高,导致语文教学降低了有效性。

为了改变这一现状，教师需要提高重视程度，并按照教材内容、设计方式进行教学引导，进一步提高学生的民族感，达到开展大学语文教育的目的。另外，大学语文教材在组稿时按照不同的类型进行整理，这样能够提高学生的语文综合能力。但部分学生在学习一段时间后，会产生枯燥感，为了改变这一现状、提高语文教学的有效性，教师需要在教学时按教材结构合理设计课程，提高学生的学习兴趣，发挥出大学语文人文性的特点。

三、综合性

学生在大学阶段主动进行语文知识的学习，并成为学习的主导者与实施者，知识面不断拓展，综合素养不断提升，这一过程能够体现出大学语文的综合性。根据语文学科内容多样化的特点，大学语文可达到文化传承的目的，扩展学生的精神世界。大学语文学科具有教育功能，教材内容包括文化、文学、哲学、历史等综合性内容，从文学的角度对大学语文教材进行分析，能够发现其中存在大量经典文学作品，使教材内容呈现传统文化的精髓。另外，由于传统文化在今天依然具有较为重要的意义，进而在大学阶段学习语文，能使学生接受传统文化的熏陶，提升自身的语文综合能力。加之教师合理利用语文教材，并结合历史文化进行拓展引领，更能体现大学语文综合性优势。

由于中华传统文化将人生境界与审美境界联系起来，文学作品能够传达出这一内容，大学生在进行语文学习时，能够感受到作品的魅力。教师在进行课程内容讲解时，将其内涵延伸到社会生活中，达到精神文化传播的目的，发挥语文教材综合性的作用。此外，教师在进行教学时，为了使学生进一步了解文本含义，会在讲解时引入实例，并创建相关的文学情景，提高学生的民族情感，帮助学生树立正确的人生态度，提高教学的有效性。虽然大学语文课程具有不同的特点，但是语文教育的目的是育人，进而教师在进行教学设计时，需要对课程内容特点进行统一，并采用适当的方式进行教学，发挥出语文课程综合性优势。

语文是一门综合性较强的学科，掌握良好的文本分析能力能够提高其他课程的学习效率。人们在生活、工作中都需要应用语文，大学生虽然在学校接受了多年的语文教育，但为了在今后的工作中拥有良好的基础，需要在大学阶段继续学习语文。历史上许多拥有重大成就的科学家不仅在专业领域较优秀，他们还具有较强的文学鉴赏能力与良好的文字表达能力，这保障其能够使用合适的语言表达自己的研究成果，这些例子充分体现了语文的综合性和重要性。另外，学生在进入社会工作时，需要用语言陈述自身观点，表达自己的不同见解，可以说在学习、工作、生活的方方面面，语文都无处不在。一个能说会写的人无论在哪个行业都会受到重用，而考察一个人的综合素质少不了必要的语文知识。部分教师在教学过程中，为了提高学生的语文综合能力，对教学内容进行完善，并将多种学科内容进行融合，进一步提高教学质量，体现了大学语文综合性特点。

第二节 大学语文的特点

一、知识结构的整体性

大学语文课程之间的教学要点、教学内容等存在一定的联系,同时也是相对独立的体系,包含了大量的语言、文学、哲学、历史、道德等系统性的教材。教师在设计教案时,应将总体学习目标与阶段性目标联系起来,从而体现大学语文的整体性特征。虽然大学语文教材有着不同的版本,教材结构划分、重点内容设计也存在差异,但其知识结构整体性的特点是都具备的。大学语文教材为了体现知识结构整体性的特点,在对单元进行分类时,要有目的地划分重点内容。教师在设计教学内容时,为了体现知识结构整体性的特点,需要根据重点内容设计教学计划;学生在自主学习时,也能够重点学习重要内容,发挥大学语文整体性的优势。但部分教材在设计时,没有将各个类型的文本进行综合整理,甚至部分教材的爱国主义情怀不强,难以达到培养学生爱国主义情感的目的,这是有待完善的地方。

大学阶段的语文教学时间较为灵活,可以贯穿整个大学课程体系中。虽然学生在之前的受教育经历中具有一定的语文学习基础,但大部分学生对语文综合知识了解不深,提升不够,为了提高教学的有效性,使教材知识结构具有整体性,大部分教材编写人员将课程内容按照结构类型进行分类,让教师能够有针对性地进行内容讲解。

高校学生在学习大学语文时,由于大多数学生为非文学专业学生,语文综合能力不高,甚至存在语文知识缺乏的现象,因此在按照知识结构进行教学时,为了提高教学的有效性,发挥知识结构的优势,教师需要在教学之前对这一部分整体结构进行分析,并为课程设定主题,使学生能够在教学中了解教学重点内容,进一步提高教学的有效性。另外,由于部分学生对于古代文言文的学习兴趣不高,如果教材按照文学类型进行分类,学生会出现一段时间学习兴趣不高的问题。为了避免这一问题发生,使知识结构具有整体性,教师需要在课程结构设计时,将文章类型进行穿插,使一个单元中既具有文言文又有现代文,调动学生的学习积极性,进一步提高教学的有效性。在针对不同专业开设大学语文教学时,需要提高知识结构的整体性,明确结构类型,并根据学生的喜好进行设计,这样能够使学生转变对语文课程的态度,提高语文课程学习的积极性,促进大学语文教学工作得到进一步发展。

大学语文课程教学主要是为了培养学生的创造性思维,在教学时,教师会引导学生积极思考,并鼓励学生提高学习的积极性,从而提高教学的有效性。在教学过程中,教师可以设计开放性答案的问题,并引导学生对问题的答案进行整理,进一步提高教学的有效性,促进学生思维能力的发展。

二、选文内容的经典性

大学语文的课程性质和学科定位,是大学语文课程开设以来一直讨论的中心话题。与中学语文的区别、在高校学科系统中的地位、学生知识构成中的作用等,是准确把握大学语文教学中所要解决的前提问题。大学语文选文具有工具说、文学说、美育说、文化说、人文说、思想教育作用等功能,能够达到陶冶情操的目的。通过这一阶段的教育,大学生能够熟悉和掌握传统经典,达到素质教育的目标,且大学阶段语文教学内容较为重要,能够推动学生进一步提高自身综合能力。但部分大学目前使用的教材为通用本,由于使用时间过长,其中内容大多为古代文学作品,虽然这些内容较为经典,但部分学生对语文学习的兴趣不浓,教材内容难以满足学生个体学习需求,导致课堂与学生之间存在一定的距离感,降低了学生的学习兴趣。学生在学习中对小说类的作品较为感兴趣,为了提高教学的有效性,需要教师引入经典作品的同时,融入现代优秀作品。例如:小说《一只特立独行的猪》较受欢迎,并且其内容能够满足教学需求,为了使教学内容保持与时俱进的状态,提高教学有效性,可以将这一作品融入教学课程中,增加教学趣味性,提高教学效率。在目前使用的大学语文教材中,陈洪本版教材中的古代文学比例较小,但其古文内容较为经典,能够满足学生的学习需求,进而不需要再增加这一类型的文本内容。中文专业的教材在组稿时,应侧重于语言基础内容,包含大量较为冷门的知识,具有较强的专业性。

在教学改革不断推进的背景下,大学语文教学为了能够进一步发展,在选择教材时应对选文内容进行分类整理,并按照学生的喜好选择教学内容。例如:在对具有时代感的内容进行整理时,需要先将内容按照经典性进行分类,并将国内外优秀的文学作品融入其中,提高大学语文教材的有效性,为教学工作提供依据。在整理教学内容时,教师可以先将教学内容进行分类,并更换部分选文内容。教材部分内容虽然具有经典性,但由于难度较高,无法对学生进行系统的知识讲解,为了改变这一现状,需要优化教学内容。

由于大学语文教材由不同作者编写,其编写思路、编写想法存在一定的差异,又因为其中的选文经典性不同,所以其发挥的有效性也存在差异。例如:徐中玉版的教材内容注重提高学生的综合能力,其中的内容开放性较强,学生能够应用这一教材提高自身语文综合素养。王步高版的教材添加了脚注,对部分较难的内容进行了细叙,能提高学生的阅读效率,并且由于作者对学生的语文综合能力较为重视,进而在进行教材编写时,将不同类型、不同结构的文本引入其中,并且选择的文本内容较为经典,学生在教师的指导下,能够了解文本的内涵,进一步提高教学效率,使教材能够满足学生的学习需求。

大学生接受了较长时间的语文教育,已经形成了一定的文学素养,具备分析文章的能力,且大学阶段的语文教育的主要目的是进一步提高学生综合能力,而教材中部分内容难以满足学生的学习需求,为了能够进一步提高教学的有效性,需要教师在授课之前对教材内容进行整理,删掉部分不够经典的文本,引入能够满足教学需求的文本,提高教学质量。另外,由于部分教师的语文综合能力不强,其文学积累不足以丰富教材内容,为了改变这一现状,发挥出语文教材的优势,需要教师们共同努力提高自身语文水平,加强教学信息反馈,改进教学方法,提高教学有效性,推动教学工作向更好的方向发展。

三、人文精神的隐含性

大学教育担负着人文素质教育的责任,进行人文教育能够使学生了解到人生的价值,我国人文教育在发展中经历了化民成俗、转识成智的过程,并不断丰富人文精神,进而达到大学语文教学培养学生健全人格的目的。例如:大学语文《八声甘州》这一课,虽然高中语文课本里已有这一课,但大学教学对这一课借事抒情进行了深层次的讲解,表现出了课程中的隐含性。大学语文教材对教学质量有一定的影响,由于部分教师对课程人文性的重视程度不高,从而出现古文过多、课文含义分析不深刻的问题,这让教学缺乏有效性。为了改变这一现状,发挥出课本人文精神的影响力,教师需要在备课时了解课文的内涵,并设计教学内容。例如:为了达到提高教材整体质量、提高学生学习兴趣的目的,教师需要对诗词、散文、戏曲中的人文性进行分析,并分类整理,使学生能够在学习中提高语文综合能力,发挥大学语文课程的有效性。为了提高教材内容的人文精神,需要在设计时引入大量的古代文字作品,提高教材设计的有效性。大学语文课程具有基础性的特点,大学阶段需要学习这一课程的学生大多为理科生,他们对中国历史文化的了解不足,进而在教学时,存在难以提高学习兴趣的情况。为了改变这一现状,教师可以在教材中增加科技说明文,将形象思维与抽象思维有机结合,使学生提高对其他领域的了解程度,进一步提高教学的有效性和学生的学习兴趣。

大学语文课程能够帮助学生了解社会,为今后从事的工作打下良好的基础,进而教师在设计课程内容时需要选择贴近实际生活的内容,使教学具有一定的时代感。例如:教师可以在设计教案时,将生活中的人文精神实例与课文联系起来,并按照学生的个性爱好选择篇幅小且内容精练的文章。在教学中教师加以引导,使学生感受课文中的人文精神,发挥出大学语文教育的意义,提高教学有效性。在网络技术快速发展的今天,网络作品质量不断提高,学生对其的关注度较高,为了提高学生对课堂的关注度,可以在设计教学内容时适当将网络作品融入其中,引导学生分析作品的优劣,提高学生对作品人文精神的了解程度,使学生进一步提高语文综合能力。另外,应用这一方法设计教学内容能够引导学生关注社会生活,并产生一定的感悟,达到大学语文教学的目的。

大学语文教材在编写时存在一定的重复问题,并且部分课程内容与学生的实际学习能力不符,导致教学工作缺乏有效性。另外,部分教师在授课时引用的文章相似,也是导致教学工作有效性不高的另一原因,因此需要教师日常多收集优秀文章,并在备课时引用较新的文献内容,进一步提高教学有效性,推动教学工作进一步发展。高校在选择语文教材时,需要先对学生的语文实际学习情况进行分析,并选择能够满足学生学习需求的内容,扩大选文的范围、类型,将与高中内容相同的文章删减,在提高教学效率的同时提高教学的有效性,进一步提高教学质量。

四、表达方式的审美性

大学语文教材将语言文学、文化知识进行整理,包含一定的思想文化内涵。大学语文课程又是传播知识的载体,其结构本身与大众的审美相符合,使学生能够进行情感交流。语言是人类沟通的重要工具,能够将自身的想法进行传达表述。随着时代的发展,语文课程内容不断完善,无论是诗歌、散文、小说、戏曲,还是叙事论理、写景抒情,都不乏美文美句,对大学生健全人格的塑造产生直接影响。而大学语文的教学对象为非中文专业的学生,虽然其对教材难度需求不高,但需要更进一步提高自身总体的文化素养,为其他科目的学习理解提供基础。教师在教学的过程中,需要提高引导力度,使学生能够通过学习优秀作品,提高对课文审美的感悟能力,并得到熏陶感悟,从而推动大学语文教学工作进一步发展。

语文教育具有人际交往、文化传承的意义。大学语文教育将中华五千年的历史进行了汇总,学生在学习时,不仅能够提高语言运用能力,还能够提高语言表达的审美能力,提升民族认同感。每个国家在开展教育工作时,都将本国语言放在重要位置,使学生能够在学习时进一步提高语言表达的审美能力。但目前人们对语文教育的重视程度不够,甚至部分大学中的语文课程被边缘化,大学语文教育作为弘扬中华文化的重要途径,需要得到大众的重视,这样才能体现出大学语文课程审美性的意义。

大学语文教材内容包括诗歌、散文、小说等形式,虽然不同形式的文本语言在表达上存在差异,但学生在课堂中只要认真学习便能够感受到作品中的美。在教学中,由于大学阶段的学生受过语文教育,其理解能力、学习能力较强,在教学时教师只需要应用美的规律对学生进行引导,学生就能够对课文表达方式中的美进行分析,获得一定的美的享受,并逐步形成正确的语文审美能力。另外,由于大学开展语文教学的目的之一是培养学生的审美能力,进而在大学课程教育时,教师需要引导学生把控审美标准,帮助学生形成对美的分析能力,进一步提高大学教学的有效性。

大学语文课程的主要任务是提高学生的语文综合能力,因而教材中的内容较为丰富,作品类型较为完善,在教学时教师会丰富写作背景、作者的生平事迹等,进一步提高教学的有效性,应用这一方式进行教学工作,学生能够了解其中的美,并产生正确的审美意识。由于大学履行教育职能,进而在进行语文教学时,教师需要根据学生的性格特点,构建恰当的教学方法,保障教学工作能够使学生形成良好的审美情趣。但由于部分学生在语文课堂中学习其他专业科目,导致其语文综合能力没有得到提升,为了改变这一现状,教师需要在设计教学内容时,于教案中融入美的形象、意境。教师需要在教学时对学生加以正确引导,使学生能够主动分析课文含义,帮助学生形成良好的审美能力,为学生之后的学习、工作奠定良好的语言基础。

在科技不断发展的今天,为了提高大学生对语文学科的重视程度,教师需要在教学时引导学生关注社会,思考语文学习的意义,提高学生对语文学科的重视程度。另外,在进行教学时,为了提高学生的综合能力,教师需要在教学时巩固学生的语文知识,并带领学生进行课后练习,使学生能够主动感悟语文表达方式,提高学生的综合能力。在进行教学时,为了提高有效性,教师可以将现代科技与语文课程内容相结合,以更具趣味性的方式进行教学活动,进一步提高教学的有效性,达到大学语文教育的目的。

第三节　大学语文的教学任务

一、增强母语感染力

母语是人们思维的载体,能够帮助人们进行知识的学习、问题的分析与归纳、思想的表达与信息的沟通。在大学阶段学习母语能够提高人的语言表达能力,丰富人的内心世界,并且人的母语水平直接影响其思维能力和创造能力的发展,对其他语言的学习也有一定的帮助。大学的母语教育目的是培养高素质语文人才,学校在进行语文课程教学时,需要按照教育部门的要求设计教学内容,发挥语文学科的特点,使高校能够顺应语文教育发展的需求。由于中文是我们的母语,学生在进入大学学习之前,已经学习、应用了较长时间,但大学语文教育的主要目的是提高学生的语文综合素养,所以在进行教学设计时,需要对阅读、欣赏、表达等科学设计,进一步提高教学的有效性。但部分高校对语文教育的重视程度不够,甚至没有合理地安排教学课时,导致教学工作缺乏连贯性,难以达到教学目的。由于语文课程具有一定的整体性,为了能够进一步提高学生的语文综合素养,需要选择合适的教学方法,培养学生的审美能力。但部分高校教师还在使用传统的教学方法,由于教学形式过于枯燥,学生的综合能力没有得到明显提高,甚至缺乏学习兴趣,难以达到增强母语感染力的教学效果。因此在大学语文学习阶段,为了完成增强母语感染力的教学任务,教师需要在设计教学内容之前了解学生的语文学习情况、学习能力,并研究课程设置、教学设计方式等内容,使教学工作具有针对性,以提高学生对语文的阅读、欣赏、理解能力,掌握母语知识,推动学生进一步发展、提高教学有效性。

由于大学语文课程具有系统化的特点,学生认真学习这一内容能够进一步提高语言的表达能力,使学生能够熟练地运用语文知识。并且大学语文课程在教学时将培养人文精神作为目标,并以这一目标为依据选择教学文本,进一步提高教学有效性。这就需要教师在设计课程时,选择典型的文本,并对学生的综合能力进行分析,合理设计能够启迪思想、熏陶情操的文本,使学生在具有生动活泼的氛围中对语文学习产生浓厚的兴趣,并达到增强母语感染力的作用,推动教学工作进一步开展。

由于语文教材在编写时,为了保障其既能够满足教学大纲的要求,又能达到母语教学的意义,因此需要教师将其中的工具性与人文性进行统一,使学生能够在适当的教学环境下提高语文综合能力和对文学作品的赏析能力。但部分高校在开展语文教学时,没有合理设计教学内容,导致教学内容过于理论化,难以提高学生的综合素养,这就需要在进行语文教学改革工作时,进一步提高教学的整体性,增强母语感染力,促进教学工作进一步发展。另外,开展语文教学工作,能够促进学生进一步提高语文综合能力。大学语文教学中学生在学习文本之后形成良好的精神素养,能够推动社会进步,提高综合能力。由于人们生活在汉语的环境下,并且语文对社会发展有一定的影响,为了使大学语文教学达到增强母语感染力的效果,需要优化教学文本内容,例如:教师可以就社会发展、文化素质等几个方面选择文本内容,并在教学时对学生进行引导,使教学工作进一步得到有效开展,提升学生对语文的欣赏能力。

二、提升艺术审美力

艺术审美能力又称艺术鉴赏力,是指人感受、评价和创造美的能力。审美感受能力是指审美主体凭借自己的生活体验、艺术修养和审美趣味有意识地对审美对象进行鉴赏,从中获得美感的能力。艺术审美能力对学生情操、情感的发展有一定的影响,并且一部分大学毕业生即将面临就业问题,为了促进其进一步发展,需要合理开展语文教育工作,使教学达到提升艺术审美的效果。为了达到这一目标,教师需要合理设计教学内容,使学生具有发现美、创造美的能力。另外,由于教师具有美感教育的责任,进而在选择教材时需要按照马克思主义审美原则整理教学内容,并且由于文学家在创作作品时会美化人物形象,学生在学习时能够逐渐形成艺术审美力,并获得美的享受。在大学语文教学中,教学工作需要发挥出语文学科中的人文性与基础性作用,进而提升学生艺术审美力,推动学生全面发展。

但大学语文教学使用传统的方法难以提高教学有效性,因此需要提高教学针对性。

在大学语文教学中,为了进一步提高教学的有效性,教师需要在教学时帮助学生沉淀知识,并提高对文章内容的理解能力,了解文本内容情感,并将文本内容进行升华。教师在教授大学语文时,为了达到提升艺术审美力的目的,需要合理设计教学内容,帮助学生对作品进行感悟。另外,文学作品能够展现社会、思想等内容。写作是语文教学中的主要任务,为了进一步提高教学有效性,需要教师在教学时加强引导,使学生能够感受到语文中的美,并延伸到生活实际中,使大学语文教学达到提升艺术审美能力的效果。通过这样的方式进行大学语文教育,学生能够在成长中逐渐形成完善的审美能力,有效促进学生心理健康发展。

大学语文教材内容具有多样化的特点,蕴含了自然、社会等方面的美,在教学时教师需要将这一内容合理分配到教学工作中,使学生循序渐进地形成审美感受,领会到作品中描写的美与丑,学生在学习时对生活实际进行分析,能够感受到提高人文素养的重要性,并发挥出大学语文教学工具性的特点,进一步提高大学语文教学的有效性。另外,教师需要在课前整理教学内容,适当选择文本内容将其融入现实生活中,并引导学生总结其中的美,使教学能够发挥出美育的作用,提高大学语文教学的有效性。

三、优化语言表达力

大学语文,无论是叙事状物、言事说理,还是抒情言志,所选文章均为经典之作,语言运用规范而艺术,对培养学生的语感很有帮助。由于语文内容具有实践性的特点,人们的日常生活离不开语文,并且随着社会的不断进步与发展,语文的应用范围不断扩大,逐渐向其他领域渗透。因此,专家学者认为语文教材具有培养语文能力的作用,在进行教材编写时,将基本功能作为出发点,注重运用语言的工具性与美学性,提高教材编写质量。另外,为了能够发挥出大学语文教材的教育职能,需要合理设计教学目标,使学生能够在长期的学习中养成良好的学习习惯,提高教学效果。由于培养良好的语文学习习惯需要进行不断的练习,而练习的文本则是语文教材,这就需要教师应用教材带领学生进行听、说、读、写等实践活动,通过具体的语言环境锻炼学生运用语言的能力,促进学生养成良好的学习习惯。并且在教学时,为了能够进一步提高教学有效性,教师需要带领学生学习其他选文内容,例如:学习古诗词时,需要应用其他内容分析对仗、押韵等相关韵律知识,使学生能够提高对语文教学内容的了解程度,提高语文实际运用能力。

在大学阶段进行语文教学对学生综合能力的发展有一定的影响。在进行语文教学时,教师需要在教学之前合理设计教学内容,要从学生实际能力与智力发展需要出发取舍内容。例如:教师在教学时为了达到优化学生的语言表达能力,需要先将教学课程进行分类整理,并在教学中添加不同形式的文本,带领学生进行语言表达能力练习,进一步提高教学质量。发挥大学语文教学的意义,需要教师在教学之前了解学生的实际学习情况,因人而异设计教学内容,达到优化语言表达力的作用,促进大学语文教学工作进一步开展。

由于语文的特点主要表现为语言表达,在大学阶段,为了能够发挥语文教学的优势,教师需要对教材内容进行重新设计,使教学具有科学性,并能达到优化语言表达力的目的。例如:教师可以在教学之前对课程内容进行合理设计,在课程中融入诗歌、散文、小说等文本,使学生能够进一步了解文学创作的过程,在教学中教师可以带领学生进行写作、阅读训练,提升学生的人文素养与道德品格,进而提升语言使用效果。

大学语文教学中,为了达到优化语言表达力的教学目标,教师需要在教学中带领学生进行文本翻译、内容分析等工作。另外,在教学时,为了潜移默化地优化语言表达力,需要教师合理设计课后作业,使学生能够将课程内容与生活实际联系起来,提高语文综合能力。但部分教师在进行教学设计时,对教学内容的连贯性重视程度不够,教师需要在教学之前先设计教学总体构架,并按照教学要求进行引导教学,使教学具有优化语言表达力的意义。

四、激发开拓创新能力

创新是一个民族的希望,是社会文明的象征,随着社会经济的不断发展,教育的创新起到引领示范的作用。为了推动我国教育事业进一步发展,教育部制定了各级教育发展规划,对教学改革发展进行了科学规划,这一工作将推动社会经济进一步发展,进而促进人才发展,带动文化、社会的发展。高校承担着创新型人才培养的重任,需要在学科教育教学中实施创新工程,以科技创新人才培养为主,对学生进行素质教育,提高教学的有效性。当大学在开展语文教育时,为了使教学工作提高有效性,教师需要按照教育要求设计教学工作,达到培养学生创新能力的目的。在对大学语文教学进行设计时,教师可以应用问题教学法设计教学内容。例如:在具体教学过程中,教师可以先带领学生分析文本情感,并给学生提出与教学内容有关的问题,激发学生的创造性思维。另外,在教学中营造创新氛围能够进一步提高学生学习的积极性,培养学生的创新能力,为之后的学习工作奠定良好的基础。

在大学阶段进行语文素质教育,能够激发学生的学习潜能,提高学生的创新能力,使其成为全面发展型人才。大学教育的主要任务是提高学生的创新能力、实践能力,使学生能够满足时代发展的需求。为了达到这一任务目标,需要将培养创新能力工作放在重要位置,并整理教学内容。例如:在教学的过程中,教师需要引导学生思考解决问题的方法,培养学生创造环境和解决问题的能力,推动学生形成完善的人格,达到素质教育的目的。在大学语文教学时,为了能够进一步提高创新能力,教师需要使用新的教学手段、教学方法进行教学工作。为了全面提高综合素养,学生需要了解人文知识等内容,促进思维能力发展。另外,大学语文课程内容形式具有多样化的特点,并且形式类型较为丰富,学生在学习时,能够形成较为完善的形象思维,提高教学有效性,并激发开拓创新能力。

大学语文教学中,学生的创新能力存在差异,导致教学工作难以稳定开展,为了改变这一现状,教师需要在教学时引导学生分析作者的思维方式,提高教学的有效性。另外,为了使教学达到激发开拓创新能力的目的,需要教师在教学之前对文本内容进行全方位的审视,并将自身作为发现者、研究者,了解文章的内涵,在教学时教师需要带领学生进行课程内容分析,潜移默化地影响学生的思维能力。教师在设计教案前要对学生的实际学习情况进行分析,并选择合适的文本将其引入教学中,带领学生分析课文中的思想情感,逐渐完善课程内容,提高学生的学习兴趣,激发开拓创新能力,达到大学语文教学的目的,推动学生进一步提高语文综合素养。在教学中,教师需要按照相关教学标准、课改需求设计教学形式,推动教学工作进一步完善,达到激发学生开拓创新能力的目的。

五、丰富人文知识素养

人文素养中的"人文",可以作为"人文科学"进行分析,而"素养"是由"能力要素"和"精神要素"组合而成的,可以进一步了解到人文素养即人文科学的研究能力、知识水平和人文科学体现出来的以人为中心的精神,是人文知识对人的熏陶感染经过个人内化升华后所表现出来的人格、气质及修养。大学语文教育是我国民族文化的载体,大学生通过学习,可以陶冶情操、感悟人生、丰富感情、完善人格,促进人文素养的形成与发展。

由于大学生是推动社会发展的重要力量,为了提高教学工作的有效性,教师需要对大学语文教学工作进行优化,把教学重点放在对学生人格、气质、修养的培养上,并通过优秀作品潜移默化地影响学生的个人素养,形成良好的个人品质,为今后工作、学习奠定良好的基础。但由于教材版本不同,其中的结构设计存在一定的差异,教师需要在设计教学内容时注重对中华优秀传统文化的传播,并将这一内容与教学工作进行有机融合,使学生能够在语文学习中形成相对稳定的内在品格,激发学生的爱国情怀。

由于教学氛围对学生学习的积极性有一定的影响,为了能够进一步提高教学科学性,教师需要在设计教学内容时将文学、哲学、历史、文化、思想道德等内容融入其中,并对教学结构进行优化调整,使教学工作具有培养学生道德素养的作用,并在潜移默化中增强学生的民族自尊心和文化自豪感。部分古代文学作品具有较高的文化内涵,为了使教学工作达到丰富学生人文知识的目的,需要在教学中加强对古代文学的教学。

由于大学语文教学具有德育功能,学生能够通过相关文本了解文章中的价值观、人生观等,教师在这一阶段可以对学生进行适当的引导,使其树立正确的信念,形成丰富的精神世界。另外,在教学中为了发挥出丰富人文知识素养的作用,需要有针对性地选择教材内容,例如:教师可以选择《离骚》《苏武传》等文章对学生进行爱国主义教育,学生在接受教育之后能够丰富人文知识,提高道德修养。在教学中,教师选择适当的内容能够帮助学生树立正确的人生观,并提高为人处世的能力。大学阶段的语文教学还需要对学生进行语文基础教育,提高学生的语文综合能力,但由于部分高校教师对这一工作的重视程度不高,甚至没有合理设计教学内容,教学工作难以丰富人文知识素养。为了改变这一现状,教师需要合理选择文本内容,并帮助学生思考自身的不足,弥补缺陷、扎实基础、完善知识、提高素质。

第四节　大学语文教育的地位和功能

一、大学语文教育的地位

(一)地位概说

在《现代汉语词典》中,"地位"通常有两层意思:一层是人、团体或国家在社会关系或国际关系中所处的位置;另一层是指(人或物)所占的地方。在我国古代的词汇中,"地位"由两个语言因素(简称语素)构成:"地",意为"地方";"位",意为"位置"。"地位"一词早在先秦时期就已经出现了,意为"人或物所占的地方或所处的位置"。经过历史的变迁,"地位"一词的本意也发生了"异化",从而引申出两个新的意思:一是"达到的程度";二是"境地",通常表示为不好的处境。

我们根据上下文的意思认为,"地位"一词可理解为"位置、程度、定位",以此来表述大学语文在人文素养培养方面所处的位置、所起的作用,在培养、塑造方面所能达到的程度。我们认为,大学语文在整个人文素养的培养过程中,起着"引言、索引"的作用,这是人文素养方面的内容固定化、书面化、体系化的过程。究其培养效果,也许能量化大学语文的地位,使培养效果"显性化"。但在现实中,我们却纠结于此,理由很简单:精神世界难以捉摸。

因此,我们在论述大学语文的地位时,尽可能地从"宏观"角度把握,从整体入手,用"隐喻"词汇形象地将"地位"表示出来。与此同时,很多研究者在探讨这一问题时,通常会用"定位"来表现"地位"。由此我们可以判断,大学语文具有基础性的地位,即它对于培养高校学生的(包括语文素养与人文素养在内)综合素质具有基础性的作用。在现实中,将大学语文归类为人文类课程,并且将它设置为公共必修课程,这也是对于其基础性地位的反映。

(二)人文素养培养的"航向标"

大学语文对于学生人文素养的培养首先起着"索引""引导""航向标"的作用。这是因为大学语文教材的编写者们尽可能地挖掘人类历史发展过程中的文化、思想、精神。可以说大学语文是文化积淀、精神汇聚的产物,是人类历史的"浓缩版""精编版"。学习大学语文,在一定程度上来说就是在纵览人类文明史、思想史。

我们可以做这样的假设:每一个接受人文素养培养的学生都如一只船,他们航行在人文素养的大海上,如果没有航向的指引,他们就很容易迷失方向,到达不了人文素养的"彼岸"。而大学语文就起着"航向标"的作用,指明他们前进的航线和学习的方向。这种"地位"即通过对中外文学名著、民族文化、思想潮流古典文化的学习,在此前学习的基础上进一步提高学生的阅读理解能力、分析鉴赏能力、写作应用能力,并以此来提高学生的人文综合素养。

(三)人文素养培养的"存储器"

存储器是现代信息技术下的产物,它是计算机系统中的记忆设备,用来存储各种程序、数据,并且能在计算机运行的过程中自动、高速地完成程序或数据存取。

与此相类似的,大学语文的编写、教学活动,其实也是一个"由文及文""由文及人"的"存储、处理、使用"过程。大学语文教材就是一个"存储器",由编写者人为地将选取的"文化精品"存储进去,然后在教学实践中,由教师或者学生任意调取信息。这是其他人文素养培养方式所不能比拟的。

根据教育部高教司提出的,"充分发挥语文学科的人文性和工具性特点,适应当代人文科学与自然科学日益交叉渗透的发展趋势,为我国的社会主义现代化建设培养具有全能素质的高质量人才的要求",大学语文在选择"文章"时,会尽可能地将上述要求融合在一本书上。将极具人文思想的文章按照一定的体例进行组稿,这就是"存储"的过程。几千年的人类发展史,给我们留下了"海量"的人文精神财富。如果我们将这些"财富"全部展示给学生的话,那么学生在高校的学习时间肯定是不够用的。因此,大学语文教师在编写的过程中,就会有选择性地选取具有代表性的"文化精品",尽可能在最短的时间内达到取得最好的培养效果。

我们知道,让学生学习大学语文的根本目的在于要提升学生语言文字的实践应用能力,培养学生认知、鉴赏、领会中国古典人文精神的能力,体会外国名家名作的情感思想,引领学生领略世界文化的人文魅力,并且让丰富多彩的情感、优美的语言、健康的心理内化于心,让他们学会理性思考,从而自觉抵制社会中的不良思潮。

因此,我们在开展大学语文课程教学时,不能仅仅着眼于字词句篇的信息调取,而是要把教材中的文章当作一种文化思想来审视,通过深入学习,领略其独有的人文思想,揭示其深厚的人文底蕴,传承、发扬中国古典文化。总而言之,我们要让学生在学习、阅读大学语文教材的过程中,认识、理解世界文化,汲取传统文化的营养,让人文精神内化到学生的内心深处,从而达到发展学生的个性、培养学生健全的人格的目的。

(四)人文素养培养的"检测器"

检测器是工业机械用语,指的是对机械性能及其变量进行的实时监测。检测器的检测范围一般包括:机械的灵敏度、稳定性、响应度、事物变化的规律等。我们说大学语文具有的检测器功能,主要指的是在大学语文教学活动中对于学生的教学评价,当然同时也反映出了高校对于人文素养培养的重视程度。因此,我们需要"检测"的内容就包括以下几个方面:一是课程的设置;二是课时的安排;三是教学效果的评价。

首先是课程设置。根据教育部高教司对于大学语文课程设置的说明,我们知道大学语文是面向文、工、理、法、财、医等专业学生而开设的公共课。在现实中,虽然大学语文已经不是那种"可有可无"的课程,但不同学校对于大学语文的设置还是有所不同的。其次是课时的安排。将大学语文课程设置成一门独立的学科,一直以来是相关专家、学者期盼的事。但就目前而言,除了师范类高校外,很多学校还是将大学语文当作选修课。最后是教学效果的评价。人文素养包括的内容有很多,不能仅仅局限于语言能力的应用方面。但同时,我们也应该看到,对于大学语文相关能力的测试,也在一定程度上将人文素养"具体化""数字化"了,从另一个侧面反映出了学生的人文素养水平。

二、大学语文的教育功能

(一)功能概说

大学语文的教育功能有以下几方面:一是使用功能,大学语文在一定程度上具有使用的客观性,例如应用文写作;二是品位功能,即指在精神上的感觉,主观上的意识;三是必要功能,指的是一种必须具备的条件;四是基本功能,指的是有直接关系作用;五是辅助功能,这对主体效能的发挥具有帮助作用。此外还有不必要功能、不足功能、过剩功能等。

这里拟采用"对象能够满足某种需求的属性"的定义,即大学语文的培养内容满足人文素养的要求。这种属性表现在两个方面:一是客观语言能力的具备;二是主观精神方面的有效提升。这是由于我们在考察一个人是否具备人文素养的时候,往往会从其语言能力、精神面貌、心理状态、价值取向等方面入手。因此，要论述大学语文在人文素养培养方面具有的功能，我们应从主客观两方面考察。

因此，由上可知，大学语文在高校人文素养教育功能上应具有如下几方面的内容：增强语言基础知识和应用技能，突出求职过程中的语言优势；培养创新性思维，提升人文素养，树立高尚的道德情操；进行有效的审美教育，提高审美认知力、鉴赏力、创造力；强化职业道德的教育，培养团队意识，融洽与他人、社会、自然的关系。

(二) 塑造健康心理

关于心理健康，麦灵格尔认为：“心理健康是指人们对于环境及相互间具有最高效率和快乐的适应情况。”在他看来，真正的心理健康是效率、满足感、接受规范三者兼具的状态。而英格里士则认为：“心理健康是指一种持续的心理情况。”他认为心理健康不仅要有良好的适应能力，而且要在适应的状态下充分挖掘自身的潜力。

英格里士的“适应说”比较适合现代社会对于健康心理的要求。因而，在此定义下，现代心理健康的标准有如下几个方面：较强的心理适应能力；看清“自我”，对于自身有较准确的评价；实事求是的生活目标；脚踏实地的生活态度；完整、高尚的人格品质；良好的人际关系，团队意识，“己所不欲，勿施于人”；能够对自己的情绪收放自如；能够在不损害他人权益的情况下，发挥个性，达到自己的人生目标。

因此，我们有必要充分利用“大学语文”这个载体来弘扬我们的人文精神，重塑我们的心理健康。这是由大学语文既具有悠久的精神价值传统，又不失生动具体的时代内涵所决定的。吴宓先生曾用列举的方式列出了语文教育的作用：“涵养心性、培植道德、通晓人情、谙悉世事、表现国民性、增长爱国心、确定政策、转移风俗、造成大同世界、促进真正文明。”

语文以语言为表现形式，是一种文化符号，它指引着人类从蛮荒走向文明，在历史长河中形成了独具特色的体系。语文作为一种文化载体，传达的是思想与情感，承载的是文化与价值，是人类精神世界的成果。很多专家、学者认为语文是“心灵的书籍”，更有心理学家将其当作最佳的“心理学教材”。

因此，我们的大学语文教育应着眼于新时期人文精神的培养，而与此同时，健康的心理状态、高尚的人格、较强的创造主体意识、求真务实的生活工作态度、乐于竞争与善于合作的敬业精神，也是未来人才培养与市场需求的标准。

(三) 培养审美情趣

审美情趣培养既是人文素养的应有之义，也是大学语文教学的目标之一。审美情趣的培养是一个“双向”的人文教育活动。大学语文教材以古今中外的文学精品为载体，通过剖析、领悟，来发现其中的“情感美、状态美、思想美”。与此相对应，我们也可以利用业已成熟的美学理论，来指导我们的审美教学，探索教学过程中的审美规律。然而，大学语文的内容包罗万象，承载着诸多名家的思想情感，我们又应该如何在其中体味“美”呢？

首先是提高对“美”的“感应度”。当一首诗、一幅画、一篇文章摆在你面前的时候，你是否能感受到它的“美”？这是美学的一个永恒的话题。对于这个问题，现实的生活经验告诉我们，“生活中并不缺少美，而是缺少发现美的眼睛”。因此，我们需要对“美”有一种天然的意识,对"美"产生条件反射。而大学语文中的内容便能让我们具备一定的文化、生活底蕴,给我们一双发现美的"眼睛"。在语文教学中,我们要带领学生去体味"文字形象美、语言音乐美、词语意境美、句式变化美、整体风格美",让学生在对美的体味过程中培养"审美意识",享受"审美"过程的愉悦感。

其次是培养对"美"的鉴赏能力。近几年出现的鉴宝类电视栏目深受广大群众的喜欢。这种喜欢不仅仅是"收藏热"的推动,更重要的是专家精彩的鉴定评述、收藏者的趣闻轶事,以及每件"宝物"后面的"故事"。因此,看一件事物是否存在"美",我们不仅要具备基本的美学常识,更重要的是要具有相应的文化基础、审美观念、人文素养等。试想一下,如果没有上述条件做前提,我们在面对一首古诗的时候,也许仅仅只能从表象上知道"它是一首每行五个字的诗",而诗的作者是干什么的,该诗产生的背景如何,所要表达怎样的情感,就有可能"一问三不知",更别说"诗的鉴赏"了。因此,在教学中不断挖掘作品的文化背景、情感思想、人物经历是很重要的。当然,这也在无形中提高了学生对于"美"的鉴赏能力。

最后是提高"创造美"的能力。对"美"的创造有两个先决条件:一是要有拥有对"美"的意识、"美"的鉴赏力;二是要有"创造美"的平台,也可以说是载体。因此,"美学源于生活,生于社会实践",我们要在实践中去发现"美"。

(四)树立理性思维

理性思维属于人类思维活动的高级形式,是人类通过自觉的、有目的、有意识的主观活动认识事物的本质,把握事务的规律,以指导人类的客观行为。有学者认为,理性思维是一种认知和人性上的思维,是对外部环境的富有逻辑性的分析与思考,但还属于思想范围,还没有付诸行动。研究认为,付诸行动的理性思考才是完整的,才具有现实意义,才能够被我们用于实践教学活动。正如相关学者所认为的那样,理性的运用不是表现为某种抽象的纯形式或逻辑,因为它与具体的生命存在没有分离。理性既是生命的内在本质,也是生命自我实现的理想状态。

一般而言,理性思维应具备如下条件:一是对于感性知识的事物进行富有逻辑的思考;二是对于思考的东西做出恰如其分的说明、概括;三是在概括的内容上努力实现递进关系;四是将思考的内容付诸实践,检验其合理性。我们认为,只有满足了这四点,才能说是真正具有理性思维。

大学语文应具备培养理性思维的功能。这是由于人既是社会中的人,在一定意义上来说也是文化中的人,是各种文化的生成,人的人文背景、价值导向、思考方式、道德品质等使人的活动变成了文化的活动。再加上高校学生心智已经成熟,具备了理性思考条件。与此同时,理性思维对于教学科研具有决定性的意义,无论是文科类学生,还是理工类学生,都应当具备这一基本能力,这是全面开展人文素养教育的前提之一。

那么,大学语文应以何种方式让学生构建起理性的思维方式呢?首先是充分发挥语文的心理重构功能。人自有生命以来,可能会受到各种不同环境的影响,进而形成复杂的心理世界,可能是光明进步的,也可能是阴暗落后的。此时,大学语文特有的工具性与人文性就派上了用场。通过学习大学语文,可以让学生拓展知识面,丰富精神世界,分清善与恶、美与丑,以人文素养来健全心理品格。其次是教授学生正确的思维方法。大学语文收录的文章大都是名家名篇,是文化的精品,是智慧的结晶。因此,我们在学习人文内涵的同时,也要注重研究文章作者的思维方式,搞清楚他们是以怎样的角度、怎样的方式来看待物质世界与精神世界的。

第三章　大学语文教育的文化功能

第一节　大学语文教育对中华民族文化特性的把握

一、中华民族的民族精神

民族精神是一个民族在历史文化实践活动中形成并内化于民族主体的一种精神,它一经形成,就对民族的发展具有能动作用。优秀的民族精神具有特殊的精神价值,不仅能够唤起民族的自我意识,还能够增强民族的自信心、凝聚力,促进民族的发展。"民族精神就是一个民族的自我意识,是民族成员对本民族和本体文化的自我认同、自我归属感,是一个民族在历史发展过程中所形成的带有本民族特点、体现本民族精神气质的意志和品质,是一个民族价值观念、共同理想和思维方式的集中反映。"民族精神是一个民族生命力、创造力和凝聚力的集中体现,更是一个民族赖以生存和发展的共同精神支柱和内聚力。同时,民族精神是民族文化的核心,是民族文化的精华,也是民族文化最本质、最深刻的体现。民族文化是民族精神存在的载体,民族文化体现民族精神,民族精神随着民族文化的发展而发展。同样,中华民族精神也存在于中华传统文化之中,并随着中华传统文化的发展而发展。

(一)"唯创新者进,唯创新者强,唯创新者胜"的创造精神

从"苟日新,日日新,又日新""日新之谓盛德"到"创新是一个民族进步的灵魂",中国人民创造了灿烂的中华文明,从器物到思想、从制度到文化、从艺术到科技,五千多年的中华文明历久弥新,创新是中华民族最鲜明的禀赋。

当今,中华民族的创新创造精神正以前所未有的态势迸发出来,整个社会的思想观念在传承中不断更新,科技领域百花齐放,各类新成果层出不穷,诸如青蒿素的提取、杂交水稻的培育、宇宙空间站的建立等等,中国已经成为屹立于世界东方的有全球影响力的大国。随着人民对美好生活向往的热情日益高涨,中华民族伟大的创新创造精神不断被激发,跑出"中国速度"的高铁、发达的电商平台、引领消费时尚的扫码支付、共享单车、网约汽车等等,这些伟大的创新创造,不仅在快速改变着中国人的生活方式和生活品质,更是令全世界瞩目。

(二)"路漫漫其修远兮,吾将上下而求索"的奋斗精神

人类在童年时期就通过最质朴的形式——神话,在本源便奠定了民族精神的结构,体现民族精神的内在力量,影响民族的整体精神风貌。中华民族在远古蛮荒时期所幻想出的盘古开天辟地、女娲补天、后羿射日、愚公移山、精卫填海等神话故事,孕育着中华民族自强

不息的奋斗精神,也成为中华文化最古老、最悠久、最顽强的生命之根。无论是"业精于勤,荒于嬉;行成于思,而毁于随""老骥伏枥,志在千里;烈士暮年,壮心不已""莫道桑榆晚,为霞尚满天",还是"鞠躬尽瘁,死而后已"等,无不体现出一种豁达乐观、积极进取的人生态度和不懈的奋斗精神,这是中华民族矢志不移的精神血脉。

奋斗是中华文明的兴盛之源。中华民族几千年来就以"滴水穿石、绳锯木断"的韧劲、"明知山有虎,偏向虎山行"的勇气、"逢山开路、遇水架桥"的魄力,创造出辉煌的历史,延续着中华五千年的灿烂文化。中华民族坚持革故鼎新、自强不息,无论是祖国大好河山的开发和建设,还是广袤粮田的开垦、大江大河的治理,尽管历经风雨,但始终在持续发展,保持着中华文明的旺盛和绵延,推动着中华优秀传统文化生生不息地向前发展。

今天,我们仍然依靠"撸起袖子加油干"的奋斗精神,直面前进道路上的新情况、新问题,以闯关夺隘、善作善成的意志品格,不断攻坚克难,使中国进入了日新月异的新时代。诸如"西气东输"的成功实现,中国女排的东山再起,一桥通三地、天堑变通途的"港珠澳大桥"的建成,多功能"北斗卫星导航系统"的建设,信息高效传输的"量子通信卫星"的成功发射,自行设计、自主集成研制的"蛟龙号载人潜水器"的成功下潜深海,等等,充分表明我国经济、科技等各个领域的发展和进步、国力的日益强盛,无不源自中国人民的顽强毅力、不懈奋斗和锐意进取。

(三)"天高任鸟飞,海阔凭鱼跃"的梦想精神

中华民族是拥有伟大梦想的民族,伟大梦想精神是融入中华民族血脉的优秀文化基因和推动中华民族砥砺前行的有力支撑。在几千年的历史中,中国人民即便是在恶劣的环境和艰苦的条件之下,都能自强不息、奋斗不止,创造出灿烂辉煌的中华文明。究其原因,就在于中华民族始终心怀梦想并不懈追求。在中华文明发展的历史长河中,中国人民始终保有、延续着伟大的梦想精神。盘古开天地、夸父逐日、后羿射日、愚公移山等中国古代神话,作为一种"神化"的现实生活,既是中华民族在它童年时代的瑰丽幻想,也深刻反映了中国人民勇于追求的执着精神和顽强的抗争精神。

伟大梦想精神始终一脉相承,并且深深地融入中华民族的血脉之中,化为中华民族重要的文化基因,代表着中华民族独特的精神标识,为中华民族砥砺奋进、超越自我提供了永恒的精神力量。

二、中华民族的思维方式

思维方式是历史的产物,是社会文化在人们思维深处的积淀,是民族文化的基因。一个民族在长期的历史发展中因一定的文化背景、知识结构、生活习惯所形成的思维活动的形式,就是一个民族的思维方式。它是一个民族的智力、智慧和智能水平的整体凝聚,决定着人们对待事物的方式和方法,渗透于文化的各个领域。可以说,人类文明、人类进步、人类的一切辉煌成果都与思维方式密不可分。中华民族的思维方式与西方不同,是一种东方的智慧。它既有历史的智慧积淀,又有现实的智慧映像,更有未来的智慧光芒。中国古代相对封闭的地理环境和自给自足的小农经济,深深地影响和渗透于中国古代社会生活的各个方面,使得中华民族形成源远流长的思维习惯和思维方式。中华民族自古便有对认知对

象整体思维的直观把握的能力,立足于用现象世界无限变化的过程本身来说明本体的存在及其作用,追求某种非逻辑、非纯思辨、非形式分析所能得到的真理和觉悟。

(一)"不涉理路"的直觉思维

所谓直觉思维,就是凭借主体的自觉、灵感、体验、顿悟,在瞬间直接把握事物的本质,不是推论和演绎的,而是一种印象式的把握,不需对事物进行分析,也不需经验的积累,是心智直接觉悟的一种思维活动。

直觉思维是一种创造性的思维,具有高度的流畅性、渗透性,对文学艺术的发展具有积极影响。魏晋时期的陶渊明有"采菊东篱下,悠然见南山。山气日夕佳,飞鸟相与还。此中有真意,欲辩已忘言"的直觉体验和彻悟;唐代王维的"空山不见人,但闻人语响。返景入深林,复照青苔上"把直觉所带来的体验、顿悟再现于宁静悠远的诗画意境中,这无疑是直觉思维在艺术实践中的深化和内聚,成就其禅宗文化之正宗的地位。直觉思维方式渗透到中国古代哲学、文学、美学、艺术等多个领域,促进了中国艺术中的一些传统和风格的形成,使中国文学、艺术、哲学、美学等具有了鲜明的民族特性和审美特性。

(二)"观物取象"与"取象比类"的意象思维

意象思维就是从形象中把握抽象的思维方式,是一种融感性与理性、形象与抽象为一体的思维方式,它通过感性、形象的符号来把握对象世界的抽象意义。

意象思维以"象"为中介,故而能充分发挥人的主观能动性,能引导和启发人们举一反三、由此及彼、多角度地认识事物。可以说意象思维的广泛运用有力地推动了我国古代哲学与科学的发展。而其对自然界和社会生活中一些不可言喻的深层意境所具有的引导和升华作用,对文学艺术的产生发展产生了深远影响。从"立象以尽意"到"得意忘象",从先秦时期以"比兴"为主的表现手法,逐渐发展为"以形写神",都是意象思维作用于文学所致。从《诗经》到当今的文学创作,意象在中国文学之中始终保有独特之意蕴。诸如王维的"红豆生南国,春来发几枝。愿君多采撷,此物最相思",题目是"相思",但诗人并没有使用低回婉转、缠绵悱恻的语言,万千情结只寄予一颗小小的红豆。作为物象的"红豆",却可以引发读者无穷的联想:南国一片翠绿世界中的点点红豆,是古代为守候战死的丈夫而痛哭致死的妻子化身的红豆。如此,"红豆"这一审美意象就成了人们一往情深、相思无尽的象征,看似不经意地问红豆几时发,实则是满腔深情的寄托。这里的审美意象思维达到了极致,也提升了诗的审美境界,以致今天人们依然惯于使用红豆的审美意象来表达相思的缱绻和缠绵。更有甚者,把一些零散的、碎片的、看起来毫无联系的客观事物关联在一起,从而营造出一个充满诗意的意象氛围。如马致远的《天净沙·秋思》:"枯藤老树昏鸦,小桥流水人家,古道西风瘦马,夕阳西下,断肠人在天涯。"一个个看似没有联系的意象经过作者的能动串联,使并不美好的意象(枯藤、老树、昏鸦、古道、西风、瘦马),由于与"断肠人"相互映衬而顿生美感,从而产生出一种异质同构的审美效果。这种审美效果就得益于意象思维的作用,是意与象在人的认识和联想中显现出的无穷变化和无尽意蕴,使文章的深意不再只停留在表面,而是"言有尽而意无穷"。

第二节　大学语文教育是母语高等教育的主渠道

一、母语及其教育的内涵与价值

母语不仅是一个民族重要的交际工具,也是一个民族文化和文明的载体,是民族的生存发展之根本,是凝聚民族情感和维护国家统一的黏合剂。它既是民族的象征、民族的符号,也是民族的旗帜和民族的命脉,更是一种直接诉诸情感并永远影响人们的文化归属意识、文化认同感乃至世界观、人生观、价值观建构的媒介。

汉语作为中华民族的母语,记录了中华民族的辉煌历史和灿烂文化,并且不断地对中华文化和历史予以积淀、传承和发展,它既推动着中华民族的持续发展进步,维系着民族情感,又有力地促进着世界文明的交流、发展和进步。

汉语是世界上具有悠久历史的语言之一,有文字可考的历史已近四千年,汉语蕴含着丰富的思想、文化和科技成果。在其历史进程中,为适应时代和社会的需要,汉语不断发展和更新,不断吸收新的思想、文化和科学技术中最优秀、最先进的要素,是世界上最有历史积淀、最具时代性和革命性的语言,汉语有力地带动了中国社会的发展进步以及和世界科学与文化的交流。

汉语是世界上使用人口最多的语言之一,它被世界四分之一的人所使用,是中国、新加坡的官方语言,亦是联合国六种工作语言之一,主要流通于中国、新加坡、马来西亚、缅甸、泰国等东南亚国家,以及美国、加拿大、澳大利亚、新西兰、日本等国的华人社区。

汉字是一种意音文字,兼具表意和表音功能。从文字形态看,直观形象,组合自如,集形、音、义于一体,具有丰富的意蕴和表现力。以"六书"为源不断滋生繁衍,形如物象,声如钟磬,音韵铿锵,充分显示出中华民族的智慧和创造力,记录着中华民族思想的律动,洋溢着人文的气韵,闪烁着哲理的光华。

母语教育有狭义和广义之分。广义的母语教育即指通过母语进行的各种各样,包括文化、科学、艺术、历史、哲学、道德等的教育,既有来自家庭社会的母语教育,也有来自学校的教育。狭义的母语教育即本民族的语文教育,是"一个人最初学会的一种语言,在一般情况下是本民族的标准语言"。与学习别的语言不同,母语教育具有得天独厚的环境优势和文化优势,既赋予一个人一种文化,又赋予一个人熟练驾驭思维语言的能力,同时还赋予一个人民族精神。每个人一生下来,就被一个纵横交织的来自家庭、学校、社会的教育氛围和环境包围着,在一个天赐的、自然的、自己民族的、有血肉联系的母语环境中学习和成长,这种文化的影响力和思维的优势是其他任何第二语言都难以相比的,是一种立体的、全方位的、渗透在骨子里的教育。学习母语是所有生命个体享受尊严、实现价值、立已成人的最基本的权利。母语学习的过程是一个人接受民族文化浸润的过程,是智慧生成、精神培育和心灵成长的过程,每个人都是通过母语而逐渐进入社会、拥抱世界并最后实现自己价值的。

二、大学语文教育与母语高等教育

在基础教育阶段,母语教育是基础中的基础——既是学生学好其他课程的基础,也是学生全面发展和终身发展的基础。而母语的高等教育就是大学语文教育，除了以鲜明的形象、优美的语言和丰富的人文内容提高大学生的语文素养，陶冶他们的思想和情操，提升他们精神境界外，最高目标就是深度认识中华文化，确认我们的文化身份，巩固民族共同体成员的文化认同。只有通过对本国语文的深入学习和理解，才能更深刻地认识和了解中国的文化、中国人的思维、中国人的精神特质等，并以此为根基，更好地吸收其他文化。因此，大学语文教育具有"培根固本"的特性，它承载着使一代代青年不断提升母语素养、成为民族精神传承者的历史使命。

三、大学语文教育有益于提升学生的母语素养

母语素养包含语言文字素养、文学素养和阅读理解能力、书面表达能力、口语交际能力等。大学生与中小学生的最大不同就是大学生心智已日趋成熟，而大学教育与中小学教育的最大不同就是前者由以教为主升级为以学为主。大学阶段的学习，不再类似基础教育阶段的"连轴转"，即从早到晚都是在学校和家长安排的任务中度过，不是在学校上课写作业，就是在培训机构学艺术、补文化课。进入大学后，学生不再有高考的压力，有了相对的自由和自主权，有了更多属于自己的时间和空间。语文的学习可以不再是为了应付考试，不再是止于表面、止于局部的肤浅的学习，而是全身心地进入作者的心灵世界去感知、感受和感悟的深层次学习，大学生可以广泛阅读，用心写作。

其一，大学语文是大学生语言文学素养提升的有力保障。据调查，当前大多数高中生认为语文课是用来积累与高考有关的语文知识的，学习了规定的篇目，掌握了相应的语文知识就算完成了学习任务；对语言文字不进行深入感知、理解和记忆，不注重语言储存和语感培养。教师在课堂教学设计中以做题、解题为主，不惜花费大量的时间和精力去研究出题考查的知识范围、能力范围，研究不同内容、不同题型的应对策略；不惜花费大量的时间和精力去翻阅资料，汇编试题，刻印复习资料。长此以往，学生负担加重了，学习语文的兴趣在题海中日渐消逝了，以致进入大学后，不少学生的知识面、阅读面窄，表达能力欠缺。曾有学者对全国37所高校的学生做过调查，结果显示，不少大学生对母语的字、词、句、语法、修辞等方面的掌握呈现诸多问题。由于电脑和智能手机的普及，许多大学生平时很少用笔写字，提笔忘字的现象更是屡见不鲜。要改变这种状况，弥补中学语文教学的不足，大学语文的教学至关重要。要让学生走近语文、感受语文、爱上语文，而不是厌恶和拒绝语文。改变学生因为中小学语文课程要归纳段落大意、中心思想而产生的对语文的抗拒心理，使学生真正走进语言王国，感受语言之美、语文之美，字、词、句的积累便会水到渠成。让大学生在语文学习中，亲近自然，感受心灵，让他们自然爱上阅读，走出教材的理论圈子，不断延伸，在海量的经典文学作品中沉醉；再加上教师的适当引导、点拨，辅之以相关的演讲、朗诵、读书笔记撰写，等等，其语言文字素养的提升自不待言。

其二，大学语文是大学生语文能力提高的有力支撑。所谓能力，就是完成一项活动所需具备的个性心理特征，而语文活动是运用语言的活动，也是运用语言的能力，既包含阅读理解能力，也涵盖书面表达能力、口语交际能力。基础教育阶段的语文教学，由于难逃应试教育的藩篱，重在让学生习得语文知识、培养应考能力，未能让学生很好地体验和感悟文本。

语音、语法、语汇、修辞等固然是语文教学的重任,但这仅能引导学生认识语言,习得语言知识,而语言的运用主要依靠的是语感。语感是语文能力的核心,因为语感是一个人对具有认识、情感内容的言语对象的全方位的感受与反映。直觉的语言知识,虽是语感赖以存在的必要基础,但语感毕竟不只是一种语言知识,还是与人的观念、人的情绪相交融的,既有语言的因素,也有认识情感的因素;不仅是对言语对象在语言知识方面正误的判断,也是对其内容的真伪是非与形式的美丑的判断;既没有抽象的不表现任何认识内容和情感因素的话语,也无法使语感游离于认识、情感之外。概而言之,语感就是一种对语言文字的艺术审美的感受力和浑然天成的驾驭力。比如"我们理解文章,或者写文章,语言的运用往往是下意识行为,自己说不清是怎样理解和表达的,更说不清是运用了哪些手段、技巧等知识的结果""一个人语法知识掌握较好,逻辑学也学得不错,但文章不一定写得好,理解力不一定很强""个人对话语和文章中的字是否正确、用词是否准确、语法是否规范等,不需要分析思考就能下意识地做出判断",其原因何在? 就在于语感不一。

语感强的人往往说不清楚某个用错的词语或某句不规范的语法不正确的原因究竟是什么,但对语词搭配、词语的感情色彩、文体色彩、风格色彩的合适与否,却不假思索就能识别出来。语感随着言语经验的丰富而增强,随着积累程度的加深和数量的增多而提升品质。我们的大学语文教学就是要致力于提升学生的语感,帮助学生获得自如地驾驭文字的能力和本领,让他们在语言运用的过程中感受到自信和愉悦。拥有语感是学习语文的关键。那么,怎样获得和培养语感呢? 李海林认为语感的获得有两种方式,分别为自然言语实践和自觉言语实践。所谓自然言语实践,即通过大量的言语作用于主体,当积淀到一定程度时,即出现"书读百遍,其义自见"的效果。而自觉言语实践乃为一种有目的、有计划的实践,是在教师的指导安排之下去感受、操作和巩固,从而内化为一种固定的行为结构模式和心理反应机制。

对于大学生而言,他们不再像在中小学时完全受控于学校、家庭,完全拘泥于教材,完全依赖老师和父母。语感培养和提升较中小学时有更为有利的环境。其一,大学语文课程的学习,是在教师引导下的语文实践。读书是积累知识的最好方式,在教师的指导下,学生广泛阅读文化经典,书读多了,其中的精彩句段、动人情感等,融会贯通后自然变成自己的东西,形成新的观点,久而久之良好的语感自然形成。读起文章来,会有自己的理解;写起文章来,也就落笔成文,正所谓"读书破万卷,下笔如有神"。其二,大学时代是学生思想走向成熟的关键时期。随着自身认知水平的不断提高,心智不断成熟,可以涉猎的书籍、可以领悟的程度都在拓宽与加深,即便是原来接触过的作品,大学时再静心研读,又将获得新的认知、新的感悟。其三,大学的学习环境与氛围为学生语感的培养和提升提供了更为广阔的天地。各类社团、各种活动,校园广播稿、校报的投稿,演讲比赛、朗诵比赛等,都可以让学生将自己的语言积累通过说和写表达出来。

大学学习虽然专业不同,但有一个共同的特点,就是都要表达和写作,其中只有量的不同以及程度上的差异。一般来说文科学生写作多一些,也更复杂一些,而理工科学生写作相对少些,也相对简单一些。写作包括读书体会、论文、发言稿、借条、书信等,不夸张地说,从语文的角度来说,当今大学生包括研究生在内,写作多数都不合格。很多老师指导学生写论文,其实根本就不是指导专业问题,而是指导语文问题,包括标点符号、错别字、用词不准确、语句不通顺、结构框架不合理、条理不清晰、中心思想不明确等。很多老师都有一个共同的感受，那就是写作时，对于语文好的学生，老师指导起来相对轻松；对于语文不好的学生，老师指导起来则要费时。不少大学生的表达能力与沟通能力不足的现象引起了社会各界的广泛关注，而人文素养的不足则更值得重视，长此以往，势必影响母语的功能乃至中华文化的传承。因此，大学语文的困境和教学对策也随之成了高等教育界关注的话题，我们必须找出其问题的症结，并找到行之有效的办法，能够充分调动学生学习的积极性，以弘扬我们的母语，促进我国优秀传统文化发扬光大。

第三节　大学语文教育是传承中华优秀文化的好平台

文化是一个国家、一个民族的灵魂，是民族生存和发展的重要力量。文化兴则国运兴，文化强则民族强。人类社会的每一次跃进，人类文明的每一次升华无不伴随着文化的历史性进步。中华优秀传统文化源远流长，经历了五千多年的历史变迁，在传承和弘扬中不断前进。博大精深的中华优秀传统文化是中华民族不断发展壮大的精神动力，是中华民族的"根"和"魂"，积淀着中华民族最深层次的精神追求，呈现着中华民族最深刻的精神印记，代表着中华民族独特的精神标识，为中华民族生生不息、发展壮大提供了丰厚滋养，激发了中华民族强大的民族生命力、凝聚力和创造力，推动着中华民族不断向前发展。

实现中华民族的伟大复兴，最重要的就是民族精神和民族文化的弘扬。《完善中华优秀传统文化教育指导纲要》要求：大学阶段，以提高学生对中华优秀传统文化的自主学习和探究能力为重点，培养学生的文化创新意识，增强学生传承弘扬中华优秀传统文化的责任感和使命感。深入学习中国古代思想文化的重要典籍，理解中华优秀传统文化的精髓，强化学生文化主体意识和文化创新意识；深刻认识中华优秀传统文化是中国特色社会主义植根的沃土……在课程建设和课程标准修订中强化中华优秀传统文化内容。围绕中华优秀传统文化教育的主要任务，适时启动课程标准修订和课程开发的研究论证、试点探索和推广评估工作。

中华民族优秀的文化遗产，记载于浩如烟海的古代典籍文献之中，通过汉语言文字世代承继传播。弘扬文化的最好方式就是传播，传播的最佳途径就是教育。

传承文化是学校教育的共同目标、任务，大学也不例外。相对于其他学科，大学语文在传承文化方面的作用最为突出也最为重要。因为大学语文既是我国古今文学精品的荟萃与结晶，也是中华民族文化、文明的荟萃与结晶。大学语文学习的过程，就是感受、理解民族文化的过程，也是确立和巩固民族文化认同的过程。通过对中国语文的深入学习和理解，学生可以更深刻地认识和理解中国，认识和理解中国的文化、中国人的思维、中国人的精神特质；也只有以此为根基，才能更好地吸收外来文化。随着我国经济的持续发展和综合国力的增强，政府对文化软实力的建设越来越重视。在这种情况下，对大学生进行语文能力培养和素养教育的紧迫性、重要性也日渐明显。

一、大学语文教育可以提高学生对传统文化的认识

大学语文教育教学的内容是精彩纷呈的文字作品，其中蕴含着大量传统文化的元素，

透过这些作品,可以引导大学生对中国文化加强了解,提高其对中国传统文化的认识。尤其是对古代典籍的学习,可以帮助学生进一步了解到中国传统文化中值得弘扬和吸纳的民族精神、民族智慧,可以让学生逐渐懂得中华优秀传统文化的自身特色。

正是中华文化的优秀基因,以人为核心、以谋求人类的幸福为出发点和归宿,其兼容性以及所蕴含的崇高的文化自觉意识和厚重的历史责任感,文以载道、知行合一、经世致用的优良传统,家国天下的博大情怀等,使得五千年的中华文明从未中断,而且具有永续传承性和永恒生命力。"明明德、亲民、止于至善""格物致知""正心诚意""修齐治平"这些思想观念,已经成为中华民族内在的特质秉性与文化标识,充分展示了中华优秀传统文化的价值追求和人格理想,奠定了中华民族的文化性格、行为方式和家国情怀,成为中华优秀传统文化最具生命力的精神基因。

中华民族绵延不绝的悠久历史、灿烂文明,孕育滋养出源远流长、根深叶茂、丰富多样的优秀传统文化。历经五千余年的发展与传承,中华优秀传统文化积淀了中华民族最深沉的精神追求,代表着中华民族独特的精神标识,形成了中国人的思维方式和行为方式,塑造了中华民族的鲜明品格,培育了独树一帜的中国精神,其中包含着丰富的哲学思想、道德情操、价值观念、审美品格、艺术情趣、辩证思维和科学智慧,是中华民族宝贵的精神矿藏,是中华民族自立于世界民族之林,绵延不绝、郁郁葱葱、生生不息的文化之根。

中华优秀传统文化是中华民族的精神命脉,是涵养社会主义核心价值观的重要源泉,也是我们在世界文化激荡中站稳脚跟的坚实根基。中华优秀传统文化蕴含的核心价值内容丰富、思想深刻、影响力广泛持久而深入,具有独特的魅力和文化特色优势,包含着深刻的思想价值、巨大的精神活力、崇高的道德人格、辩证的科学思维、形神兼备的审美品格。中华优秀传统文化历来把人的精神生活纳入人生和社会理想之中,融汇成为博大精深、底蕴深厚的文化价值理念和道德人格文化传统,世代相传,绵延不绝,深入人心,成为中华优秀传统文化的思想底色、信仰支柱、精神追求,成为当代中国文化软实力的血脉灵魂。

二、大学语文教育可以增强学生弘扬中华优秀传统文化的责任感

语文之"文",不仅仅指"文字""文章",还蕴含"文化"之义。因此,大学生学习语文,就不仅仅是语言知识的学习、语文文本的阅读,更重要的是要学习文化知识,提高文化素养,受到文化熏陶。中国语文,尤其是中国古代诗文,本就融文、史、哲于一体,作者大多是借助文学来表达其内在的思想主张、道德观念与精神追求,其中蕴藏着丰富、深厚的中华传统文化宝藏,文化始终与语言文字水乳交融般地联系在一起。因此,在大学语文教育教学过程中,融入优秀传统文化的内容,可以有效发挥优秀传统文化的育人功能,进而达到润物无声、化人无痕的人文教育效果。

三、大学语文教育可以有效培养优秀传统文化的爱好者和传承人

培养优秀传统文化的爱好者和传承人,是进一步弘扬优秀传统文化的关键。只有将弘扬传统文化外化为个人的自觉行为,才能使这一行为保有恒久的生机和活力。

中国新时代的大学生,肩负着振兴中华的伟大历史使命,有责任和义务了解本国传统文化,传承、弘扬和创新优秀传统文化。坚持"不忘本来、吸收外来、面向未来"的原则,做先

进文化的学习者、传承者及践行者。我们应帮助他们积极了解传统文化，能够促使他们有效夯实传统文化的基础，提高他们的认知水平，能够增强他们的民族自信心和自豪感，使他们更加热爱祖国，为祖国的繁荣与发展做出贡献；引导他们积极分析传统文化，这样有助于他们更加准确地认识具有五千年历史的祖国文化，挖掘出优秀传统文化的当代价值和现实意义，有利于固化他们的精神信仰和价值追求，更好地担负起国家发展的重任。

大学语文作为"道器兼容"的学科，在培养大学生阅读理解、形象思维与表达交流等能力的同时，始终渗透着中国传统文化教育。大学语文教学所选的基本是文学经典，内容涉及哲学、伦理、历史、艺术等内容。不论是先秦的诸子散文、历史文学，还是古代诗歌、小说、戏曲，其中蕴含的思想观念、人文精神、道德规范等，至今依然闪耀着人类智慧的光芒。无论是针对个体的修身之道，诸如求同存异、和而不同的处世方式，文以载道、以文化人的教化思想，"天下兴亡、匹夫有责"的担当精神，精忠报国、振兴中华的爱国情怀，崇德向善、见贤思齐的社会风尚等，还是针对国家的"民为贵、君为轻、社稷次之""民惟邦本""德主刑辅""治国先治吏"的为政之道等，都是大学语文教学的内容。这些优秀的中华传统文化能够为大学生认识和改造世界提供有益启迪，可以增强大学生的文化认同感与归属感，逐步使其形成文化自觉意识，确保中华民族的优秀传统文化代代相传、绵延不绝。

很多人认为，语文学习到高中毕业就基本完成了，用不着再学习了。的确，对于普通人来说，正常的高中语文水平就可以满足日常生活以及工作中的阅读和写作需要；但对于大学生来说，只有高中语文水平是远远不够的，不管文科学生还是理工科学生，思想文化素养都是非常重要的，大学生应有知识分子的素质，知识分子的素质决定着一个国家、民族的思想文化高度，也决定着科技的高度。我们深知，不论是过去还是现在，伟大的科学家都具有很高的文化素养，都有伟大的人文情怀和深邃思想。文化素质不高，可以成为一个科技工作者，但绝不可能成为科学家。全面而深厚的文化素养和人文情怀，不仅有助于丰富科学家的人生，滋养科学家的性情，而且对科学研究也是非常有帮助的。自然科学研究达到一定高度之后其实比的就是思想文化，瓶颈不再是科学素养而是思想文化水平，要想取得更大的突破，达到更高的境界，往往不取决于科学研究本身，而是取决于科学家的思想文化修养，取决于个人的人格品位、人生态度以及对个人和民族、国家的认识与追求等。人文科学研究更是这样，达到一定高度之后，要想有更大的突破，往往不取决于专业知识和水平，而取决于文史哲思想的深度与厚度，取决于个人人生的境界，取决于人的情怀与胸怀。一个专注于名利的人，其学问的天花板是有限度的，只有胸怀无限宽广，学问才能无限宽广。而思想文化从某种意义上说属于语文的范畴，专业学习是有限度的，而语文学习是无止境的。

第四章 大学语文教学与创新

第一节 大学语文教学的创新意识

一、创新意识培养的意义

(一)科学文化知识学习的需要

发展教育与科学,是文化建设的基础工程,是推动经济和社会发展的决定性因素,因而在大学语文中学习科学文化知识有助于发展教育与科学。在社会经济不断发展的背景下,各个企业的人才招聘标准不断提高,不仅需要其具有良好的专业能力,还需要具备创新意识和较强的语言文字表达能力。随着人们对教育的重视程度不断提高,各高等院校对大学语文学科建设的重视程度也在加深,以推动大学语文教育专业进一步发展。并且由于语文教学具有其得天独厚的优势,不仅能够提高学生的语文综合素养,还能够使学生认识到语文教育的意义,推进相关行业的发展。由于学生接受过的语文教育存在一定的差异,并且其综合能力也存在高低差别,为了进一步提升大学语文教学的科学性,需要对教师进行创新意识培养,使其具有教学分析能力,对教学工作的发展进行分析整理,并按照新的目标进行教学设计,走出传统模式,适应新时代、新要求。

高校如何在语文教学时设计科学而合理的教学形式,是学生比较感兴趣的问题,也是提升课堂教学有效性的关键。例如:在教学之前,教师先对学生的语文学习情况进行分析,针对古文基础薄弱的学生在教学时可打破古文占比大的局面,消除他们读不懂、听不懂的困惑,重新调整教材内容比例,加大教材中具有的民俗、艺术等内容的分量,以提升教学内容的现代感与现实感,进一步提升教学的有效性,使教学工作能够满足科学知识文化学习的需求。

大学语文具有提高学生语文综合能力的意义,在教学中,由于部分学生的语文表达能力较弱,因此需要进行语文教学创新设计工作,选用经典篇目,加大阅读指导,强化实践锻炼,注重说写练习。可采用教师示范、名家指点、深入社会自我锻炼等方式,增强语感能力,在学习中锻炼,在锻炼中提高,促进大学语文教学与生活实践的有机结合。同时要改变教学内容单调、教学观念落后的问题,教师需要按照以人为本的理念进行教学,了解学生的学习现状、学习需求等的个体差异,合理设计教学内容与方式,发挥主体性优势,进一步提高学生的综合能力。另外,由于语文教学的优势是形象思维,与现实生活有一定的联系,因而在教学的过程中,需要教师提高引导力度,培养学生丰富的想象力,形成发散性思维和问题意识,提高学生的理解能力和深度思考问题的理性意识,进一步提高教学质量与教学效率。

（二）现代信息技术发展的需要

信息技术是当今世界科学技术领域最活跃、最迅速、最有影响力的因素之一。信息技术的飞速发展，不仅深刻地影响着人类的生活方式和工作方式，而且深刻地改变着人类的教育方式、学习方式乃至思维方式。联合国教科文组织国际教育发展委员会编写的《学会生存——教育世界的今天和明天》一书中指出：教育技术绝不是强加于传统课堂教学的一堆仪器，而是开展教育研究、变革教育思想、实现教育最优化的根本变革。充分激发学生的主动意识和进取精神，倡导自主、合作、探究的学习方式，是当下亟待解决的问题，这就必然要研究信息技术与语文课程的整合方式。当今信息技术的飞速发展，对教育的影响不仅表现在新的技术和手段的运用上，而且给教育的发展带来更新的理念和动力，使教育内容、方法和模式发生深刻变革。因此，教育信息化的关键在于要将信息技术融入教育教学的全过程，运用信息技术逐步改变原有的教育教学过程与模式，实现以知识传授为主的教学方式向以能力素质培养为主的教学方式转变，并根据社会发展和学习者的需求，在全国乃至世界范围内选择最优质的教育资源，进一步突破传统教学活动的时空限制，提升教育教学的效率与质量。这一变革的过程就是信息技术与教育教学融合的过程，只有融合才能体现出信息技术对教育改革与发展的作用，这才是教育信息化的本质。

为了满足教学需要，高校教师在教学中广泛运用信息技术对教学内容进行科学设计，将教学内容进行延伸，发挥出教学表演性、实践性和直观性的优势，使教学内容更加优化，知识的传授方式更加多样化，容量更大，直观性更强，效果更明显，充分显示出现代化信息技术强大的生命力。例如：大学语文教学中，教师可以在教授小说类文本时，以小组为单位开展情景表演活动，教师对学生进行指导，帮助学生感悟人物内心情感，从而提高学生的语文综合能力。另外，在开展比赛活动的过程中，还可以开展小组赛，提高学生的合作能力，发挥出现代信息技术的教学优势。但部分理科学生对这一教学工作的参与度较低，为了引导其参与活动的积极性，可以与学校社团合作，定期开展汇报演出活动，不断提高学生的语言表达能力与社会交际能力，培养学生的语文综合素养，为其之后的学习、工作奠定良好的基础。

大学语文教学的目标之一是培养学生的自主学习能力，为了能够在这一过程中发挥出现代信息技术的优势，不仅需要进行语言综合训练，还需要进行学习方法的指导，进而引入先进技术，带领学生学习语文课程，使学生能够感受到语文学习的魅力，进一步提高学生的学习兴趣，并在教学之后养成自主学习的习惯，达到由知识灌输的对象和外部刺激的被动接受者转变为信息加工的主体、知识意义的主动建构者和情感体验与培育的主体的教学目的。在这一过程中，高校可以构建智能学习系统，并由教师定期上传教学视频，学生可以根据自身的语文综合能力进行学习，进一步提高教学有效性。另外，在这一过程中，由于部分学生的学习兴趣不高，为了能够进一步提升教学有效性，需要教师在制作视频、设计教学形式时根据学生的学习能力、学习现状进行设计，进一步提升教学有效性，并满足现代信息技术发展的需要。

信息技术在教育教学中的应用是永无止境的，不断创新技术会给应用提供新的动力和条件，教育的需求和发展也会对信息技术的发展提出新的要求。促进信息技术在教育教学中的应用,特别是在大学语文教学中的应用,使学习者的学习方式便捷化、个性化,从而获得高质量的学习效果,这是学科教学与信息技术深度融合的结果,也是教育信息化发展的方向和本质。具有无限的发展潜力,是教育信息化的希望所在。

(三)新时代社会职业发展的需要

新时代对职业人才的要求越来越高,一个适应现代社会需要的高素质人才应该是品德素质、知识素质、能力素质与身心素质都高的人才。就能力而言,概括起来包括信息收集分析能力、综合预测能力、科学判断能力、想象创造能力、研究思辨能力、协调沟通能力、交际应变能力、语言表达能力等。这其中的很多能力都与创新思维密切相关。在社会经济不断发展的背景下,社会对职业要求标准进一步提升,并且大学阶段的学生即将步入社会,为了使其能够满足新时代社会职业发展的需求,尤其需要提高其语文综合素养。为了达到这一目标,需要教师在教学之前,增强创新意识,实施创新举措,合理选择教材,丰富教学内容,创新教学方法。例如:教师可以定期对学生的综合能力进行考查,并在不同阶段选择不同难度的教学内容,逐渐提高学生的综合能力。在选择文本内容时,需要对文章的复杂程度进行整理,保障其在满足教学大纲需求的同时,提高学生的综合能力。在丰富教学内容时,可以将教材中的内容根据适用程度进行分类,将不同教材进行融合整理,并在教材中适当添加与现代社会生活相关的内容,比如小说、诗歌等类型的文本,提高教材结构的合理性,满足教学需求。另外,为了提高学生的综合素养,培养其自学能力,使其能够满足新时代社会职业发展的需要,可以定期开展讲座活动,例如:高校可以聘请语文教育专家,为学生讲解学习方法、语文学习的重要性,并进行语文教学,带领学生进行课堂互动,提高学生的学习兴趣,促进学生进一步提高语文综合能力。在这一过程中,教师可以定期对学生进行语文知识考查,使其能够了解学生语文成绩的变化情况,并为部分学生进行有针对性的辅导,帮助其提高语文学习积极性,满足新时代社会职业发展的需要。

提高语文教材编写特色,把那些闪耀思想光辉、体现人类智慧的高水平经典作品编入教材,以培养学生的创新意识与创造精神。在语文知识传授的过程中,教师需要先根据学生的学习情况、教学续期创设教学模块,使各个部分内容既有联系又不互相冲突,通过这样的方法设计出的教学内容能够满足学生的学习需求,并进一步提高学生的综合能力,达到满足新时代社会职业发展需要的目的。另外,教师在教学中需要与学生建立良好的关系,了解学生在学习中存在的问题,为学生提供相关的教学帮助,并带领学生进行教学活动,提高学生参与的积极性,逐渐养成自主学习的能力,提高教学效率,发挥创新教学的优势,使学生满足新时代社会职业发展的需要。

语文学科是培养学生正确理解与使用祖国语言文字的人文学科,在大学学习语文是非常重要的,能够使学生形成良好的语文综合素养。但由于部分学生对学习这一内容的兴趣不高,难以发挥出教学的有效性,因而在教学中为了培养学生的语文学习兴趣,教师需要进行创新,与学生在课堂上建立互动模式,调动学生的学习兴趣,使学生进一步提高学习能力,并满足新时代社会职业发展的需要。另外,教师应该重视教授学生的语文基础知识,引导学生自主分析文本内容,这样才能帮助学生提高语文能力,提高学习效率和语文成绩,为之后的学习与工作奠定基础。

（四）创新型人才培养的需要

创新型人才培养是大学语文教育的主要目标。所谓创新型人才,就是具有创新精神和创新能力的人才,通常表现出灵活、开放、好奇的个性,具有精力充沛、坚持不懈、注意力集中、想象力丰富以及富于冒险精神等特征。大学语文教育进行创新意识培养是一项有别于中学语文教育的系统工程,涉及对语文文化的感性认知与理性思维的深层问题,绝不只是语文知识的继续巩固和对文学作品的一般掌握。正因为如此,部分高校在语文教学时,没有意识到大学语文的教育意义,更没有合理设计教学内容,导致教学过程太过随意,内容过于理论化,难以提高学生的综合素养。进行语文教学创新工作,是一项艰辛的创造性活动,需要具备全新的教育理念、敢为人先的创新精神,要勇于实践,改变教学内容单调、教学手段落后的现状,提高学生的语文综合素养。大学语文在开展教学工作时,虽然教材具有多样性的特点,但为了满足全部学生的喜好,还需要教师根据实际教学情况对教学内容进行创新设计,达到弘扬传统文化、提高学生学习兴趣的目的。在大学语文课堂中,学生能够在教师的引导下发现语文的美,感受语文的魅力,并且在教学创新之后,可以根据学生的性格完善语文教学内容,因材施教,使学生得到个性化的发展,进而树立正确的人生观、价值观。另外,在社会经济不断发展的背景下,对人才的要求也不断提高。为了让非语文专业的学生提升语文综合能力,教师需要将培养学生语文审美能力作为教学重点,引导学生分析文本内容中的情感,提高语文欣赏能力;并且在教学的过程中,教师可以引导学生自主分析文章内涵,并逐渐形成良好的自主学习能力,实现大学语文教学的意义。

由于大学语文具有提高学生人文素养的意义,继而教师在教学时对教材内容进行创新设计,能够使学生形成良好的文字基础能力、语文运用能力和审美感悟能力等,进而达到提升学生人文素养的目的。例如:教师在设计教学工作时,会先对学生的语文综合能力进行分析,合理设计教学体系构架,丰富文本内容,使学生的视野得到拓宽,提升学生的语文综合素养,推动学生进一步提高全面发展的能力。并且部分教师在对课程内容进行设计时,为了达到培养创新型人才的要求,将课程设置目标与人才培养目标进行结合,帮助学生进一步提高自身综合能力。但在这一过程中,由于学生的语文能力存在差异,为了进一步提高教学的有效性,不仅需要按照学生的学习需求设计课程内容,还应按照教学大纲进行安排,并根据教学目标设计教学内容与教学方法。教师的教学能力存在差异,不同的教师在讲解同一内容时,会从不同角度进行课程分析,教师按照学生个性发展需要进行教学设计,使教学工作具有针对性,满足学生的学习需求与创新型人才培养的需要。

大学语文教学的工作开展时间较长,教师在教学中能够积累一定的教学经验,为了能够进一步提高教学有效性,需要教师在教学之前整理教学中常见的问题,并对这一部分内容进行优化改进,推动教学工作进一步发展。另外,在开展教学工作时,部分学生的学习积极性不高,导致教学工作有效性降低,为了改变这一现状,需要了解学生的心理,并对教学工作进行优化设计,使大学语文教学满足创新型人才培养的需要。

二、创新意识培养的途径

(一)树立问题意识

树立问题意识对于很多学生来说都是难能可贵的,问题意识的重要性在于能够有效帮助学生开展一系列的思维创新与拓展。学生在学习语文的过程当中,对于语文兴趣的来源有很多,主要是由于语文本身的吸引力,也有可能是为了提升自身的综合成绩,无论哪一种原因,在课上或者课下,学生都应该具有问题意识,这样才能够有效帮助自身培养创新意识。

树立问题意识需要从教育对象的实际需要着手。首先,需要学生能够深刻认识到问题意识对于语文学习的重要性。问题意识对于学生来说具有能够有效发挥出学生主体地位的作用。在当前的教育形势之下,学生在教育过程中是否能够被摆放到主体地位,已经成为检验课堂质量高低的标准之一,学生接受教育的最终目的是提升自身的能力与素质,而只有保证学生的主体地位才能够真正落实课堂教育的最终目的。学生在大学语文的课堂当中,同样也应当摆正自身的态度,认识到自己应有的地位,不能全凭教师的教诲被动地学习,应具有一定的主观能动性,多提问题、善提问题,这样才可以有效提升自身的学习质量以及学习效率。其次,对于教师来说,也应当帮助学生树立问题意识,这样做有两个明显的益处,一是能够带动课堂的气氛与节奏,二是能够帮助学生提升所学内容的深度。在开展学习的过程当中,教师已经不能再照搬传统的教育理念以及教育方式,"填鸭式"的教育对于学生来说无异于将其推离课堂、推离语文,而只有有效率、有质量、有趣味的课堂才是当下学生需要的课堂。教师如果不能带动一节课的气氛,那么死气沉沉的环境对于学生来说将不是学习语文知识的动力,而是学习语文知识的阻碍。教师在开展教学时,需要通过有效的手段帮助学生不断树立问题意识,帮助学生敢于思考、敢于提出问题,对于课堂的内容以及书本的知识,敢于提出质疑。

树立问题意识具体有三种手段:一是可以通过教师授课的手段帮助学生激发出对知识的求知欲以及对于语文学习的热情。教师授课时,整个教学过程中带着丰富饱满的感情,利用大学语文这门学科所拥有的感性色彩以及文学之美,来感染课堂中的学生,在课堂上帮助学生构建一个感情饱满的情境,学生置身于教师所带来的学习氛围之中,就会激发出自身对于语文学习的新想法和新问题。二是在课堂之中创造学生提问的有效机会,学生提问的动力可能来自教师对于课堂节奏的把握,教师通过认真备课,将课堂不同的环节进行充分预设,把控课堂的节奏,让学生有充分的时间和机会进行提问,这样也能够有效带动整堂课的自由氛围,培养学生的问题意识。三是学生应当克服课堂提问的恐惧心理和抵触心理,很多学生对于课堂提问的抵触心理来源于中学、小学甚至更早的阶段,而在大学课堂上,学生也应该努力克服自己的恐惧,大胆提问,认识到提问不是一件可怕的事情,而是一件十分平常的事情。当自己在课堂提出问题,是对自身学习的一种尊重,也是对教师授课工作的一种尊重。

问题带来思考,而寻求问题的答案也是大脑运作的结果,只有在一个充满问题的环境下学习、生活,才不会僵化学习的思维和方法。树立问题意识对于学生或者教师来说都是十分宝贵的,必须要保证有效利用各种方式树立问题意识,培养学生向能够主动提出问题、乐于解决问题的方向发展,这样才能真正帮助学生成为一个具有创新意识的人。

(二)培养多向思维

多向思维对于大学语文教学而言,其重要意义在于能够帮助学生从不同的角度、方向乃至层次开展对同一个问题的多向判断。多向思维本质上来讲是一种求异思维最重要的形式。在生活当中我们经常面临的抉择、问题都会需要自己寻求解决办法,而在寻求办法与答案的过程当中,如果缺乏活跃的思维,那么就会导致方式的僵化。多向思维对于学生的学习乃至工作所产生的最有益的影响,就是在面对一些事务处理和判断的过程当中,不会受到固化思维的影响,能够利用更加丰富的思维方式进行思考,同时还能够成为推动决策正确的因素。教师在大学语文的讲授过程当中,对于学生开展多向思维的培养,不仅能在学生语文学习能力和语文成绩提升的方面取得良好的效果,更可以帮助学生在未来的工作和生活当中有效面对各种挑战。培养多向思维也离不开创新意识,一个人只有具有多向思维的能力,才能够真正实现思想上的创新。

在大学语文的教育过程当中,培养多向思维需要注重的是知识层面的沟通。大学语文课程的内容丰富,无论是古代文学还是现代文学,都具有自身独特的魅力与特点。教师在传授给学生语文知识的过程当中,也需要注重知识内容之间的联系和沟通。多向思维在教学中运用的主要目的就是能够帮助学生开拓思考的方式和方向,从大学语文的教学对象来看,学生普遍已经具有一定的语文基础和文学素养,这种情况下就需要利用学生已经具备的能力以及这个年龄阶段较为成熟稳重的特点,来帮助学生进行多向思维的训练。在不同课时内学习的语文知识并不是完全孤立的内容,它们共同存在于语文的知识框架之内,构成了完整的语文知识脉络。在教师授课时将课程的内容转化为知识链,帮助学生沿着一个正确的方向不断探索,学生在探索的同时能够将不同的知识串联起来,从形象思维、经验思维以及逻辑思维等多个层面帮助学生将学习的内容转化为自身的思考。

(三)建立批判意识

批判意识对于很多人来说并不陌生,然而在大学语文的创新教育过程当中,教师和学生真正去了解并且重视批判意识的却少之又少,在开展语文教育时,批判意识具有独特的作用。

批判思维从本质上来讲是对原有思维的改善和反思性表现,批判意识不仅仅是一种思维技能,更是一种思维倾向。在当代高等教育的过程中,培养学生的批判性思维更是重要的目标之一,大学的语文创新教育当然也离不开对批判意识的重视。

批判意识的形成还受到批判对象的影响,批判意识分为时代批判意识和理论批判意识。不同的时代背景会产生不同的文化学术氛围,并且会折射到文字作品当中。理论本身也要在批判当中不断完善,这样才能够应对各种情境,适用于多样化的时代背景。在大学语文的学习过程当中,拥有理论批判意识可以使学生具有更加锐利的批判武器,使得批判更有深度和力量。

真正的批判意识的建立并不是一个简单的过程,而是需要正确的方向和手段。批判意识需要针对已有的理论和实践提出质疑,并且进行反思和剖析,批判意识的建立需要从三个方面来进行。第一个方面是批判的性质,批判意识来源于对既有的理论和实践进行批判,而批判本身也分为真假两种形态,只有真批判才能够体现批判意识的意义,体现批判意识对于学习带来的价值。真的批判首先是能够触及本质,而不是从表面进行。批判的对象可能是坏死理论,也可能是实践,但是无论性质如何,都离不开对于本质内涵的揭露。第二个方面是批判的方向需要经得起考验,批判并不是十分简单并且轻松的活动,浮于形式的批判也只能够作为表面工作。开展真正的批判是需要遵循理性逻辑以及实践逻辑的,如果缺乏对于这两种逻辑的应用,那么就会缺乏方向性以及明确的目的性。第三个方面是批判思维可以从实践当中寻求到事实依据,通过立足实践,才能够使得批判有理可依、有据可循。在历史当中,批判意识往往在实践中有十分亮眼的表现。

为了能够不断锻炼自身的批判意识,并且将其作为提升自身对于文学素养提升的一种手段,建立和提升批判意识最基础的工作就是能够掌握大量的理论知识,这样才能够从中获得营养,成为批判意识提升的养料。对一个领域开展批判,如果没有扎实深厚的基础,那么就只能产生浮于表面的批判。批判意识的建立也需要学生投身实践当中,了解、关心现实的社会问题,这样才能够真正地使自己具有丰富的内涵,而当今世界处于迅速发展的时期,这为实践批判意识提供了良好的环境。只有从理论和实践两个方向共同入手,才能够真正意义上提升在大学语文学习过程当中培养的批判意识水平,真正使得学生建立起创新的意识。

(四)增强综合判断

从课程的基本概念出发,语文实践活动的目标是实现学生素质的全面优化和全面提高。这个理念从一定角度来看,似乎只要与学生的素质与目标有关就需要进行学习,但是事实并不如此。因为中国教育者注重整体素质的提高,最为重要的是从学科的特点出发,缺少全能型教师,但是在一个学科当中的教学不能忽视综合目标。综合语文学习不是一种具体的学习方法,而是与学科课程活动相结合的一门独立课程,它是语言课程的重要组成部分。它强调学科的内外关系,强调学习过程,注重激发学生的创造潜能,更好地整合知识的能力,特别有利于培养学生的观察能力、综合表达能力、人际沟通能力、信息收集能力、组织策划能力和团队合作精神。可见,语文综合性学习是一种多元整合,与单一语言知识或技能的单一性有别,它是学生解决自己的学习、生活、自然和社会问题的一种实践活动。语文综合课程必须以语文学科为基础,开展语文综合性学习,它必须面向全体学生,使学生能够掌握基本的语文素养,培养学生对语文的热爱,引导学生正确理解和运用母语,丰富语言积累,培养语感。大学阶段的学生要有一定的读写能力,有能适应社会实际需要的阅读能力、写作能力和口语交际的能力,大学阶段的语文教学要能够提高学生的品德和审美情趣。大学语文应能帮助学生逐渐形成良好的个性和健全的人格,促进学生全面健康发展。可见,对语言的综合研究需要能够从多个角度入手,立足于学生语言素养的形成和发展的途径,而不是对其他科目知识的追求。

学生语文素养的全面提高,是人文精神与学科精神的融合。教师应引导学生在多元文化中开展一系列的学习活动。通过学习活动,一方面培养学生收集、筛选和组织信息的能力,提高口语交际能力和写作能力;另一方面培养学生的科学兴趣和探索科学奥秘的精神。这样,知识和能力的三个方面(方法、情感态度和价值观)自然被考虑进去,实现他们的综合目标的效果是不言而喻的。语文课程标准强调:"学生是学习和发展的主体。"语文课程必须立足于学生的身心发展和语文学习的特点,注重学生的个体差异和不同的学习需求,关心学生的好奇心,充分激发学生的学习兴趣、进取精神,倡导自主、合作、探究的学习模式。在语文综合性学习中,改变学生的学习方式,培养学生的实践创新精神尤为重要。

综合性学习应重视学生的自主性,注重培养学生的主动性和积极参与精神。学习应该让学生自己设计和组织,以培养他们自主、独立的学习习惯和能力。事实上,这也是语文教育的一个重要目标。在组织学生进行综合性学习活动的过程中,教师应引导学生仔细观察身边的事物,体验自然、生活、社会等各个方面,力求感受并发现它们。现代社会是一个信息社会,多介质和各种信息的出现,要求人们具备收集信息、交换信息和处理信息的综合能力。过去的语文教学侧重于知识的传承,学生不需要查找所需的信息;现在的语文教学则侧重于引导学生收集信息,并有效利用信息的能力。在语文综合性学习的过程中,学生需要使用各种手段来获取信息,以便学习主题、访问或实地调查,或在互联网上搜索。在这个过程中,学生收集和处理信息的能力逐渐增强。

(五)丰富审美情感

语文这门学科并不是一门简单的工具学科,而是具有艺术性的特点,在语文教学的过程中,为了能够有效促进学生的创新意识和创新能力的提升,教师从丰富审美情感的角度入手也会取得良好的效果。社会的进步要求现代人具有更高的综合素质和较高的求真、求善、求美的能力,而求美则是求真、求善的统一体。这无疑是培养具有崇高审美理想、正确的审美观念、健康的审美情趣、明晰的审美鉴赏力和丰富的审美能力的最佳途径,是按照"美的规律"来创造美育的。现代教学改革者们也认为,没有审美能力的人不是全面发展的,但现实的语文教育却让人忧心忡忡:功利主义、语文阅读教学的实用主义、不现实的作文指导等。这种失衡与教学活动的客观规律背道而驰,要加快现代汉语教学的发展,以适应社会和时代的需要。另外,从认知的角度出发,使教学的探索受到限制,产生了学习倦怠、学习效率低、身心健康受损、个体片面发展等现象,其不良作用越来越严重。这种深刻的反思促使人们将语文教学的视野转变为认知领域,而不是扩大其视野,包括情感因素。因此,作为教学中一个重要的非智力因素——情感,尤其是审美情感,越来越受到现代教学改革者的重视。

语文学科是学生直接接受美育教育的典型课程,尤其是要对学生审美情感进行培养。语言教学与审美情感是相辅相成的。首先,语文的本质决定了审美情感已成为语文教学的一个重要特征。这是由语言材料的特点和教学特点决定的。就听、说的内部语言而言,汉语是思维的符号、工具和物质的外壳;就外部语言而言,语言是表达的工具。在汉语中,语文学科充满了思想、精神和文化,充满趣味和美感,它是语言形式的高度应用和语言内容的审美教育。学生在接受外部语言形式的同时,必然受到内在的审美情感教育。其次,语文教学是培养审美情感的最佳途径。语文教学与数学、政治相比,更有利于审美情感教育。

这是因为在语文教材中有很多美的因素。语文教学活动中的教师和学生都具有潜在的审美能力和情感体验。因此,语文与其他学科的主要区别就在于情感,语文教学始终伴随着审美情感。

语文教学是双面的,不仅要教学生知识和技能,还要让学生了解文章的内容。在过去的语文教学中,往往有这样一种现象,一篇文章被分为词、词的形式和意义,如果有一千个段落或层次,则从中心的中心来总结中心思想。一个简单的操作过程,从传统的思想出发,我们把教材当作知识的载体,使文字作品可以分为知识堆。这种教学方法使优美的文章教学陷入枯燥、乏味的泥沼之中。这是当前语文课堂中一个现实而严峻的问题,应该引起我们的反思。学生的审美建构大多没有意识,这就是所谓的"内化"方式,即"缓慢、渐进、缺乏理性内容,以及系统性、创新性"。然而,只有这种"内化"的建构方法是不够的,它还需要另一种"外化"的方式,即外部对象的心理对抗、实践创造的心理行为和外在行为,以及创作结果、审美体验、审美意象和物化新形象。为了丰富和重组原有的审美心理结构,自我创造精神和物质的方式、体验和反馈被浓缩为心理结构。简而言之,在自觉的主动审美中创造审美心理结构,创造美。

美育的意义在于培养人和美化人。语文教科书是一个美丽的世界,绝大多数作品都与美有关,它与人的审美息息相关。可以说,汉语是人的精神家园,是人类审美的集中体现。这种情感规律是其他学科无法比拟的。今天,素质教育正在培养学生的全面发展。因此,语文教学要用"美"来吸引学生,其目的是在教学中实施美育,没有美育,就是不完整的教育。教育的本质是培养人的道德素质和科学文化素质,培养国人的全面发展,最终实现人自身的美化。语文教学中美育的实施也是合乎逻辑的。

第二节 大学语文教学的创新思维

一、创新思维在大学语文教学中的作用

(一)创新思维的含义

创新起源于拉丁语,包含了更新、创造新事物以及改变这三层含义。创新思维并不是一个近些年才出现的词,这个词在经济领域、学术领域等都十分常见,它指的是利用崭新的角度、方法去解决问题的思维过程,而不是保留常规传统,故步自封。创新的思维在应用方面具有十分广阔的范畴,创新思维的应用包含了事物、方法、元素、环境等多个方面。创新思维是人的大脑对于外界信息接收之后进行的一种反应,创新的灵感来源和能力来源也离不开现实社会。在我们生活的这个社会中,已经存在许多的框架体系和事物,但是如果只停留于现状,那么就会无法满足时代的变化以及更高的需求。创新思维开展的过程从本质上来讲也是社会进步以及人类思维能力提升的过程。

创新思维拥有两个最为主要的特点:一是独创性;二是变通性。独创性指的是创新思维在应用的过程当中会具有与他人不同的特点,每一个人的思维都有各自的特点,而不是趋同的,在传统的思想根基之上,创新思维展现出了自身独特的魅力。变通性是指在对一

个问题或者是事物进行思考时,可以不局限于一个思维角度,而是全方面地去看待问题。针对一个问题开展思考,并不可以固化地仅仅使用一个思路,这种方式无法带来真正的创新思维,利用变通的方式才能够使得思维得到开拓,使得生活和学习当中积累的经验解决多个问题。创新思维可以说是人类进步的一种表现,如果没有创新思维,那么生产和生活的方式就会一成不变,更加谈不上进步和发展。从人类文明产生开始,创新思维就一直对历史进程起着推动的作用,新的生产方式带来了社会的进步。创新思维在历史中所起到的重要作用不仅反映在史实之中,在当代,创新思维也继续发挥着它的作用。例如在学术方面,创新思维推动了学术科研不断进步,并且创造了对人类、对社会有价值的成果。创新思维在大学语文当中也起到了重要的作用,在语文的学习过程当中,也能够发现创新思维的存在,创新思维可以帮助学生以及老师冲破传统学习方式的束缚,从而探索到语文学习更深的奥秘。作为一名教师,首先要努力学习创新思维理论,保持创新思维的观念、基本形式、基本方法和技术训练,强化教学中的使命感和责任感,树立创新思维;其次要努力学习,熟悉教材内容,必须通过假期等课余时间阅读、分析和注释教材,梳理适合创新思维训练的课程,并从教学目标的确定中引入教学过程的设计、问题的讨论,调动课堂气氛。从创新思维的角度来看,教师应有适当的探索深度,这样教学才有可靠的保证。

(二)创新思维的必要性

大学语文的教育并不单单需要帮助学生提升学术方面的能力,更是需要帮助学生培养创新思维,使得学生能够有效提升自身的思维水平与能力。大学语文在大学的整体课程规划当中占有十分重要的位置,大学阶段对于文学方面的学习来说是必不可少的,文学与人生之间总是掺杂着千丝万缕的联系。从小学阶段到大学阶段,对于语文的学习都不应该被忽视,语文作为一门语言和文化的综合学科,在生活、工作乃至学习当中的各个部分都离不开它,语文教学的内容就是帮助学生学习语言文化,帮助学生进行思想交流。语文教育当中所讲究的听、说、读、写、释等能力,为学生学习其他学科也打下了基础,所以语文被称为工具学科。在学习大学语文的过程当中,除了掌握各项基础知识外,创新思维也是大学语文学习当中必不可少的一部分。

创新思维对于大学语文教育的重要性还体现在,消除历史习俗以及传统文化当中的消极因素对大学语文教学所产生的不利影响。语文学习的内容涵盖了我国的古代文学、现代文学,丰富的学习内容所蕴含的知识种类和数量都十分庞杂,而开展语文学习时,需要注意的一点就是要能够积极面对其中的优秀内容,并且摒弃消极的部分。

学生在学习大学语文时,不仅仅需要学习各种学术方面的知识与技能,更需要的是能够建立起自身的思维框架体系。创新思维的培养有助于提升学生自身的思维能力和探索能力。缺乏创新思维的大学语文将无法有效地为学生和教师带来真正的提升,创新思维的匮乏也会导致大学语文教育的僵化,停滞不前。大学语文教学效率过低的窘境在当下并不少见,而这一根源也正是由于教师在教学过程中缺乏对学生创新思维的培养。学生在学习时,教师所传授的应是语文的一部分,更多的内容需要学生自己加以探索和创新,只有这样才能保证语文教育的积极性和活力,也会保证学生在经历大学生涯之后可以有效提升自身的语文能力以及对于语文的了解程度。在大学语文学习阶段,教师和学生两个主体需要共同促进创新思维的培养,并且需要深刻认识到创新思维对于大学语文教学的重要性。智慧的火花在发现问题和提出问题时常常闪闪发光。牛顿发现了万有引力,瓦特发明了蒸汽机,所有这些发明最初都来自质疑。显然,勇于发现问题和提出问题是所有优秀人才必备的素质。我们需要唤起学生的好奇心,帮助学生找到学习的关键,这是创新的起点。提问是一种从已知到未知的心理表达,它是创新意识的具体体现。在教学中,教师应注重引导学生在实践中进行基本提问。

(三)创新思维的作用

创新思维在大学语文教学当中自身的作用体现在了多个方面,其一体现在语文教学的德育职能方面。大学生在大学学习期间,德育是十分重要的一部分,大学语文课程针对学生对于世界的认知和了解程度进行了深化,德育在大学语文当中所扮演的角色也是不可或缺的。德育从广义上来讲,是针对社会成员开展的有目的的道德影响和道德教育,但是就学校而言,学校的德育教育主要是指教育者有目的性地对受教育者开展思想、政治以及道德等方面的教育。在大学语文的学习过程中,德育成为最关键的部分之一。我国的教育事业的发展伴随着社会的进步,在德育的推广和延伸上也取得了一定的成绩。无论在学习的哪一个阶段,缺乏德育教育都无法培养出健全人格和良好品质的学生。就德育工作的发展现状来说,我国的德育工作已经取得了一定的成绩,并且在迈向更好的发展阶段,但是如何提升德育的质量以及更好、更有效地开展德育工作,离不开创新思维的培养及应用。作为大学语文教育的首要目标之一,大学语文必须要坚持的就是德育为先,而创新思维和德育之间的关系也是密不可分的。创新思维在大学语文教学当中发挥出的德育职能,能够有效提升学生对于自身道德修养和各种责任意识的认知,并且帮助教师开展有效的教学活动。大学语文的教学内容能够充分体现出德育的内涵,在语文教材当中的各种文章,或是饱含忧国忧民思想的诗词,或是慷慨激昂催人奋进的现代文,或是记录了传统美德的故事,这些都能够为大学生带来感悟。教师通过讲授可以立足于语文教育的基础,帮助学生利用创新的思维去看待学习的内容,并且能够有效结合创新思维提升自身的文化修养。学生在教师的帮助下,也使得自身文学素养得到了升华,从而锻炼了自身已有的创新思维,实现了更加重要的价值。

创新思维还能帮助学生提升自身的交际能力,这也是创新思维在大学语文当中的重要作用之一。大学语文是一门工具学科,语文的学习离不开其在生活当中的应用,没有应用的语文也就不能够体现其实用价值。语文在学习和应用的过程当中,只有使教师与学生的创新思维相结合,才能够有效地提升学生的交际能力。例如在生活和工作当中,各种格式的信件、文件等书写,都离不开语文基础知识,同时也必须要具有一定的创新思维,才不会让书写的内容和格式过于传统,这也能够成为在工作当中凸显自身能力的一个要素。创新思维在应用的过程中,发挥出了其在帮助学生提升交际能力方面的重要作用。

创新思维还能够有效帮助学生获得多元的文化思维。文化的领域是浩瀚无垠的,只有拥有多元的思维以及广阔的眼界才能够真正地成为一个具有内涵和深度的人。语文学习的过程是一个积累经验、巩固基础同时也需要提升自身创新意识的过程,学生在教师的辅导下提升自身的创新意识,这样才能够拥有广阔的眼界,使得自身对于语文的理解以及兴趣并不会仅仅局限在书本当中,而是将目光转向更广阔的领域。语文学习仅仅是在文学领域的一部分探索,而真正的文学和知识领域则需要学生利用创新思维和探索精神不断挖掘。

二、大学语文教学创新思维的策略

(一)培养语言想象思维

想象对于学习来说,无异于是为到终点开辟了多种新的道路,想象思维的培养也是大学语文教学中培养创新思维的有效手段。由此可见,想象思维对于创新思维的培养乃至对于整个大学语文的学习具有重要的意义,因此,大学语文学习也必然离不开想象思维的认知、构建以及应用。只有转变观念,在语文教学的各个方面贯彻启发式原则,培养学生的想象力,才能真正贯彻素质教育的精神,提高语文教学的质量,培养创造性人才。想象是在头脑中创造新事物的过程,或是根据口头语言,或是根据文字的描述形成相应事物的形象。它是人类最基本的心理活动,是在原有感性意象的基础上创造新形象的心理过程。在生活的实践中,人们不仅可以感知到当时对自己器官所做的事情,而且可以回忆过去不在眼前但又经历过的事情,并能够形成自己从未经历过的事物的新形象。在其他人描述的基础上,根据自己现有的知识和经验利用语言或文字描述形成相应事物的图像。

想象思维本身其实并不是一个遥远陌生的概念,它存在于我们的身边,并且在很长时间以来都影响着我们的生活。想象力是一个人从小就已经具备的能力,例如:孩子看天上的云朵,会根据形状来猜测各种各样的事物,将云朵和生活中的东西结合起来,这就是想象力的应用和迸发。想象思维是建立在人对于现实的基础认知以及自身的想象能力应用之上的,因此在大学语文的学习当中,学生如果想要培养创新思维,也需要从想象思维的方面着手,这样可以在很大程度上拥有更好的思维创新能力。语言想象思维必须要保证学生可以拥有对于周边事物的感知,帮助学生开展语文的思维拓展,这样不仅能够提升其语文学习的能力,还能够有效帮助其自身拥有更加深厚并且有效的想象能力。

(二)培养文学联想思维

文学拒绝直接表达的理性思维,文学不需要判断和推理。无论是接触场景还是观察、思考事物或是发人深省、恍然大悟,都要看具体情况。对象的形象客观存在,它一旦被人们感知,就会给人以感觉和思想,客体形象不再是客观的,它成为情感和思维的文学形象。对象之间没有逻辑连接,没有逻辑上的联系,物体之间的关系是物理的和自然的,图像是非逻辑连接。这种非逻辑的联系整合了人类的情感,表达了人们的灵感和洞察力。联想思维的非逻辑性,虽然不符合生活表面的逻辑,但其正因事物与情感的深层联系,所以显得合情合理。

文学创作依赖联想思维传达情感和意义,与逻辑推理、逻辑论证和逻辑判断相比较,简洁明了。联想思维的影响不是说服,而是感染,它比理性的说服和论证更强大、更长久。当一个作家开始写作时,他常常觉得自己没什么可写的,其中一个重要的原因是视野不够宽,无法写作,缺乏联想思维导致文学创作过程受阻。传统的写作理论往往认为作家的生命积累和阅读积累是不够的,但是作为一个有一定阅历和阅读经验的成年人,造成上述写作困境的原因其实是思维不活跃。因此,加强对发散联想的训练,可以拓宽视野,拓展思维,充分调动写作中知识和经验的积累和记忆,进行多向、多角度、多层次的联想,并举一反三,由一个新颖的主题,引出一篇内容丰富的文章。一是根据不同类型的文章,可以运用不同的发散联想来挖掘材料和情节,并进行良好的思维品质训练。虽然反向联想不仅有助于突破思维的枷锁,提炼新思想和新思想的主体,还可以培养思维的独立性和批判性,但要使这种思维训练和写作应用达到理想的效果,我们应该要注意实事求是等问题,这就意味着我们的思想应从实际出发,尊重事实,尊重事物发展的客观规律,不能因为求新的差异而使结论偏离客观真理和客观规律。二是运用辩证思维,将一切事都分为两面,青年人更倾向于片面地看待问题,因为他们的生活经验有限。三是善于比较分析,即在分析、比较、认同和选择的同时,或以同样的方式寻求相同的,或找到最好的观点。写文章时如果将思维局限在了一个方面,无法有效发散,就会造成文章内容的僵化。

隐喻是联想思维中相似联想的体现,对比修辞是联想思维中对立联想的体现,是联想和在联想中的体现性思维,如修辞、引文修辞和转喻。通过这种认识,学生的语言表达能力和思维能力在经过一定的训练后有所提高,这正是因为想象在写作中起着重要的作用,所以在写作训练中,培养学生的理性想象力是非常重要的。文章中反映的客观事物一般都是来源于现实生活,并在此基础上升华。文章是客观事物在客观思维中的反映,即作者观察客观事物,通过思考以语言的恰当形式表达客观事物。阅读教学是分析文本的语言,引导学生想象文章中表达的客观事物。我们不仅要想象生活中的文章,还要想象文章中的生命最初的样子。我们不仅要想象文章中反映的客观事物,还要想象作者对事物的思维过程。我们不仅要学生想象作者直接看到的东西,还要想象作者的想象力。学生要从创作的角度理解作者写作的想象过程,知道如何想象,这才是大学语文教育所追求的目标之一。

(三)培养写作多元思维

人的知识是以感性为基础的,通过思考,大脑中的认知过程突然发生变化,从而导致多元思维的产生。人们把握事物的本质,理解事物的规律性,在这个过程中,思维的深度在于深入思考,把握事物的规律和本质。我们通过事物的表面现象了解事物的本质和事物之间的关系。只有这样,我们才能真正理解事物。因此,培养学生的深层思维有着重要的意义。培养学生思维的关键是采取措施,使学生的思维从外到内得到提高,循序渐进。这就要求教师设计的教学措施要以思维的深度为导向。因为学生没有进入社会,他们的生活经验是有限的,有时他们看不到问题的本质。普遍接受理论体现了实践检验的普遍性和科学性,它是人们理解事物的思想武器,有助于人们理解事物的本质。因此,在教学活动中,我们应该教会学生使用一些公认的理论来理解事物,这可以培养学生的思维深度。所谓多方向训练,就是培养学生多方位、多角度、多层次地思考问题,寻求对问题的正确认识,寻求各种解决问题的正确方法。多向思维训练的目的是培养学生在短时间内产生各种正确思维的能力。这种训练不能满足已经找到的正确答案,在此基础上,我们应该继续寻找新的正确答案。我们不妨改变学生回答问题的方式,一般情况下,教师首先提出问题,留出一些时间让学生思考,然后在基本了解问题并产生自己的想法之后,举手回答问题,最后老师点名,学生回答。不妨换一种方式,如果学生想回答,那么就可以思考并举手;如果学生不想回答,那么就可以慢慢地思考,如果想不起来,也没关系。这样,问题和答案之间就有了更大的灵活性,学生也有了缓冲过程。为了培养学生的思维能力,从而逐渐培养学生的思维敏捷性,答案的形式可以变成:一些学生站起来准备回答,然后老师突然抛出一个问题,让学生立即回答,看谁回答得快而准确。这种回答问题的方式是一个快速的过程,学生的思维可以得到充分的训练,反应变得敏捷。

(四)培养艺术鉴赏思维

欣赏本质上是一种审美能力,是人们的审美情感,主要表现在对美的理解和评价,接触生活某种美好事物的形式和内容都会对人的艺术鉴赏思维产生触动。美学思想的思维观一旦触及事物的形式和内容,审美环境就会激活审美思维,每个链接和元素都应该在交互评价中进行。因此,就语文阅读教学而言,为了鉴赏操作与设计,描绘审美主体的艺术形象能力至少应包含两个方面。一是欣赏审美主体的审美形象。欣赏主体应具备把握艺术美的整体魅力的能力。学生也是审美思想、审美再创造的主体,会让自己大脑的"发现"的乐趣得到提升。其实,正是这样,欣赏过去积累的生活经验和情感体验,最终实现了情感的认同,是一种新的整合,进而创造审美和美感的思维、美感和审美理解的"发现"。二是审美愉悦与审美理想相联系,使艺术在艺术的形象中是审美思维的表达。实践证明,升华只是一种新的审美意象,它已成为审美思维的新体验和组合,它在头脑中有完整体验。可见,审美思维是艺术形象的快速特征。艺术形象可以为观察和改造审美形象到欣赏主体提供催化剂,可以唤起对审美体验和理解的想象空间。由此可见,培养学生审美思维的关键在于增强学生对新的审美思维的积累和鉴赏能力。在日常教学中,对一些学生甚至一些教师的知识有两种认识误区:一是强调知识的重要性,以知识为学习的目的,以知识为研究对象;二是强调具有创新精神的审美与鉴赏。通过学习与探索,我们获得了具有自身特色的思维方式,并且在结合了创新的精神之后,往往可以针对一些文章、作品产生不同的见解。只有保证了艺术鉴赏思维的创新性,才能够有效促进艺术鉴赏的发展。

(五)培养逻辑思维

与学生逻辑思维能力的培养和丰富的研究成果相比,目前有关语文课堂上大学生逻辑思维能力培养的研究相对较少。在语文教学中,对学生进行最基本的听、说、读、写训练,这四种能力都是由语言能力和思维能力决定的。因此,语文教学中应重视语言和思维训练。要体现语言的核心作用和思维训练,关键在于处理好语言的训练和思维训练之间的关系。就一般要求而言,我们必须防止语言训练与思维训练分离,要将这两种训练有机地结合起来。

语言训练与思维训练相结合的原因在于,学生的思维集中于语言的发展需要扮演的角色。例如:学生在写作时,单词或句子使用不当的问题实际上是语言的问题,同时也是思维的问题。一个学生不能正确理解和应用这个概念,就不能对事物做出正确的逻辑判断。事实证明,学生的语言发展总是遵循他们的思维而发展。如果我们不重视思维训练,学生不仅会受到思维发展的影响,而且其语言的发展也会不健全。因此,在语言训练中应做好思维训练,并将二者有机地结合起来。

思维训练在语文教学领域中非常普遍。但是问题在于,这种教学活动自觉或不自觉地发挥着作用。如果在课堂上单独做思维训练时,要对学生因材施教传授知识和思维方式,并保证学生可以将这些知识和思维方式应用到自身的学习实践当中。不难看出,作为一名语文教师,在语文教学过程中具有增强思维训练的意识是非常重要的。教师运用逻辑知识提高学生的逻辑思维能力,是提高教学质量的重要途径。我们应该把握学生思维的"火候"。也就是说,如果学生在掌握基本的逻辑和常识的基础上和他们的老师有共同的语言,那他们就能得到"心对心"的效果。

总之,提高思维能力是所有学科的共同任务,其中语文应承担首要的责任,因为语言和思维是形式与内容的关系,我们必须最大限度地提高语文教学的质量。教师必须把逻辑常识渗透到语文教学的各个环节,逐步普及学生的逻辑常识。语文是一门实践性很强的学科,直接影响着学生对其他学科的学习。因此,教师在语文教学中应做好学生逻辑思维能力的培养。从根本上讲,学生要依靠语感来发展语言文字交流和对话。听、说、读、写有助于学生理解自己的思维规律,学会正确地运用自己的思维规则,理顺语文课程中的逻辑思维和形象思维。逻辑思维不同于直觉思维和形象思维,它可以直接形成灵感和顿悟,但它是创造性思维过程中不可缺少的思维形式。

三、营造创新思维环境

(一)营造民主的教学气氛

在大学语文的教学中,教师最好的教学方法是避免只解释段落、中心思想、词汇等僵化的授课方式,不能忽视学生的感受。因此,调动课堂气氛,创新教学内容,增加对生活实例的分析,结合教材内容,结合学生生活实际,是提高学生学习兴趣的重要途径之一。

经过调节大学语文课堂气氛的一些尝试性改革,学生对大学语文的学习兴趣有了很大的提升,学习的自觉性也有了很大的提高,不再是以往的完全被动式学习。大多数学生可以从课堂实践中欣赏诗歌、文字、文章等。学习汉语,写作是必不可少的。评价优秀的学生作品无疑是调动大学语文课堂气氛的又一法宝。在学生的作品被评价之后,学生能够更加清楚地认知到自身的不足与优势,因此可以有效地对自身能力开展有针对性的提升。教学活动结束后,教师可以要求学生模仿教学内容或部分评价内容,进行相应的写作练习,巩固自身的写作能力。比如,在唐诗和宋词的教学中,教师可指导学生模仿自己喜欢的诗人的写作风格,在课堂上创作新的作品,在下一堂课上展示优秀作品。课堂上拥有的良好训练氛围,也成了提升学生自主学习意识的重要方式。改革的有效之处在于提高了学生的写作能力,从学生的考试结果来看,经过几次调动课堂气氛的尝试,他们对自己的日常生活更加自信、熟练。例如:在学习优秀的诗歌、文字和创作之后,学生可以根据自己的兴趣创作诗歌。一些学生对小说更感兴趣,就应该开展小说专题学习与讨论,引导他们自己"试水",进行小说创作。总之,良好和谐的课堂气氛是对美的一种享受。教师应进行调动语文课堂气氛的新尝试,如现实生活、小组讨论、师生互动、课堂展示等,这样可以使学生和教师建立良好的师生关系,调动学生学习语文的积极性,提高他们的写作能力,让学生"亲吻老师"。

（二）开展语文沙龙活动

沙龙活动原意指的是在客厅中开展的一些文化和艺术的交流活动,参加者们欣赏艺术作品。但是这个概念在发展的过程中逐渐拥有了新的内涵。语文沙龙活动实行"上课—说课—评课—讲座"的顺序,每位教师积极参加听课、评课活动,切实解决好课改中遇到的"疑难杂症"。为了提高沙龙活动的实效性,可以邀请一些拥有一定经验的教师进行讲座。语文沙龙是为了能够有效提升学生的语文学习能力,并且在教师指导之下能够体现创新思维,为创新思维打造一个交流和发展的良好平台。在语文沙龙活动当中,仍需要重视的一点就是要能够保证学生在沙龙中的主体地位。学生不同于教师,教师具有丰富的经验和阅历所带来的自信,学生由于没有进入社会,对于一些事物的认知较为浅显,往往会在沙龙当中表现出一些不自信和害怕,这时就需要教师能够帮助学生克服恐惧的心理,并且帮助学生大胆说出心中所想,帮助一个班级甚至是一个专业的学生开展有效的交流。文化沙龙除了对于学生能力的提升有帮助外,对于一个良好学习氛围的构建也有十分重要的意义。学生参与文化沙龙时,进行思维的碰撞,其所拥有的创新思维具有了更加广阔的探索空间,并且可以和其他人进行交流,这样一来也更加便于学生在思维的高度上得到提升,而且良好的氛围也能够带动一个专业、一个学校的学生的学习积极性上涨。饱满的激情能帮助学生们在知识的海洋中探索与遨游,在已有的基础上,与他人进行思想碰撞,迸发新的火花。学生学习并不是一个封闭的过程,利用文化沙龙的形式能够更好地促使学生开展创新思维的应用,创新思维在交流和融合中得到发展,而学生自身的能力也在其中不断增强,这样才能真正体现创新思维对于大学语文教育的重要作用。教师也能够更加有效地发挥自身的指导地位,让学生成为学习活动的主体,帮助学生培养创新思维,塑造健全人格;并且也能够提升自身对于语文教学的一个深刻认知,同时让学生和教师之间的关系更加密切。

（三）创办文学社团

社团活动有助于提高综合素质。所谓素质就是一个人在社会生活中思想与行为的具体表现。个人的智慧和气质是品质形成的起点。外部世界的直接经验和间接经验是质量发展不可缺少的诱因和物质。在加工外部材料的过程中,主体逐渐建立起自己的认知结构、情感结构和行为模式,最终以能力和价值的核心内化为个体素质,并与人格特征相融合。个人对待特定事物的态度和处理特定问题时所运用的知识和技能是语文能力和素养的外在表现形式。个人对特定事物的态度以及对知识和技能的运用,是素质的一种直观体现。组织的特殊培训是学生语文素质能力培养的重要影响要素,在重复训练中,学生形成了一定的气质或个性,这是社团活动对提高学生个人"素质"的作用。知识和技能的使用是质量的外在形式,这是从静态的角度看的。事实上,"知识与技能的运用"是质量形成的重要途径。学校文学社团的建立,可以为学生创造良好的创作氛围,激发学生的创作兴趣,提高学生的创新力,有利于推进素质教育和创新教育。它可以为学生个性特征的发展提供广阔的舞台和空间,还可以培养学生的创新意识和创新力,提高学生的写作能力和审美能力。学校竞争越来越激烈,学生在无形中产生了压力,因此会有更多的学生利用各种有形或无形的方式来提升自身的能力。如果因为学生的学习不好,很多考试没及格,导致教师对于学生的评价不高，那么首先教师应该对学生进行一个客观的综合评价，保证除考查学生成绩以外还能够考查其他部分，例如考查学生在文学社团组织活动中的表现。创办文学社团组织，是帮助教师更加了解学生的一种重要手段。

（四）自办语文学习报刊

教师应该善于引导学生拓展课外阅读的范围。学生应该坚持"在不同的地方读书"。我们不仅要按照课程标准完成对名著的阅读，还要坚持每周开放课外阅读，把名著和报刊推荐给学生，或是欣赏书籍，或是在自己的书上"旅游"。学生可以理解作品、欣赏作品中的佳作。此外，学生还应该通过其他方式积极地开展课外阅读，如报刊、上网、看电视等。通过阅读更多更好的书籍，学生可以养成良好的阅读习惯。因此除教材以外，自办语文学习报刊也是提升学生语文学习水平的一种有效举措。

课堂的空间毕竟有限，课本范围受到限制，学生的视野不能看得更远，见不到更精彩的白云和彩虹，因此要让学生充分感受到生活处处皆语文，让他们的世界向更广阔的天地延伸，那就要通过阅读课外的报刊，甚至是领略一片更广阔的景观。

作为语文学科，课文内容丰富，经典规范，但篇幅有限，想在思想上培养学生的人文精神，提高学生的文化素养，应该保证每天读更多的课外文章，补充更多的知识养分。报刊应列为首选。自办语文报刊的意义在于，学生能够自己动手搜寻资料，并且排版印刷，保证语文报刊的撰写、出版印刷全过程都由学生完成，提升他们对于语文报刊的了解。要让学生把语文学好，不仅需要知识的阳光普照和雨露滋润，更需要把这些营养充分吸收。如果把语文比作大餐，每天让学生吸收它们的精华还远远不够，该有合理的语文营养餐作为补充，那样才能更好地消化，充分地吸收，使学生身心健康、积极向上、文思敏捷。自办语文报刊的过程中，无论是撰写稿件的学生、负责排版的学生还是负责印刷下发等后勤事宜的学生，都能够得到有效的锻炼。

在语文课堂教学中培养学生的语言素养，也是培养创新人才的需要。拥有丰富的知识和经验的人比只有一种知识的人更有可能产生新的联想和独特的观点。在积极主动的思维和情感活动中，我们可以得到一种独特的感受和体验。语文教师不仅要有意识地引导学生在课堂上学习其他学科的语言，而且要把知识应用到其他学科中去，从而使所有的学科都能受益。也就是创办语文报刊的方式，还可以启发其他学科学习，学生创办各个科目的报刊都有助于提升对学习认识的渗透和综合性了解，教师也应该有意识地引导学生进行课外语言学习，如收听电视广播、讲故事、阅读报刊、写日记等，关键在于大量的课外阅读，"汲取生活的水"，提高学生的观察力、想象力和独立思考能力，培养学生的创新精神和实践能力。

（五）创建语文学习网站

改善师生沟通环境，通过资源共享实现师生、生生交流的目标。例如，在部分教学的扩展中，先要求学生写一些关于环境保护的短文，并发表在互联网上，互相分享。然后教师指导学生并阅读学生所写文章，帮助学生使用不同的字体和颜色来修改它们，激发其语文学习的自觉行动。教师还可以使用 QQ 群等多媒体工具，为教师和学生提供典型文章，共同讨论和编辑,欣赏优秀作品。此外,在网络平台创建论坛,让教师、学生和学生之间形成互动。教学结束后,可以组织学生在校园网论坛上讨论社会热点问题,这是一个开放的交流,不受时间和空间的限制,它可以进一步激发学生的主体意识和独立的思维精神。教育主题学习网站是教育活动的网站,显然,专题学习网站离不开这个基本功能或任务。主题学习网站是一个以资源为基础、学习为基础的网站。专题学习网站是一个专注于一个或多个课程和与课程紧密相关的学习主题的资源学习网站,它可以用于存储、传输和处理教学信息,它还允许学生自主学习和协作,并在线评估和反馈学生的学习情况。

主题学习网站,通过创设一系列贴近实际的情境、问题和主题,让学生通过合作、交流和互动来探索和研究一门学科,从而获得对学科的一种特殊认识,即知识结构的形成。主题学习网站虽然是对特定主题或单个主题的认知探索,但主题学习网站或资源的内容不是单一的,它可以包括与主题和渠道相关的各种资源,如与文本相关的文本、图片、音频和视频。源模式可以作为主题来学习网站的内容。此外,内容的形式也可以改变,它可以是一个科学理论的总结或一个案例的经验总结,只要它能服务于一个主题的进一步发展,就可以看作一个主题的收集。当然,内容必须科学合理。

第三节　大学语文教学创新的基本原则

一、大学语文教学原则的实质

(一)遵循语文教学的基本原理

语文教学在当下已经成为教育体系当中最为重要的环节之一,而大学语文教学的基本原理体现在以下几个方面。

一是"发面"原理。在传统的北方,一部分人发面所使用的是"面肥",也就是上次发面所剩下的材料,即活酵母,活酵母能够有效地在一定时间使面粉发酵起来,这种原理对于语文的学习来说也是适用的。在学习语文的过程当中人们往往经历了多个时期,无论是幼年期、儿童期还是少年期,主要表现为以下的特点:理解能力较弱,但记忆力相较于成年时期更好,这种情况所带来的影响也就是在前期对于知识的积累十分重要。学习语文时,需要能够在较小的时期打好基础,这样才能够成为"面肥",帮助其后期开展更加深入的学习。无论是学习文言文还是现代文,又或者是古诗词等,语文的基础都会对学习的成果带来十分深刻的影响。在大学语文学习的过程当中,语文的基础对于学生来说十分重要,学生即使在前期缺乏基础的能力,但是为了能够更加深入地学习语文,也需要能够将基础的学习作为语文学习当中不可或缺的一部分。

二是"序言"原理。在语文教学中,许多中国改革家一直在努力寻找语文教育应该如何逐步"序言",在传统的思想当中教学应该一步一步来,但是实际的教学实践过程中,这种教学方式也并不是完全正确的。这一思想深深扎根于人们心中,根深蒂固,人们习惯了它,甚至不敢去质疑它。事实上,这是教学理论上的一个误区。学习并不总是从简单到复杂,从容易到困难,从浅到深,一步一步。

三是"不求甚解"原理。在语文学习过程中,学生对于语文各种知识的疑问并不一定非要寻求到"标准答案",原因有很多。首先语文自身就是一门充满感性和个性的学科,正如对一个角色可以有多种解读一样,学生也可以采用多种理解方式去学习,语文的学习往往离不开的是一些主观色彩,语文学习不能够全部都寻求到标准答案,往往很多语文的答案也是因人而异的。不求甚解这个词对于其他科目的学习来说是错误的,但是对于语文来说也正是语文学习的原理之一,语文的美感以及感性来源于自身的学科特点以及它的文学内涵。语文不求甚解还能够体现在对于学习的方式上,很多学生在语文学习当中遇到了一些问题就一心寻求解决的办法。但是语文学习是一个具有深度的过程,在某些学习阶段可能并不适合去解决这一问题,这也就需要学生能够先积累"量",再去改变质,只有这样才能够真正地从量变达到质变,探索语文真正的奥妙。对于文章来说,每一个阅读的人都会进行自己的加工和再创造,这也正是创新思维在大学语文当中的一种体现,创新的思考方式、创新的探索方向都会为语文的学习铺设更多的道路。

四是"书面语发展"原理,这也是大学语文的原理之一。语文教育对于学生来说无外乎培养听、说、读、写这四个方面的能力,这也导致从小很多家长和教师都产生了对于语文学习原理的一个误解,他们认为在语文的学习当中,读、写所代表的就是书面表达,听、说代表的就是口语,这种错误的方法影响了学生在学习当中所探索的具体方向。学生在学习过程当中错误的学习目的也造成了不良的学习后果,听和说,还包含了口头的交际,但是使用的语言并不局限在口语当中,而读和写是书面交际,但是也并不会被书面语所限制。对于很多学生来说这种误区从小学延续到了大学,需要认知到的是,书面语发展来源于悠久的历史,并且伴随着时代的变化也产生了自身的创新以及变化。

五是"先用后理"的原理。通常在其他学科的学习过程当中,人们都是先了解理论知识,再去进行习题写作、试验或者是研究,但是语文学习的过程与这些学科之间有些许不同,语文的应用体现在生活的方方面面,不可否认的是语文是每一个人最熟悉的学科,也是和每一个人联系最为紧密的学科,在这种环境下,语文课程当中涉及很多语言以及文学方面的理论,例如修辞、写作手法以及语言特点等,这些理论都能够被归纳成为系统的理论知识,但是对于很多人来说明白并且能够应用这些理论知识都是具有一定难度的。我国的传统语文教学的教学方式,并不像现代的语文教学的教学方式,例如在传统的语文教学当中教师教导学生写对子,这种教育其实暗藏着对于语法、词语,以及修辞、逻辑等多个方面的学习,固然传统的教育方式不适用于现代社会,但是仍旧可以运用创新的思维进行部分改良,利用这样先用后理的手段,能够在一定程度上帮助学生获得不一样的语文学习体验和语文学习成果。

就我国目前实行的教育政策来说,能够朝向"多本多纲"的方向发展才能够真正展现出语文教育的创新思维的作用,才能够真正体现出语文教育对于大学教育整体结构的重要地位和作用。大学语文教育过程是一个长期的、潜移默化的过程,更是需要教师、学生以及教育机构共同开展变革的过程,在探索并且遵循原理的基础上,才能够真正地体现出创新对于教学、研究的意义。

(二)把握语文教学的基本规律

大学语文教学离不开对于语文教学基本规律的把握,而语文教学基本规律主要表现在以下几点。

第一，多读多写。所谓语文学习，实质上也是针对语文能力提升的一种手段，而语文能力的提升又离不开读和写。针对语文开展读和写的训练，并不是简单低效的读和写，而是建立在明确目标方向之上的读和写。多读、多写能够有效帮助学习者提升语文的应用能力，并且在语文教育当中已经使用多年并且积累了宝贵的经验。在当代的语文教学过程当中，读写仍旧占据了语文教学的主要途径，语文教学利用读写来培养学生的能力也是对现代教学论当中语文实践观点的一种践行。语文课程标准当中针对语文教学也具有一定的规定，在语文课程当中，语文的阅读和习作构成了语文最主要的实践渠道。大量的阅读和习作能够帮助学生增强自身读与写的能力，也是对于语文基础学习的体现。在九年义务教育的阶段当中，教育部对于学生的课外阅读量就进行了规定，保证在义务教育阶段学生能够达到400万字的阅读量，这是从数量上对阅读进行了规定，在大学期间虽然没有类似于义务教育阶段的语文课外阅读量的规定，但是对于学生来说，也需要有足够的阅读量，以开阔知识视野，无论哪个阶段，阅读都能够成为自身提升素养的有效手段。而写对于学生来说也不仅仅是被限定在了写作以及默写当中，写作对于学生应当是一种有效的能力体现，无论是古代还是近代，优秀的文章、作品都能够代表一个人的文学素养，而且当代培养文学素养的途径还包含了体验、调查、访问等多种方面，学生在语文学习以及教师开展语文教学的过程中离不开对于"写"的重视，用文字来表达才能够真正体现语文在文学方面的特点。

第二，训与练合理结合。训练对于语文学习来说并不简简单单是习题以及作业，而是需要教师和学生能够从训、练两个方面来进行。首先是训的角度，这方面教师能够发挥出十分重要的指导作用。学生学习的过程从根本上来讲离不开教师的传授和知识的渗透，教师开展教学也就是对于学生的"训"。而练则面向的是学生，学生无论是自主地练，还是为了能够完成教师布置任务而被动地练，都是大学语文学习过程当中必不可少的学习手段。在训和练的过程当中还需要能够体现出创新思维的作用，创新的方式有效帮助学生和教师在一个充满生机的环境当中开展学习活动，大学语文的教学也不会由于学科的沉闷而导致课堂和学习过程的无趣。大学语文在训练开展时刻，从教师的角度来说可以有效地融合创新的思维，不断提升自身训的方式和能力，吸收一些教育领域的先进经验，并且结合当下学生的喜好以及特点开展"训"，而学生在"练"的过程当中也可以通过自身对于已有的方式进行创新，寓"学"于乐，在一个新颖的环境下开展练习，巩固已有的基础，探索未知的语文知识世界。著名的教育学家叶圣陶曾经说过，训练不是烦琐的讲解，这也是对于传统死板讲解教学方式的否定。训和练能够合理结合，才能够充分发挥教师与学生两个主体的主观能动性，达到1+1>2的效果。

第三，循循善诱。循循善诱并不是一个近代的词汇，而是出自《论语》。孔子作为我国历史上著名的教育者，对于弟子的教育往往在现代也具有一定的参考价值，孔夫子"循循然善诱人"，这是对于孔子教学方式的一种概括。在对一些弟子开展教育的过程当中，孔子十分重视启发式教学这一手段，启发式的教学对于充满好奇心的学生来说能够在满足其当下求知欲的前提下，帮助其产生对于其他内容的求知欲，这样能够保证其对于知识永远具有一颗探索的心。孔子在教授学生知识时，十分重视对于"循循善诱"的应用，这种古代就产生的教学方式并没有因为时代的变革而失去其价值，反而在当代的大学语文教学当中也能够发挥出有效的作用。大学语文教学离不开教师对于学生的指导和引导。当学习者了解到自身对于知识的探索仅仅得到了一定的成果,而已得到的成果在整体的知识学术海洋当中仅占到了很小一部分时,就会激发起对于未知领域的好奇心和探索心,从而有效激发了学生树立起对于学习的求知欲。

(三)汲取语文教学的实践经验

语文教学的发展历程从一定程度上来说也正是语文教学经验不断累积的过程,语文教学通过实践得出各种教育的方法和理念,在语文教学的历史中,每一位教师在工作岗位上都会对教学工作积累一些新的体会,这些体会的积累也成为日后语文教学的重要参照。语文教学当中实践的经验包含方方面面,例如:教师需要能够帮助学生产生对语文这门课程的喜爱,这对语文教学来说十分重要,只有学生从心里喜欢上这门课程,才能够在日后的教学当中发挥出事半功倍的效果。学生在学习时,需求是什么,喜欢什么以及厌恶什么,这些问题都将影响语文教学的具体开展。而在实践当中语文教师只有经历了不同教学理念和教学方法的应用,才能够真正了解到学生喜欢风趣的、有内涵的课堂。学生对于知识的探索心和好奇心也受到教师教学能力和教学方法的影响,所以教师必须要认真总结前人经验,并且提升自身能力。昨日的教学实践可以成为今日的教学经验,教师总结经验提升自我时,需要从庞杂的教学经验中筛选重要的内容,而不是盲目地照搬。教师在语文教学过程当中利用创新的思维进行经验的筛选和积累,同时学生也可以有效积累自身在学习过程当中所经历的各种情境,从中探索出一条适合自身发展、适合自身学习语文的道路。

语文教学的实践经验累积是语文教学原则的内容,同时也能够帮助教师坚持语文教学的原则。大学语文教学不同于小学、中学的语文教育,教师所面临的教学内容以及学生的情况都存在较大的差异,并且大学阶段的语文教育往往也会受到整体学习环境的影响,没有了应试教育的强硬要求,学生对于语文产生了松懈、忽视,这些都是十分常见的现象。在以往的大学语文教学当中,教师所积累的经验也会因为时代的变化而产生一些不适用性,只有能够永远跟上时代步伐,利用创新的思维、创新的手段,才能够保证语文教学朝向更好、更高质量的方向不断进步。

二、大学语文教学的基本原则

(一)工具性与人文性统一的原则

大学语文教学当中一个十分重要的原则就是保证工具性和人文性可以得到统一。大学语文脱离不开语文的本身特质,语文作为生活和工作当中不可忽视的交际工具,对于文化的构成来说十分重要。在教育部针对语文教育所规定的课程标准当中增加了"工具性和人文性统一"的原则,语文课程当中不可忽视的是培养学生在现实当中对于语文的应用,但是同时也并不会抛弃语文所具有的人文性。目前我国所进行的教育都不能够离开人文性。人文教育指的是针对受教育者开展一系列能够帮助其开展人性境界提升以及理想人格塑造的教育,人性的教育必然需要培养人文精神。人文精神来源于欧洲文艺复兴时期,对于人的本性的强调融入艺术当中,艺术不再仅仅是冷冰冰的文字、符号,而是充满了人性温暖和人文光辉。教育不是对器件的塑造，而是对人的培养，工具性和人文性的结合才是真正的教育原则，并且在大学语文教育当中应当得到良好的体现。

在很长一段时间内学术界对于语文学科的人文性和工具性都开展了深刻的探讨和争论，不同的学者对于语文学科的性质探讨持有不同的观点。工具论者认为语文作为一门学科，实质上是一种对于思维培养和信息传递的工具手段；而人文论者则认为语文教育对于学生和教师来讲，都是站在人的角度去进行教育，教育离不开人性的特点和培养人的目的。人文论者对于语文学科的认知就是将人文性当成了语文学科的本质属性。这两种论调在一定程度上都具有片面性，失之偏颇，实质上的语文教学应当在人文性和工具性的和谐交融当中进行，不忽视二者当中的任意一点，同时也不能够过分偏向于哪一方。无论是在哪一阶段的语文教育当中，这两个方向都能够帮助学生有效提升自身的能力和认知范围。丁培中先生曾经说过，语文这种工具是进行思想交流的工具，在使用的过程当中也必须要赋予其一定的思想、情感以及想法。

大学语文所面对的学生具有较强的文学基础，同时也由于年龄的原因，大学生能够比小学生和中学生更加容易理解语文这门学科中人文性与工具性统一的特点，这是大学生年龄阶段和文化基础对语文教育的一个好处。在很多课堂的内容当中，文章或是诗词所表现的工具性和人文性侧重点是不同的，有的课本偏向于工具性，那么在这样的教学当中就可以侧重传授学生关于听、说、读、写方面的知识；而一些文章充满着文艺气息，例如一些优美的散文，这就需要教师侧重于向学生传授人文方面的内容，帮助学生沉浸在一个充满美感的氛围之内，感受语言和文学带来的美的享受。但是从整体的语文教学规划上来看，工具性和人文性在大体上是保证一种平衡的，这样才能够不失偏颇，从全方位为学生的创新意识培养和语文能力提升做出保障。

（二）阅读与写作并重的原则

阅读与写作并重的原则在很久以前就被教育学家所重视，只有保障写作和阅读能够在一个合理的平衡范围之内，才能够开展有效的教学活动。著名的教育学家叶圣陶先生就针对语文教学提出过以下的观点：语文教学在以前只有读和写两个部分，但是实际上读往往不受重视。从中不难看出写在语文教育的历史当中是受到重视的部分，但是这并不能够表明读是语文教育当中可以忽视的部分。读和写哪一部分是更重要的，这是教育发展当中语文教学始终在探讨的问题，真正能够全面提升学生能力的方法必然是将阅读和写作并重，将二者共同作为语文教育不可或缺的部分。对于学生来讲学习语文最主要的目的是能够全方位提升自身，而只有能够保证阅读和写作并重，才真正是"全方位"的体现，在学习语文时不能够离开的是阅读和写作，阅读和写作相辅相成，它们共同构成语文的学习框架。

阅读和写作并不是完全交融的，它们相互独立又相互影响，首先阅读可以为写作提供服务，一定的语文阅读能力是写作的基础，如果缺乏阅读，那么写作就会变成闭门造车，封闭的环境和封闭的思维无法进行优秀的写作实践。在叶圣陶先生的观点当中，教师对学生的阅读指导能够有效提升学生的阅读能力，并且能够为学生其他方面的语文学习打好基础。阅读能够有效打开学生的视野，写作如果成了阅读的最终目的，那么也就会导致阅读的目的不再纯粹。阅读本身是一个开放的过程，阅读经典的作品就如同和具有智慧的长者对话沟通,阅读的内容、品位和方式都可以在教师有效指导之下取得良好的成果。阅读还能够有效帮助学生开拓创新思维空间,帮助学生提升自身对于文学知识的了解,使得创新思维不再受到狭窄知识面的限制。

写作教学对于语文教学来讲,拥有的重要意义之一体现在养成学生经验积累和技术磨炼的习惯上。学生的写作过程实质上也是对于语文学习基本功的使用,而在语文学习当中写作也占据了十分重要的位置。如果缺乏写作的练习,那么学生就会无法将已经拥有的知识进行组织和归纳,如果脑海当中对某个知识点处于一个较为朦胧的状态,那么很难无法将学到的知识转化为自己的话。学生为了走出这种朦胧的状态,就不得不多练笔,作文练笔必须要有效表达自己的真实情感,同时还需要能够保证利用合理的方式方法继续激发,对于字词和句子,乃至文章的整体构架都需要有一个宏观的布局。

(三)文道统一的原则

大学阶段对很多学科来讲,是一种探索深度的升华,同理在语文的学习和应用当中,也不再局限于基础教育的学习层次,而是向更深的层次逐渐发展。文道统一指的是文章内部的思想和它的语言表达形式能够达到完美一致,这是语文的基本技能,需要教师和学生在开展语文学习教育的过程当中兼顾语文训练和思想方面的教育。在我国古代历史当中,常常把一篇文章、一首诗词的内涵思想称为"道","道"没有固定的内容,在不同的情况下,在不同的文章内部也具有不同的含义,文章所采用的表达形式被称为"文"。现代的语文教育当中,"文"和"道"指的是基本的技能以及思想,文道统一的原则也是保证语文教育质量的基本原则之一。很多教师在教学的过程当中体会到了工具性与人文性平衡的重要性,但是对于语文言语性的属性却有一定的忽视。

早在古代,教育家和学者对于语文的教学就认识到了需要文道统一,文以明道,文以载道,这些都是语文教学流传下来的思想。而在近现代的语文教育当中,教育专家们也逐渐认识到了文道统一对于构建语文教学合理框架的重要性。语文课程作为一门教育规划当中必有的学科,其真正的意义十分丰富,其中培养学生热爱国家的思想也是十分重要的一点,无论在何时何地,培养学生正确、积极的思想情感都是教育必须拥有的目标。如果将语文的学习仅仅停留在工具性上,那么教育将会变得冰冷无情,感性的光芒将无法散发。品德和思想的教育能够体现在教师的教学设计和教学计划当中。在文字作品当中,表达出的情感可以跨越时间和空间的限制传递到读者的心中,这也正是文道统一的一种体现。即使不能够身处一个时代,但是通过文字作品也能够了解到一个时代的特点,深知一个时代的悲欢喜乐。

(四)文史哲整合的原则

文学、史学、哲学这三个概念本身既具有一定的独立性,同时又在文学的范畴当中相互交融,大学语文教育的原则之一就是能够将这三者进行整合。文学是一种语言艺术形式,也是语文最为人熟知的一面,哲学则是对于世界进行原理层面把握的一门学术,史学又被称为历史学,对于人类社会发展变迁的过程以及其中的规律进行揭示和阐述,这三门学科从表面上来看具有差距,各不相干,但是却在本质上存在一定的关联,而且在大学语文教育当中,也坚持着文史哲整合的原则。

在我国的文学发展史当中,文言文承载了众多的文学、史学、哲学内容,这些都是古人智慧保留的一种形式。而我国白话文诞生仅有一个世纪的历史,虽然在近现代发展迅速,却依旧没有文言文发展的时间长。在文言文的作品当中往往蕴含着丰富的人生哲理、史实记载以及文学艺术的价值。文史哲的整合是语言文学发展经历多年而拥有的特性,同时也应当成为语文教学当中所重视的原则。语文教学能够从文学、史学、哲学三个方向入手,不仅可以提升对教材内容的解读深度,还可以帮助学生培养创新的思维和乐于探索的习惯。

三、大学语文教学原则的实践

(一)明确大学语文教学的指导思想

大学语文的教学需要拥有整体观,并且整体观的把握对于教学的成果影响十分深远。大学语文作为一门公共必修课具有较为重要的地位。大学语文以培养学生的人文精神、品德素养以及艺术修养等为目标,为了能够促进大学语文更好更快发展,首要的就是树立起正确的整体观念。大学语文的教学内容往往是选择具有艺术价值的文字作品,无论是古代文学还是现代文学都能够帮助学生提升自身的语文学习能力,教师在开展语文教学之前必须针对语文教材的内容拥有一个整体、清楚的认知。教材当中所提倡的是理性精神,同时不可以忽视人文的关怀,人的主体地位是教育当中不可忽视的,古今中外的文学教育都离不开对于人的价值的肯定。在大学语文教学实践中教学理念和方法的掌握也要从整体的角度出发,有效体现出对教学内容的合理解读。大学语文教育当中对于文本进行解读需要从整体的角度,立足于文本,需要结合时代的背景以及其中所蕴含的哲学内涵进行解读,这也正是对于文史哲整合原则的一种有效应用。教师在教学当中也要体现自身的学术品位,教师要既专注于语文教学的本体,又要拥有一定的知识存储,而不能仅仅局限在文本当中。大学语文教学还可以通过创设链接的方式,打造一个课内外相结合的整体课堂,帮助学生在课内和课外都进行良好的整合接入。大学语文课程的开设目的是提升大学生的人文素质,从宏观的角度去开展的教育能够使得学生接受的教育更加全面,并且有助于学生有一个广阔的空间进行思维的创新与发展。

大学语文对于学生和教师的能力培养都是具有助益的,能力观也正是语文教育过程中不可或缺的一部分。大学阶段对于学生的能力培养来源于多个方面,大学语文教学能够有效帮助学生建立起高质量的审美观,文字的审美能够体现一个人的内涵和素养,审美的养成也离不开学习的渗透。大学语文在对教学对象开展知识基础渗透以及审美判断的渗透过程当中,能让学生感受到多种多样的美,无论是自然的名山大川还是人文的情感精神,这些美都可以通过语文学习渗透给学生。大学语文也能够帮助学生培养创新思维和能力,学生对于已知的内容提出质疑和问题,对于未知的知识产生求知欲,这都离不开大学语文对于学生创新思维的培养。同时,大学语文还培养学生观察的能力,观察文字及其隐藏的内涵,这些都是语文教学独特的魅力。

(二)突出大学语文的教学特点

大学语文教学的特点表现在多个方面,其中因材施教是一个重要的组成部分,因材施教的目的是能够寻求到最适合学生的教育方式和教育理念,寻求不同学生之间的差距,同时也能够提升教学的效果,这样才能够成就大学语文教育的意义。大学语文的教学特点在因材施教这一方面需要从对学生特点的把握以及教学方式的选择两个方面入手。首先是对学生特点的把握,在不同的学校内部,学生大体上仍分为文理两个主要专业方向,针对文科专业的学生可以选择《大学应用语文》等教材,在教学内容的选择方面也可以多次进行深度的强调;而针对语文基础较为薄弱的理工科学生来说,选择难度较低的教材,也能够有效帮助学生跟上教学的进度。教育的对象自身的特点是不可被忽视的,教学的方式选择也需要结合时代背景以及学生的需求来进行改变,在21世纪,语文的教学也可以和时代进行融合,结合各种信息技术和创新手段,而不是像传统的教学方式一样被局限在黑板、纸质教材当中。

(三)创造学习语文的有利条件

创设各种有利于语文教学的有利条件,是为了能够更加有效地发挥语文教学的作用,提升学生学习语文的质量,同时也是践行语文教学各种理念的一种有效手段。

首先,需要打造一个宽松和谐的教育环境,严肃的教学环境虽然会带来安静的课堂纪律,但是势必也会由于氛围的压抑导致教学的效果不理想。在一个宽松和谐的环境之下,学生对于语文的课堂不再产生畏惧、厌恶,这也是一切教学理念实施的前提条件。很多学生不喜欢课堂,就是因为在课堂之上,个性受到了限制,同时又因为课堂纪律以及教师严肃的态度,产生畏惧感,个人思想无法扩展,创新的思维被抑制。在大学语文教育当中,教师在课堂上的权威地位以及教师对于期末成绩的把控能力都成了拉开师生距离的原因。教师需要认知到的是,严肃的环境不仅不能够促进语文学习,还会抑制学生的天性和思维。

其次,要让学生勇敢发出质疑,只有质疑才能够带来思维的碰撞,创新的思维因为质疑而获得活力,课堂也会由于质疑的存在而变得民主、自由。质疑的声音是创造性思维的一种表现,教师应当从多个角度保护学生的这种思维,同时也应当鼓励学生通过质疑来表达自身的看法。

最后,构建探索性地思考问题,也是有利于教学的条件之一。在语文的课堂上,教师经常通过抛出问题引发学生高度的思考,但是这种提问的方式如果仅仅采用传统的方式也不能够取得有效的作用,探索性的思考题才能够让学生发挥自身的主观能动作用,将外界赋予的知识转化为自身的能力。在一些课外的文章学习当中,给予学生足够的空间,让其能够开展个性的探索,打造一个良好的学习环境和学习视野,让学生能够真正从文学的宏观角度来进行语文的学习。教材并不是语文教学的全部内容,更不是文学的全部内容,因为有很多充满价值的作品没有被收录到语文教学的内容当中,通过开拓文学视野,了解到语文学习的深度和广度。语文的学习是对一门学科的探索,这种探索没有止境,也没有死板的约束,个性的发挥带来的是对语文真谛的探求。

(四)培养会学语文的智慧品质

语文当中的"智慧精神"代表的是知识、文化,以及精神、人格的融合,语文智慧精神对于多数的语文课堂来说是欠缺的,缺乏语文"智慧精神"的教学无法全面培养学生的语文素养。语文教学无论在什么阶段都不能够摒弃对于学生语文智慧的提升,而这种智慧品质提升手段主要包含以下几点。

首先,培养纯正积极的语文趣味。在教师的指导和自身的探索之下,学生不断提升自身对于语文的审美兴趣,这也可以说是为语文的学习指出了光明的方向。在一门学科的学习当中,正确的方向能够让学生避免走很多无用的弯路,同时也能够有效提升学习的质量。

其次,能够掌握基础语文知识,使得自身拥有基础知识和能力所带来的语文智慧。在我国传统的教育当中,对于语文教育的习惯培养具有一定的科学道理,如"好记性不如烂笔头",这不仅仅是强调勤学多练,更是针对读书学习习惯重要性的一种阐释。在学习时保证拥有良好的习惯,例如:定期阅读优秀的文章和文字作品,遇见优秀的文学素材和诗句进行摘抄等,这些都是具有一定代表性的优良习惯。互联网的时代,真正的阅读已经越来越难得,读书是一种人类跨越时间限制和先人交流的活动,静下心来读一本书,练几篇字,都是对于语文基础的有效巩固。

最后,将语文和生活相结合,在生活当中,一个人所听到的、说到的和思考的内容都离不开语文,将生活作为语文的应用场所,同时也作为语文的学习来源,这样才能够真正体现出语文学习的智慧品质。语文和生活无法割裂,二者相互交融,共同延续在历史的长河当中。

(五)探索创新教学的有效方法

教学的方法对于教学的质量会产生直接的影响,学生和教师都应该成为创新教学的推动者,其中教师所起到的作用是最为重要的。探索创新教学,首要的做法就是能够针对语文课堂教学的模式进行一定程度的改变。教师通过抛出问题的形式来使学生展开小组范围的讨论,例如教师在讲授一篇有关于爱国情怀的文章时,对学生可以提出以下几个问题:作者对于爱国的态度如何? 做法如何? 而当代的青年对于爱国的态度和做法又是怎样呢? 创新教学就是需要能够将教育和时代结合起来,文章当中的时代背景是已经发生的,而当代正是学生现在所处的背景,二者结合才能够真正体会到语文教学对于人格健全培养的重要作用,同时也是语文教学现实意义的体现。

教师进行语文教学时,将自身创新教学的意识体现在具体的教学活动当中,转变传统思想,为学生带来新的学习体验,这就是创新教学的有效方法的具体体现。大学语文教学工作所渗透的创新意识是一个教师自身知识结构掌握的体现,也是教学理念的体现。大学语文课程逐渐成为人才培养的重要组成部分,教师也需要不断吸收先进的思想和经验,应用到教学当中。大学语文教师首先要拥有扎实的文学研究能力和基础,同时又能够具有明确的教学目标,21世纪的教育不同于传统的语文教学,创新的理念要从教师向学生全面地渗透。创新课堂教学模式对于教师的要求是越来越严格的,教师只有不断提升自身的素质,并且开展教学技能的提升,才可以使用正确、合理的引导方式帮助学生进行语文学习。

大学语文的创新教育模式,还体现在教学评价的机制改变与重建方面,传统的教学评价机制虽然有一定可取之处,但更多的是参照卷面分数,忽视学生的思维能力和素质培养。这种评价机制不仅无法有效针对学生展开评价,还有可能降低学生的学习积极性,导致学生失去对于语文学习的兴趣和探索心。教师创新评价的机制,首要考虑的是学生思维能力,创新的思维对于学生来说是难能可贵的,也是大学语文教学的重要目标之一。在新课标的教学体系之下教学评价可以采用多种手段并行的方式,帮助学生进行各个方面的检测。

创新大学语文教学考核评价的方式,摒弃单一的笔试,增加面试、日常作业等多种方式,这样能够从一个更加立体和客观的角度评判学生在某一阶段内语文学习的成果。同时也保证了语文学习质量检测的公平性和公开性,大学语文教学方式的创新是时代发展的必然,同时也是学生对于更高质量教育的一种需求。系统性的考核方式,创新的教育理念,高效的教学手段,无一不是在当下的社会环境中有效提升教学质量,促进人才培养的有效手段。更加重要的是,学生创新思维与大学语文的联系也会因此更加密切融洽,学生得到综合培养和能力的全面提升,在不同的环境下都能发挥出自身的价值。

第五章　大学语文素养系统

第一节　大学语文素养系统的构成

一、大学语文素养的内涵、层级和维度

在我国语文教育界,对语文教育的目标或者说是语文教育的核心,有几个习惯的提法,即语文能力说、语文技能说、语文素质说和语文素养说。语文课程必须充分发挥自身的优势,弘扬和培育民族精神,使学生受到优秀文化的熏陶,塑造热爱祖国和中华文明、献身人类进步事业的精神品格,形成健康美好的情感和奋发向上的人生态度;应增进课程内容与学生成长的联系,引导学生积极参与实践活动,学习认识自然、认识社会、认识自我、规划人生,实现本课程在促进人的全面发展方面的价值追求。语文素养的提出,标志着我国语文教育界对语文学科的性质、地位、目标和方法在进行全面反思之后进入了一个新的认识阶段。

语文素养是一种以语文知识为基础,以语文能力为表现形式,以人文素养为灵魂的包括众多语文要素在内的认知功能的运动系统。如果把语文素养的构成要素归纳一下,大致有十一个方面的内容,可以称为语文素养系统的构成要素。语文素养要素正是语文教育要实现的目标,深入研究语文素养要素的层级和维度,对于理解大学语文课程的内部结构,对于考察语文教育的规律,提高语文教育的成效,都具有重大意义。

语文素养系统的要素包括字词句段篇的积累;语感、思维、识字、写字、阅读、写作、口语交际的能力;语文学习的方法和习惯;知识视野;文化品位;审美情趣;情感态度;思想观念;个性和人格。

语文素养从外至内可以分为四个层级。

第一个层级:听、说、读、写。

第二个层级:语文知识、言语技能、语文感觉和语文思维。

第三个层级:语文的动机、情感和态度、语文习惯和语文行为的意志。

第四个层级:言语主体的思想品德修养、文化知识积累、智力水平、人格个性以及具体的言语环境等。

第一个层级是显性的言语行为,表现为言语的实践能力,是主体参与生活、作用于客体的重要手段。第二个层级是支配听、说、读、写行为的智能因素,它制约着显性言语行为的质地和速度。第三个层级是潜在的心理因素,它们参与和支配言语实践,为言语实践提供动力支持,是言语实践取得成效的保证,同时也影响着言语成果的质量。第四个层级是言语行为的背景,这是一个人长期文化生活的积淀,其中的言语环境对这种积淀产生一种刺激和召唤。这个层级是语文素养中的最高层次,它既是稳定的,又是在言语过程中发展的;

既是在言语行为中随时显露出来的,又是相当持久的。

这四个层级清晰地揭示了语文素养存在的不同状态:有显性的,更多的是隐性的。有的已内化为人格修养,融入人的生命之中,有的则外化为支持人的言语行为的技能。

语文素养是一个具有强大生产能力的完整的系统,它深刻地反映了人的整体性。语文教育就是培养和发展学生的语文素养,学生语文素养的提高,标志着他们生命层次的提升。由此,最终达到适应生存和创造性生活的境界。

语文素养各要素是在三个维度上展开的,即知识和能力、过程和方法、情感态度和价值观。

字词句段篇的积累、知识视野,是属于知识的范畴;语感、思维、识字、写字、阅读、写作、口语交际表现为能力。语文学习的方法和习惯属于过程、方法的范畴。文化品位、审美情趣、情感态度、思想观念和个性人格则是情感态度和价值观的体现。

知识和能力是奠基性的,是语文学科的规定性得以存在、显现的基础,也是语文学科得以发展的依托。过程和方法是知识和能力、情感态度和价值观得以实现的手段、途径。情感和价值观既是语文学科教育的重要目标,又是实现知识和能力、过程和方法目标的动力。

这三个维度的内容并不是像积木一样一层层搭起来的,而是相互渗透,融为一体。各个维度的要素之间相互作用、相互制约,一个维度内容的缺乏将导致其他维度内容的崩溃。

二、大学语文素养系统的特征

和中小学语文相比,大学语文素养系统有自己鲜明的独特性,它更广泛、更博大、更深邃。大学语文系统的存在是客观事实,但人们从系统的角度对它的研究还比较少,而静止、孤立、局部地观察大学语文系统,必然导致认识的偏斜和谬误,不能正确认识大学语文系统的结构和功能,也必然找不到大学语文教育的正确路径。我们运用系统论的观点来对它做出多角度的分析,以求全面、深刻地理解它,准确、高效地运用它。

我们先从一般系统的特性来认识大学语文素养系统的结构和功能。

系统具有多元性。多元性是指系统是由两个以上的元素构成的多样性的统一,越复杂的系统构成元素越繁多,而且差异越大。大学语文是一个由众多元素构成的结构复杂、规模庞大的系统。从语文学科的角度考察,它是由知识和能力、过程和方法、感情态度和价值观三个维度的元素构成的。从语文结构功能的角度考察,它是由语言、文化、生命和世界四个子系统构成的。作为大学语文构成的每一种元素也都不是单一的结构。它们又由许多元素构成而且自成系统,甚至是一个更庞大更复杂的系统。只不过它们是以这个系统中的一部分元素参与到语文素养系统中。

系统具有关联性。系统不存在孤立元素组分,所有元素或组分之间相互依存、相互作用、相互制约。系统的规律也必定要通过要素之间的关系体现出来。存在于整体中的要素都必定具有构成整体的相互关联的内在根据。要素只有在整体中才能体现其要素的意义。语文素养系统中的各种元素相互作用,共同发挥语文的功能。任何元素一旦疏离语文素养系统,都必将导致语文整体功能的减损。语文素养系统的功能决定于系统中最不活跃的那种元素,而不决定于最活跃的元素,这种状况和"木桶理论"极为相似。

系统具有整体性。系统是所有存在差异的元素共同构成的复合统一整体。系统所具有的整体性是在一定组织结构基础上的整体性。系统是从整体与要素、层次、结构、环境的关系上来揭示整体性特征的,系统的整体性是由各构成元素的性质及其之间的关系决定的,一个充满活力的系统的各元素必然表现为某种有序状态,而且这种有序状态必定是有一定方向的,也就是说,语文素养系统的整体性是跟它的有序性和方向性是紧密相连的。众多的语文元素在认知实践中遵从认知规律并在认识过程中发挥各自的作用。语文素养系统的方向是认知过程中的价值取向。语文活动总是沿着人的理想、情绪等精神追求的方向前进。

语文系统还具有生态系统的性质,属于典型的耗散结构。

在自然界,任何生物群落都不是孤立存在的。它们总是通过能量和物质的交换与其生存的环境不可分割地相互关系、相互作用着,共同形成统一的整体。这样的整体就是生态系统。任何一个能够维持其机能正常运转的生态系统都必须与外界进行能量的交换,其行为经常受到外部环境的影响,所以它是一个开放系统。任何生态系统及其各种组分都具有能量流动、物质循环和信息传递三大功能特征。

大学语文教育系统具有生态系统的显著特征。它由三个生态圈构成:微观的生态圈由听、说、读、写四种组分构成;中观的生态圈由知识和技能、过程和方法、感情态度和价值观三种组分构成;宏观的生态圈由语言、文化、生命和世界四种组分构成。每一种生态圈的构成元素都具有生物界生态圈的一般特征。生物界生态圈各元素的能量通过一系列的取食和被取食关系在生态系统中传递。一个无形的食物网把所有生物都包括在内,使它们有着直接或间接的联系,构成一种相互依赖、错综复杂的食物网链。大学语文生态系统又具有不同于生物界的、只属于自己的特性。生物之间的营养和能量是单方向传递的,老虎可以捕食山羊而山羊绝不可能捕食老虎,而语文各组分间的营养和能量是双向传递的、相互的。物种间常因利用同一资源而发生竞争,而语文组分之间的关系不是自然界的竞争而是互利共生,而且各组分同时具有生产、消费和分解三种功能。但这并不是说每一个组分自身是生产者、消费者和分解者的封闭的内循环,恰恰相反,它们都是开放的和耗散的。语文素养系统不是生物圈的金字塔结构,而是呈双向奔流的环状分布。

我们以宏观的语文生态圈为例来说明语文的功能结构。语文生态系统包括语言、文化、生命和世界四种组分。语言是人认知实践的结晶,是文化的重要组成部分。虽然语言中包含着已经揭示的事物的特性以及主体的认知智慧,人们可以凭借语言认识世界,但是,任何富有创造性的言语活动的内容、动力和目标,都跟言语主体的生命质量紧密相关。没有生命的赋予,语言可能只是一堆前人用剩的空壳。古人讲要读万卷书,行万里路,主张广泛深入地了解世界、体验社会、感受人生,这实在是对语文生态系统的功能的切中肯綮的把握。

大学语文教育系统的功能是由系统各组分共同决定的,其中的一个甚至几个组分并不能决定系统整体的功能。在语文生态系统中,言语行为并不是自主的而是有系统的生命感情和价值系统指挥的。语文的生态失衡是一种或一种组分萎缩,会导致整个系统功能的萎缩。语文素养系统的动力源是人的价值追求。

语文素养系统的内部结构属于耗散结构。它结构的状况决定着这个系统功能的发挥。结构的畸形、混乱将导致系统功能的减弱。结构状态的合理性是系统功能实现的内在依据或方式。语文素养系统具有相关性、开放性和动态性特征：

语文素养系统内部各因素的相关性是由耗散结构的非线性决定的，是指语文素养系统内部结构的各要素不是以一种线性状态存在的，也不能各自独立地发挥作用，而是各个要素相互影响，相互制约，一个要素增强或减退，将导致另外一个或几个相关要素的增强或减退，从而影响系统整体功能的发挥。语文知识积累的增多，将使阅读能力增强；阅读能力增强将有利于培养写作能力，反之亦然。良好的情感态度和价值观将给知识注入生命活力。语文能力、生命意志、言语成果等要素是相辅相成的，其条件关系、因果关系十分紧密，且又往往产生转化和迁移。语文知识和语文能力具有基础性，它是显性的材料和工具。过程和方法处于中间的位置，它是知识和能力与情感态度和价值观连接的桥梁，它的状态是以语文要素的流动方式呈现的。而情感态度和价值观是前两个层次的动力和内容源泉。离开了这一层次，前两个层次将会瘫痪，而离开了前两个层次，它将无以表达和实现，从而沦为虚无。但是，当这些要素存在于一个人的身上时，它是综合的、交融的。整体的功能必得它们齐心协力才能实现。

开放是耗散结构获得活力的必要条件。语文素养系统的开放是它获得生命的基本保障。一个封闭的系统将因为熵增引起结构老化，导致功能衰退。必须引进负熵才能激活结构，恢复和发展系统的功能。所以开放的系统必须与外界不断进行物质、能量、信息的交换运动。对语文素养系统来说，要充分开放边界，不断引进大量的新鲜的语文材料，特别是引进一些异质的语文材料，对系统的原有结构产生冲击，从而实现语文素养结构的进化。语文学习中和现实生活密切联系的观点、综合性学习的观点，就是语文素养系统开放性的要求和体现。我们不能指望在封闭的状态下来培养学生的语文能力。

系统的进化过程就是一系列的各种动态的平衡过程。这种动态平衡的演化导致水平愈来愈高的复杂组织的出现。平衡是相对的，运动是绝对的。实现动态平衡的条件是系统与外界环境中物质能量和信息的交换。语文素养系统中，知识的不断积累，价值观层次的不断提升，会促进系统向一个更高水平演化。语文素养的各要素也只有在动态平衡的过程中才能表现出来，就是说，语文素养系统的价值是在运动中实现的。语文教学过程中要有意识地远离平衡状态，使知识、能力、思想、人格之间产生相关效应，实现个别要素的涨落，从而使语文素养的内部结构开始一个新的动态平衡的过程。

第二节　大学语文素养系统的要素分析

语文感觉、语文能力和语文思维是语文素养系统中的三个关键概念，它们都属于"能力"的层次，在系统中居于核心和枢纽的地位。这三个概念既分别独立又互相交叉。大致说来，语文能力居于显性的外层，它可以物化出来；语文感觉居于隐性的中间层次，联结语文能力和语文思维；而语文思维则处于最隐蔽的深层，为语文感觉和语文能力提供动力，并通过它们来体现。语文品质、语文精神和语文方法则是属于"态度和价值观"的层次，可以认为是语文素养的根系。它们隐蔽地存在于语文素养系统中，又对语文能力发挥着主导作用，它们根植于人的生命深处，在内为人的魂魄，在外为人的处世态度，言语则见风骨和灵性。语文感觉、语文能力和语文思维，语文品质、语文精神和语文方法共同构成一个人的语文态度。一个人的语文态度和他的生命态度相融合、相消长。

一、语文感觉

语文感觉通常简称为语感。在语文教育史上，语感是在 20 世纪 20 年代提出来的，以后不断有人对它加以阐发，但直到 20 世纪 90 年代由于对语文教育现状的痛切反思才引起广泛的共鸣，从而成为一个理论和实践的热点话题。虽然如此，人们对语感内涵的揭示也还是不能统一。这些看法分别从不同的侧面揭示了语感的特征。

人的经验有两个来源：一是直接经验；二是间接经验。现代人的间接经验往往远远大于直接经验。阅读是获得间接经验的重要途径。人的直接经验是酵母，间接经验在"酵母"的作用下发生变化，逐渐积淀为人的一种文化修养。

文化积淀之上的丰富联想和个体经验之上的积极参与，是产生良好语感的基础。在这个坚实的基础之上，我们认为语感就是对言语内容的敏锐的感受力。敏锐是指感受是快速与直接的反应，整个心理过程是在一个瞬间完成的，显示出直觉的特征。感受包括领悟和体验、理解和同化，这几个不同的阅读层次和阶段，语感极强的人几乎是同时完成的。

语感的心理过程极为灵动和微妙，把它放大后加以分析，会发现它具有三个特征：一是灵感性；二是无意识性；三是意象化。灵感性是指阅读过程中主体伴随着积极强烈的情感体验，这种情感体验的力量足以唤醒以表象的形式储存于记忆中的生活经验和文化积淀，它们像受到一种魔力的吸引而联翩飞来。反过来，不期而遇的表象又推动情感体验进一步发展，二者相互作用而使阅读过程出现一个又一个的体验高潮。无意识性是指阅读过程中的主体和客体（作品以及作者）达到一种高度的融合和交流的状态，主客一体，物我两忘，在这种境界中，主体扬弃了"执着"（即用意志动机制约身体运行的状态），从而使主体在无意、无为和自然的状态中实现对对象存在及其规律的豁然顿悟。意象化是指在阅读过程中，语感起于意象，也终于意象。起点的意象侧重于感性的形象，终点的意象侧重于意义化的形象，两个意象之间的跃进过程极为短暂甚至可以忽略。理解和观照是在一瞬间自动完成的。这三个特点可以概括为语感的直觉性，这是语感的最根本的心理特征。

从认识论的角度来说，人的认识过程一般是由感性到理性、由经验到思维的。一般的认识过程就终止在这个阶段，而语感却在这个基础上重新又回到感性和经验的层次上。这种回归是理性和思维的直觉：理性和思维的内容退隐到幕后，沉到了底层，成为一种蕴含在言语直觉背后的深层内容。语感之所以能在简明直接快捷的形式中凸显深刻丰富的意义建构，奥妙就在于此。这是在长期的言语实践中由生到熟，化繁为简，变客为主的必然结果。

有的人阅读、写作和口语交际，都可以做到既正确又丰富，好像不假思索就可以出口成章。这是因为他的语感能力很强。语感是一个完整的言语概念，它由许多具体的因素组成，也可以由不同的途径来培养。

语感可以分为语音感、语法感、语体感和语义感。语感的培养，在每一个具体的实践环节中可有所侧重。我国传统的语文教育十分重视语感的培养，积累了许多宝贵的经验。

语音感。这里说的语音不单指由声母韵母和声调构成的音节，每个音节的物质构成和它表示的意义往往有相当紧密的内在联系，语气语调以及语句的舒缓长短等，言语的声音是由所有这些因素共同构成的。声音是最能直接表达内容的物质形式,对语音的感觉是语感的第一步。

我国传统的诗论、词论推崇"沉郁"的风格,主张诗词要写得往复深沉,顿挫有致,以唤起读者内心深处的共鸣。小说叙述的快慢、疏密和虚实之间,常常暗含着情感上的节奏起伏。鲁迅的《狂人日记》,调子如急管繁弦,多用跳跃性短句作为狂人的内心独白,正好表现了狂人暴风雨般的愤激之情。《祝福》的调子徐缓低沉,像是为祥林嫂不幸的一生谱写的哀歌。《红楼梦》自第五十五回起,繁华将尽,变故迭生,日益显露出末世的光景,在全书结构上为一大转折。与此相适应,叙述的语调也从明朗从容转入悲戚忧伤。把握它的叙述语调所传达出来的情感氛围能够更好地理解这些伟大的作品。

语法感。语法感是指不对句子做逻辑的语法分析而快速感知句子内容的能力,而且能够曲尽言外之意、文外之旨。王力曾说:"就句子的结构而言,西洋语言是法治的,中国语言是人治的。""法治的"是说言语的形式是可以进行逻辑分析的,它的内部结构十分严密。"人治的"是指汉语言不太注重法则逻辑,它的组合自由灵活,采用什么形式由具体的语境决定。

语体感。语体也称作文体,任何文体都有自己的目的,这个目的又决定了它们各自所采用的不同的表达方法,不同文体的表达方法具有很大的差异。所以,语体感实际上也就是语境感,是对言语的目的、构成要素、使用的手法的敏锐感觉,是主体对某种特定文体的全部表现形式规范的领悟与把握。离开对一种文体内在语境的敏感,是不可能真正理解言语的,也不可能有效地运用语言来表达。实用文体的目的具体明确,是"实"的,言语准确明了。读和写这类文体往往是为了一个特定的目标。文学体裁的目的则往往是"虚"的,它指向人的心灵,作用于人的感悟,言语讲究形象含蓄和有韵味。同是文学作品的诗歌和小说也各有特点。诗主抒情,其手段是意象的运用。读诗需要解读意象的深层内蕴,写诗则要寄情于物,把意义(感情)化为形象。小说则是为了塑造人物的性格,展现人物的内心世界,一切景物、行为等描写都是为了达到这个目的。语体感是最靠近言语实际的一种心理特征。它的形成依赖于对文体特点的深刻理解和大量文体阅读的实践活动。

语义感。语义感是语感中最重要的部分,它居于语感结构的核心位置。语义感的基础是对字词的积累和对意象的积累,积累的量越大,沉淀越丰厚,语义感越敏锐越丰富。字词的积累除掌握它们的公共意义之外,要特别注重其个性化的部分,就是在具体的言语活动中作者所赋予的带有独特体验的含义。作品的"文外曲致""言外之意""情在言外",大都是由词语的个性化所催生的。意象的积累就是把自己的经验(直接经验和间接经验)以表象的形式储存在自己的大脑中。作品是由语言构成的,而每一语言符号都指向特定的事物,代表一定的意义。

二、语文能力

能力是"人们成功完成某种活动所必需的个性心理特征",就其作用来说,它对活动的进程及方式直接起调节控制的作用。个体心理特性的调节作用是经常的、一贯的,因此,作为能力本质的个体经验,必须是系统化、概括化了的个体经验,唯有这样的经验才能对活动具有稳定的调节作用。系统化、概括化了的个体经验主要是知识和技能。

语文能力是指个体运用祖国语言文字,在与他人进行交际的过程中,能对自己的言语实践活动(听、说、读、写)直接起稳定的调节作用的个性心理特征。

语文能力的结构是一个由多种复杂因素组合而成的综合体。然而,从哲学的角度来看,不管一个事物、一个现象有多么复杂,其中必有一个因素或要素起着关键的、决定性的作用。在一个结构中,这种起着关键的、决定性作用的要素就是这一结构的核心。语文能力结构的核心是思维能力。思维能力有三种形式:动作思维、形象思维和抽象思维。它们在不同学段、不同个体上的发展并不平衡。而语文能力的发展,在很大程度上依赖于思维发展的水平。思维能力发展处于某一水平时,决定着当时语文能力发展的最大可能性。言语主体的特点取决于其思维的特点。因此,语文教学的种种努力,必须高度契合学生思维发展的水平和特点。

语文能力结构中的各要素是不可分割的整体。我们把外在的语文能力划分为听话能力、说话能力、阅读能力、写作能力只是为了研究的方便,以及在培养时更具侧重性、更能针对其特点。而在对某一特定语文情境做出反应时,则是一个人全部语文能力而非个别要素的显现。如果经由听话训练使学生在接受他人口语信息时能抓住要点,把握说话者的思想倾向,那么他们在阅读文字材料时把握文章中心思想,发掘文章的深层内涵将会容易得多。同理,当学生的阅读能力得到一定程度的发展之时,对听话的帮助,即对接受他人口头语言信息的帮助也是非常之大的。说话与写作也是这样。虽然不能绝对地讲能说者必定善写,能写者必定善说,但至少能说为善写奠定了基础,能写为善说创造了条件。写作训练也对说话活动中思维的逻辑性,言语的条理性、准确性有莫大的助益。当写作能力发展到较高水准时,即使不写下来,内化于头脑中的逻辑结构也会在说话过程中自动控制着说话的条理性。

如果学生不能有效地接受由外部输入的语言信息,那么他们在向他人发出信息时,语言将是苍白的、内容将是贫乏的,形式将是不规范的。他们不可能发出高质量的信息。而当发出信息的能力达到一个较高水准之后,势必对接收信息质量的提高大有裨益。因此,语文能力结构中听、说、读、写四要素各自都具有不可替代性,不能以放弃一种能力的培养来换取对另一种能力的格外重视。

语文能力结构是一个开放的结构,语文能力结构不是在封闭状态中运行的。就其形成而言,它所需要的背景不仅仅是语文知识,还应包括生活经验以及自然科学、社会科学的有关知识。一个人语文能力的形成是多种因素共同作用的结果。因此,语文能力的提高在很大程度上依赖于综合素质的提高,学习语文必须开放边界,精选信息,广泛吸纳。

语文能力的培养有许多途径,我们这里从课程设置和教学的角度来探讨。

第一,积累语言,丰富语感。语文是一门最基础的学科,或者说是一门元学科。"水之积也不厚,则其负大舟也无力",丰富的言语储备,是言语实践可靠的保证。

言语积累主要有四项:字的积累,词的积累,锦言佳句的积累和精美诗文的积累。熟识三千五百个常用汉字是学好语文的基础。词汇是概念的载体,也是思维的基本元素,词的积累丰富了,表达能力才会提高。大量的锦言佳句是人类思想的精华,是人类对自然、社会、人生、伦理、道德、科学、艺术和哲学的认识精髓,这些锦言佳句,千百年来广泛深入地影响着人们的言语、思想、生存和发展。最后相对上述积累,这是更高层次的积累,学生通过这种积累学到的语言不是纯工具性的语言符号,而是体现了民族的思想体系、价值体系、方法体系等。除此之外,积累语言还需要扩大阅读量。

第二,精选知识,重视经验。任何一种能力的形成,都需要知识为其引导和定向。语文知识不仅仅是语言知识,还包括他人的言语经验、言语主体的言语法则等。

社会的语言规律。语言是社会成员的"公器"。有效的社会交际必须遵循约定俗成的语言规律。传授语言规律的目的不仅在于规范和指导学生个体的言语行为,使他们明白自己言语实践的是非正误,从而匡正失误,弥补缺漏;还在于使学生已有的言语感性经验上升到理性水平。

他人的言语经验。语言,作为交际的工具,在实现和发挥它的交际功能时,是语言的各个构成部分即语音、词汇、语法、修辞等规则的综合应用,但是这种应用带有鲜明的个人经验和风格特色。从语言运用的综合性范例中去学习语言,是古已有之的传统。他人的言语经验始终处于运动状态,难以穷举。但是,成功的言语经验大抵具有以下三个共同点。

凸显语旨。语旨,即言语所表达的意义和情感。这是言语主体交际的目的。成功的言语经验首先在于它恰切、完美地表达了语旨。要研究言语主体选用了哪些语言符号、创造性地运用了哪些语言组合规律、表现了怎样一种意义或情感。

适应语境。语境是运用语言交际的环境。不论是上下文的句段、篇章等言辞语境,还是文篇之外的非言辞语境,对于语义的表达,都有制约、生成和阐释的功能。研究语境特征及其功能,是提高理解和应用语言能力的必要条件。

符合语体。语体是为适应表达内容和交际需要而形成的语言材料和表现方法的特点的总和,是根据语言交际功能而形成的言语风格类型。成功的言语总是得体的。了解语体特征,对于读解言语作品有引导和认同的作用,对于说写活动有规范和指导的作用。

言语行为的法则。幼儿学习母语是从模仿成人的言语开始的。入学之后,在学习言语作品的同时,进而学习了语音、文字、词汇、语法等系统规则,其目的在于提高听、说、读、写的能力。因而,在语文教学中教给学生阅读、写作、听话、说话的方法和规则是至关重要的。教给学生在表达情意时如何察物、创意、缀言、得体,教给学生在读解言谈和文篇时如何感言、辨体、得意、及物,是语文教学的重要内容。

第三,训练技能,形成习惯。语文技能对个体言语实践活动起控制执行作用,即确定执行的顺序和处理的方式、变换的方式等。通过对技能的训练,使个体在言语实践中达到熟练化、自动化的程度。在训练有了一定的强度和速度后,学生的动作要素和顺序将随之发生一些变化和调整。而当这种训练达到一定数量时,学生的动作经验就可以在一定程度上实现内化、类化,使言语者能够根据不同的对象,实现自我调节。语文能力之中包括多种技能,比如读文有认读技能、理解技能、速读技能,说话有言语编码的技能、运用语音表情达意的技能、运用态势帮助表达的技能等。

人的技能是一种活动方式,而任何活动都不可能是盲目的,因此首先必须明确目标,确定方向。其次,作为活动方式,它体现为一系列连贯的行为或心智运作过程,所以训练时应该分清要素,安排顺序,并且把握要领,选择恰当的方法进行训练。最后,通过不断强化形成迁移,直至养成习惯。

要特别注意的是,语文技能与其他技能的训练具有明显的区别。学生的言语活动并不纯粹是一种技能技艺,甚至也不仅仅是一种心智活动,它与人的整个认知世界和情感世界紧密联系。语文课程具有工具性,语文是用于进行言语交际的,因此语文的技能需要熟练化和自动化,但是语文这个工具与其他的锯子、刨子、凿子一类的工具是不一样的,它在具有工具性的同时,还具有人文性,人的语言运用也是人的精神活动和情感活动的产物。因此,在进行语文技能训练时,要把它与精神培育和情感体验结合起来,决不能以单一的知识点或技能点代替对言语材料的感受、领悟和内化。

第四,拥抱生活,扩大外延。"语文学习的外延与生活的外延相等",语文是一门得天独厚的课程,因为它本身提供了贴近学生生活的最大可能,提供了实现他们作为一个人的生命活动、心灵活动的最大可能。听、说、读、写本身就是属于他们的生活形式,本来就是实现生命活动、心灵活动的主要渠道,因此,语文教学可以顺水推舟地把作为学习形式的听、说、读、写自然而然地变为学生的生活形式。

三、语文思维

语文思维包括一般思维和特殊思维。一般思维是基础,反映了人类思维的共性;特殊思维是语文学科质的规定性,反映了人类对呈现或寄托的感性把握。语文思维通常是指特殊思维。

思维是许多学科研究的对象。哲学、逻辑学、心理学、语言学、脑科学、神经生理学等,都把思维纳入自己的研究范围。广义的思维是作为存在的对立物而言的,与"意识""精神""认识"同义。狭义的"思维"则是指对客观存在认识的形式。一般定义为,思维是人脑对客观现实的概括的、间接的反映,是人脑反映客观现实的高级形式。

思维可以分为形象思维、抽象思维、直觉思维、批判思维和创造思维等类型。

形象思维。形象思维又称艺术思维,是反映事物形象特征和形象联系的一种思维方式,它以记忆表象作为思维的材料,以联想和想象作为思维的方式,以丰富的情感作为思维的动力。形象思维是形象化了的思维,是思维化了的形象。就是说它是以形象为手段来揭示现实世界和构想未来世界的,或者说它的手段和目的统一于形象之中。

抽象思维。抽象思维是以概念为思维要素,以判断、推理为特征的思维方式。它是以逻辑的形式来揭示事物的本质。抽象思维往往删除了一个个事物的个性特征,通过归纳和演绎概括出一类事物的共同性质。

直觉思维。直觉思维可分为三类:第一类直觉是本能直觉,它所依据的是一种生理的本能和传统习俗,类似于条件反射;第二类是感性直觉,是指人们依靠感觉形成的直觉。这种直觉主要依赖的是体验,是一种感性认识;第三类是理性直觉,是一种在对事物的本质有了深刻的认识基础上形成的直觉。我们一般所说的学习上的直觉思维,是指在第三类的基础上(性质)得以升华而具有第一、二类某些特点(形式)的思维。

批判思维。批判思维是指通过观察、体验、思考,交流收集和产生的信息,积极地分析、综合、评价和应用的智力活动。批判思维具有逻辑推理、深思熟虑、疑问态度和自主思维的特点。批判思维实质上是用探询的方法和态度看待世界,以创造和动态的观点看待事物。这种思维方式是一个人独立思考、尊重创造价值的表现。

创造思维。创造思维是指对社会现象、客观事物之间差异的思考,是在已有材料的基础上,进行想象、推理,从而解决和发现人类从未解决和从未发现的事物和问题的思维。创造思维在于揭示已知与未知、现象与本质的矛盾,在人类的思维领域追求独到的认知结果。创造思维是人类进步的动力。对学生来说,创造思维是指通过自己的亲身体验和独立思考获得认知成果的思维活动。

语文思维。语文思维是指语文学习活动中特有的一种思维。语文思维和形象思维、抽象思维、直觉思维、批判思维、创造思维并不是对立的概念,而是融合的。多种思维形式共同参与语文学习的过程。阅读时的"如临其境""感同身受"是形象思维,对作品中心思想的概括是抽象思维,语感表现为直觉思维,对文章价值的评判则是批判思维,写作又是创造思维。当然,语文学习过程中每个环节的思维活动都不是单一的,往往是几种思维交叉融合,共同推动学习活动的开展。语文思维具有三个显著的特征,即具体性、整体性和直捷性。

具体性是语文思维的最基本的特征。虽然数学等科也有图形,也讲想象,但它的图形和想象本身就是高度抽象化的,已经剥离了具体事物的外形。虽然历史等科也举事例,但那些事例是删除了细节只剩下"性质"的道具。语文学科完全不是这样。语文思维起源于感性,在上升到理性的过程中也始终不排除感性,而且理性的最终表达也还是靠感性形象来完成的。语文思维是最丰富、最具有情感的思维。从这个意义上说,语文思维最贴近生命的本质。

阅读就是对文字所表达的世界的整体把握。生活中的一个个的事物,往往是独立存在的,呈现一种自然的零散的状态,而作品中一个个的词所代表的形形色色的事物,因为一种统一的精神因素的贯注而铸成一个完整的形象,人们在阅读时,就是在想象中牢固地把握住这个形象并对它进行欣赏。写作的过程,就是一个赋形的过程,把意思、感觉通过重复与对比,渲染与敷设等手法赋予以空间感觉上的可能和自由。

语文思维的具体性表达的是对生命美(理想、向往、自由)的追求,它的目标是拓展或建构高远辽阔复杂的分维空间(生命空间、思维空间、情感空间、智慧空间),建立一种共时性精神空间的秩序。

整体性是指语文思维把认识对象作为一个整体来把握,包含三层意思:一是内外合一,即现象和本质一体化,本质就在现象之中,现象就是对本质的说明。二是局部和整体不分。本来整体是由局部构成的,但语文思维不对整体做割裂的分析。语文中的局部一旦离开整体往往就失去了生命。如"杨柳岸晓风残月""古道西风瘦马",必须作为一个统一的完整的意象来观照,才能潜入领悟其意境的妙处。一旦分解,便一片死气。三是纵横联系。系统的观点是语文思维的基础。口语交际中对语境的重视和依赖,阅读中的"知人论世"以及主体的参与和超越,搜集、处理信息过程中对问题目标的考虑以及对学习成果的预想等,无一不是整体性的认知活动。

直捷性。直捷性有两层意思:一是指在第一次读到一个词唤起对应的表象的时候,在为表达一个意思而寻找一个词语的时候,往往有一个思索的时间过程,但经过第二次第三次如此反复的运用,记忆被积淀下来,所需要的时间大为缩短,直到可以忽略而成为直觉。二是指在听、说、读、写等活动中,主体会主动避开"障碍"运用语言,从而显得"驾轻就熟",而对"重"和"生"则自动跳过。语文思维的这个特点既可以提高语言运用的速度,也可以降低运用语言的效率。

语文思维的培养途径通常有以下几种：

第一，教给思维的方法。思维的方法主要有抽象和概括、归纳和演绎、分析和综合、比较和归类、系统和具体、联想和想象。

抽象和概括。抽象是在头脑中把事物共同的非本质属性或本质属性抽取出来加以考察的方法。对人物相貌的思考是非本质属性的抽象，对人物性格的思考是本质属性的抽象。概括是在头脑中抽象出来的事物共同的非本质属性或本质属性联合起来的思维方法。非本质属性的概括是感性的或经验的概括。本质属性的概括也叫作理性的或理论的概括，对作品主题思想的概括是本质概括。

归纳和演绎。归纳是从特殊到一般的思维方法，即根据大量已知的事实，做出一般性的结论。文学作品的分析多是归纳。演绎是从一般到特殊的思维方法，即从一般性的原理出发，认识那些尚不知道的事物。议论文中的理论论证多是演绎。

分析和综合。分析就是把事物的整体分解成各个部分或属性来进行考察的思维方法。综合就是把事物的各个部分或属性联合成一个整体进行考察的思维方法。阅读教学中的分段把握和对重点字词的揣摩是分析，对作品整体的观照是综合。分析的目的是综合，通过分析达到"一以贯之"的境界。

比较和归类。比较是把各种事物加以对比，以确定它们之间的相同点和不同点的思维方法，或者同中求异，或者异中求同。对作品的人物、主题、手法的比较，对占有的材料的比较，是语文学习中经常进行的思维活动。归类是按照一定的标准把事物分门别类划成小组的思维方法。二是按照事物的非本质属性归类，一是按照事物的本质属性分类。写作特点的教学就属于归类。

系统和具体。系统是把各种有关材料归入一定的顺序或体系的思维方法。语文教学中的列提纲、板书就是系统化的方法。具体就是把理论知识应用于实际，或用实际来说明理论知识的一种思维方法。教给方法之后的作文就是具体化的实践活动。

联想和想象。联想是由一种事物唤起相关表象的思维活动。想象是由记忆中的表象加工组合构成新形象的思维活动。语文阅读中的参与、体验和理解，写作中的选材、构思和成文等都离不开联想和想象。没有联想和想象就没有语文学习。

第二，指出发展思维的途径。充分利用已有的知识经验，从直接经验到间接经验，加深感受和理解。思维是获得知识经验的重要心理因素，知识经验又是开展思维的必要条件。语文感受是语文理解的基础，从自己的知识经验出发，展开联想和想象，设身处地，和作者的心灵相通了，思维才可能活跃起来。唤起、调动、补充相关的知识经验是学习语文的前提。

第三，积极提供多种直观材料，激发学生的思维，从感性到理性，从具体到抽象，推动学生思维的深化。在直观材料的作用下，学生的头脑中会形成丰富的感性知识。思维总是从感性到理性，从具体到抽象，在一定的直观活动的基础上，在丰富的感性认识的参与下展开的。语文学习的直观材料大致有三类：一是实物直观，就是在直接感知实际事物的过程中进行，如社会调查、社区服务等综合实践活动。二是模像直观，如教学图表、多媒体教学、参观展览等。三是言语直观，这是语文教学中应用最广泛的直观材料，应选择那些新鲜、形象、优美、富有价值又贴近学生生活的言语材料交给学生，也应鼓励学生自己去搜集、阅读。

多接触这类材料是学好语文的必由之路。

第四,丰富学生的语言,以言语活动促进学生思维的发展。从信息论的观点来看,思维的过程就是对信息的加工过程。信息是思维的原料,原料越丰富,思维加工越容易有效地进行。而人类的言语成果是人类所独有的取之不尽、用之不竭的信息源泉,语文也是人类最重要的信息交流的工具。因此,在教学中,我们要善于利用这个信息源泉。这有两个方面的意思,一是引导学生积累一定数量的字词,背诵、阅读相当数量的言语材料。二是制造和抓住学生"愤""悱"的心理欲求,为思维蓄势。这二者结合起来,思维就能得到有效的培养。

第五,结合实际,创设问题情境,在解决问题中激发学生的思维。思维总是从发现问题开始,以问题的解决告终。思维的过程就是发现问题和解决问题的过程,就是缓和矛盾达到认知暂时平衡的过程。因此,为了激发和培养学生的思维,教师应结合实际积极创设问题情境,使学生在这种情境中产生矛盾,从而在内心产生困惑及解除困惑。问题情境常以课题的形式设置,它的思维过程是完整和深刻的。其主要的矛盾有学生的预料、期待同课题之间的矛盾,课题内部的矛盾,面对课题时学生认识内部的矛盾等。创设问题情境,也就是抓住并利用这些矛盾来激发和促进思维发展。

第六,打动学生的感情,为思维的发展提供动力。联想和想象是思维的两只有力的翅膀,而感情则是托浮翅膀的空气。没有感情的参与,任何思维活动都是乏力的,语文思维尤其是这样。感情来自精神的渴望以及这种渴望的实现或者所遭受的打击。语文学习材料中大都蕴含着丰富的感情因素,教师要善于发掘和利用它们,关键的是把它们和学生的精神渴望联系、沟通。感情一旦点燃,语文材料就会被这火光所照亮,那字、词、语句就会活跃起来,迅速地向着一个目标奔跑。这个过程就是思维发育成长的过程。

第三节　大学语文素养的价值取向

一、大学语文的精神

就一般意义而论,不光语文学科,实际上几乎所有的学校课程都是以语言文字为载体,都是广义的学习语言。比如动物学里肯定也要讲到鸟,讲到麻雀或者老虎;在植物学课里肯定也要学到树,学到松树或者柏树;在天文学课里肯定要学到星星、月亮。但是,动物学里的"鸟"已经不再是读者看到的树枝上那只"叽叽"鸣叫得让人爱怜的画眉,也不再是老舍笔下的那只充满了恐惧的、受伤的小麻雀,它已经是剔除了所有的作为一个小生命的特殊的物质存在,只剩下"有羽毛能飞行的动物"这样抽象的概念。在天文学里学习月亮或者星星,着重关注的是它是否是发光发热的恒星或者是围绕行星运转的卫星,而不关注阅读者在晚上看到的是否是一弯新月或者使大地一片银白的那轮圆月,而这恰恰就是语文学习所要关注的重点。语文课程所关注的语言具有语文学科的特殊性。

一种语言里的大部分语词,实际上都是个体和群体,感性和理性,具体和抽象的融合。"松树"既指言语者通过直接或间接感知过的不同形状、不同地域、不同大小、不同种类的各种松树,也指"树皮多为鳞状,叶子针形的一种常绿乔木"。个体的、感性的、具体的,主要是语文学科所要学习的对象。群体的、理性的、抽象的和概念的,则是科学学科所要涉及的范畴。语文学科不仅为其他学科提供了用以表达的言语符号,而且提供了科学学科赖以进行概括的丰富的表象、事实,没有这些直观的、具体的、丰富的、感知到的表象和事实,科学课程的概念理解就无从进行。

艺术不是一个将我们的感觉材料加以分类的过程,艺术沉湎于个别的直觉,远远不需要逐步上升到一般概念上去。在艺术活动中,我们不是将世界概念化,而是将它感受化。一切真正的艺术首先是诉诸感觉的。卡西尔认为,艺术所运用的语言只是一种特定意义上的语言,它们不是文字符号的语言,而是直觉符号的语言。语言艺术家就是用语言建造一个直觉的感性的世界。所以,语文老师要用语文的眼睛、语文的耳朵和语文的心灵去教语文。大学语文学习首先要明确语文意识。语文以人文为灵魂,人文寄寓于语文之中,语文与人文有机结合起来的枢纽就是语文意识。语文意识是语文素养结构中情感因素的统称。语文意识关注的是语言的物质和精神的存在,要认真听听语言的声音,辨辨它的色彩,掂掂它的分量,摸摸它的"体温",把它摆在它和语境的关系之中反复审视、掂量、咀嚼、玩味。从这里出发才能走上正确的语文学习之路。因为语言文字的运用绝不仅仅是运用语文知识、技能、技巧的问题,而是和思想、情感、个性等人文因素密不可分的。语文素养和人文素养具有深刻的相关性。

语文学科的语言大部分是情感的、审美的语言,情感的、审美的语言首先是直观的、直感的语言。"美是理念的感性显现",这是美学给我们语文学科的启示之一。直观的、直感的语言还应该伴有言说者真挚的情怀和对世界真实的感受,体现出情感的、审美的属性。忽视情感的、审美的语言学习,对学生的语文素养甚至对民族素质都会造成很大的损害。人之初,语言是具体的、感性的,在语言的发展历程中,抽象化使得语言失去了自身的感性特指,因而语言便与生存之间出现了巨大的裂痕。更深刻的原因还在于生命感觉在生存的重压下变得日益迟钝和荒疏。拯救语言,也就是拯救人的生命,防止生命的分裂和异化,抗拒生命的冷漠和麻木,保持生命的鲜活和敏锐。

情感培养是一种人文素质的培养,也是一种言语素质的培养,二者是可以结合在一起的。语文学科的言语是源于心灵的言语,它应该反映出主体和客体之间的真实、深刻的关系。语言的运用自如的能力不是仅靠多识字就能养成的,好的文章也不是单凭一点聪明灵性就能写出来的。一个人的生命精神要用优良的语文来涵养,要熟读经典、积聚学养,既广读史书又深知社会、民情,以哲学培育思维,以良知修养德行,最终成为有卓然独立之精神、自由之思想的人。如果一味满足于知识的传授,踌躇于技能的训练而不问津人内在的"精神生活",语文是没有出路的,人也极有可能沿着这条实利主义路径走上唯名利是图的邪路,那时,失魂落魄的就不仅是大学语文了。

真正的语文应该是扎根于优秀传统文化的深厚土壤,将传统文化人格化、情感化、时代化,赋予它鲜活灵动的生命活力,让学生受其感染,获得情感体验和生命感悟。更要引导学生思考人生,关注社会各阶层人民的生存情况,关注他们的精神状况。如果没有人文智慧的烛照,人类的精神之旅将是黑暗而漫长的。语文教学肩负一项重要使命:坚守精神家园,启迪灵性,让理想的花蕾绽放,让创新的种子萌发! 语文课要做的就是教育追寻思想,做"会思想的芦苇",夯实学生的精神底子。

语文的精神实质上是人的精神。民族的语言即民族的精神,民族的精神即民族的语言。二者的同一程度超过人们的任何想象。语文精神是对生命意义的探寻和对人类美好情感的向往,是在语言文字中感受各式各样的人生,去体验人类生命中究竟具有什么样的能让我们为之深爱的本性。语文之精神在于一生的执着与精心,在于每一个生命的个体都能挺直脊梁,独立地思想,让人性之光芒,一如冬日午后的阳光,暖暖地照耀着每一个平静的灵魂。语文之精神,是在于保存和发展人类之"善性"的基础上,追求心灵的纯朴简单。让我们像汲取阳光一样,去品味语文的智慧和境界,去体验自己内心的渴望和满足。语文之精神,唤醒心灵深处的自由、幻想和创造,寻找自我价值和心灵的归宿,一如生命的修行。语文之精神,在于铸就独立完整之人格,让真与善以最美的方式道出,在质疑和反思中创造,直到抵达理想的目标。

二、大学语文的方法

在当代认识论中,方法具有两个层面的含义:在日常生活和工作中,方法一般是指为获得某种东西或达到某种目的而采取的手段与行为方式,如教学的方法、作文的方法等。哲学上的方法是指主体和客体之间的关系,这种关系给人们指示出关于解决思想、说话、行动等问题的门路、程序等。英国哲学家培根把这种方法称为"心的工具",认为方法是在黑暗中照亮道路的明灯,是条条蹊径中的路标,它的作用在于能"给理智提供暗示或警告"。

哲学方法是探索实现主观世界与客观世界相一致的最一般的方法,在一定意义上说具有决定性作用,它对日常生活和工作解决具体问题完成具体任务的方法具有指导意义。两种方法的区别在于:哲学意义上的方法是人们从什么角度、用什么样的方式来观察事物和处理问题的观念形态,主要解决世界"是什么"和"为什么"的问题。哲学方法论和世界观是一致的,它具有根本性;而日常生活和工作中一般意义上的方法主要解决"怎么办"的问题,主要是指解决问题的具体的手段,它具有可操作性。我们在这里讨论的语文方法主要是哲学意义上的语文方法。

中国古代哲学思想都主张天人合一,追求物我一体,心物一体,达到人与自然的和谐统一。人心与物境相互交融,艺术家创作时,用自己的直觉、观赏外物的艺术形象,将它与自己的主观精神相结合,产生艺术意象,这种意象就是一种"神似"的境界。它是客观事物的精神又是艺术家主观的精神。意境是中国古典美学的重要范畴,是指艺术家从对客观事物的观察、认识、体验、感受中,产生了某种思想感情,通过特殊的艺术构思和形象塑造,把这种思想感情充分表现出来,于是在文字上产生一种动人境界,这是艺术家主观情感与客观物境互相交融而形成的艺术境界,也是艺术家与自然相近而又相融的精神感受。文学上的借景抒情、托物言志的手法,以及注重神似提倡形神兼备的艺术追求,都是这种哲学思想在言语过程中的表现。圣人之心与天地万物不是相对的,而是一气同流的。"以天地万物为一体""一天地万物以为心"即物我一体、心物一体,表现为对天地万物的普遍关怀。

语言的运用,实质上是物我一体,乘物游心。遵循自然的规律和法则;只有最大限度地顺应自然,才能够"游心"——实现精神的自由和解放。人生至高的境界就是完成天地之间一番逍遥游,也就是看破内心重重的樊篱障碍,得到宇宙静观天地辽阔之中人生的定位。这种逍遥需要用我们的心、我们的眼、我们的呼吸、我们的行为与世间万物紧密相连,水乳交融。这种逍遥需要我们能够欣赏花开、聆听水流，能够看见飞鸟掠过天际、朝阳跃上云端。这种境界告诉我们放眼长天，告诉我们道无所不在，需要我们用心去看，用心去问，用心去想，脚踏实地地去实践。"仰观宇宙之大，俯察品类之盛"，让自己成为天地至尊，有这样的定力，这样的功力，这样的境界。

语言运用的任何技法都是一个严肃的态度问题，我们只有全身心地投入、参与、体验、感同身受地"在场"，以敏锐的直觉去把握、揭露出人类生存的真相和本质，表达人类的理想，呼喊出人们心底的渴望，这才是语言文字的意义和价值所在。

三、学语文教育要重视发展学生的思想

一个人的思想包括两个方面的内容：一是思想的能力，二是思想的价值。思想的能力就是能思能想，能对人、事、物独立地做出自己的识别、分析和判断。进一步说，就是能够对自然现象和社会现象做出符合因果逻辑的解释，对艺术作品进行富有个性和创见的阐释。这是一个从物质到精神或者从别人的精神成果到自己精神成果的动态的思维过程。思想的价值要看思想的成果对他个人、对社会究竟有没有意义。意义是在诸种事物之间的关系中显示出来的。如果一个人的思想成果对他精神的上升有所推动，对社会的文明进步有所助益，那他的思想就是有价值的。反之，就是没价值的。从本质上说，思想的价值在于对客观事物存在奥秘的发现和揭示。这里面闪耀着一种崇高心灵的照射。我们所说的发展学生的思想，是指既要提高学生的思想能力，又要使学生的思想具有一定的价值。这两个方面的结合才是我们所期望的教育目标。

思维闲置必然导致思维的退化。在知识方面只成为记忆的机器，在人格上则唯唯诺诺，最终的结果将是民族创造力的衰退和丧失，在竞争日趋激烈的世界上，其生死存亡的问题也就接踵而至。语文教育要为人的终身发展奠定基础，人的修养的核心是什么？是思想。思想是人的灵魂，是人与动物的最本质的区别。人的强大就来源于思想的力量。思想既是人生取得成功的动力，也是人生在世的意义所在。由具有超拔思想的人组成的民族才是强大的民族，社会才是充满生机和活力的社会。历史发展到今天，卓越的思想已成为最为活跃的生产力。因此，发展学生的思想就成为教育最崇高的目标。

通常我们所说的语文教学要致力于培养学生的语文能力，即听、说、读、写的能力。一个人的听、说、读、写能力无不与他的思想密切相关。听和读，只有思想达到相应的水平才能有效地接受别人的思想。说和写更是如此，运用文字在本质上是对思想成果的表达。很难想象一个思想水平低下的人能够顺畅地听、说、读、写。"肚里没货"怎么跟人交流，这"货"就是思想。这好比一棵茂盛的大树，思想是其根本，表达和交流是树上的花朵。每一朵耀眼的花朵都散发着思想的芬芳。任何写作的方法、技巧都是主体思想的现实，语言文字也只有插上思想的翅膀才能飞翔。欲木茂必先固其本，欲流远必先浚其源，要真正提高学生的语文能力必须重视发展学生的思想。思想素养是语文素养的基础、关键和核心。对于一个没有思想或者思想水准很低的人来说，他所识的字，所知道的方法都是僵死的，就像愚蠢的驴子一样呆头呆脑毫无生机。

从语文教育的特性来看，它要传授知识，更要培育人格精神。在今天互联网日益普及的时代，学科知识的查阅、了解已是比较便捷的事情了，而精神的培育却显得困难起来。对

于语文来说,人的精神的高度直接决定着知识使用的效率和方向,崇高的精神能够重新赋予知识以生命。知识是手段,精神是目的。知识和精神既不是包含的关系也不是因果的关系。精神是一种实践性的态度,所以必须在掌握、运用知识的实践过程中养成。只记住别人的一种观点一个结论的学习方式跟人的精神成长实在没有多大的关系。

发展学生的思想,语文具有得天独厚的优势。它自身具有的工具性和人文性高度融合的特点,决定了它更应该也能够承担起发展学生思想的任务。

语文学习活动包括了人思维的全部形态。特别是语文学科所独具的语文思维,对学生思想成长的推动力几乎是无可替代的。主体在听、说、读、写活动中,与言语同步展开的思维活动与思维能力,包括对交际对象、情景的辨识、判断,听读内容的领悟、把握,说写目的、思路的确定与调整等,都起源于感性,在上升到理性的过程中也始终不排除感性,而且理性的最终表达也还是靠感性形象来完成的。语文思维又是最丰富最具有情感的思维。从这个意义上说,语文思维最贴近生命的本质。

人的神经遍布于全身,躯体的各种感觉都汇集到大脑,感觉的条理化成为思想,思想的定向和坚持成为灵魂。感知、参与、体验、理解、想象是语文学习的基本方式。看、听、嗅、触摸,我们就是这样感受语文形象的,教师常常召唤学生让眼睛醒来仔细观看,让耳朵张大谛听幽渺处传来的心声,伸出手来,触摸心灵最深处的痛苦和幸福。语文理解的过程始终都有联想和想象的参与,都伴随着情感的活动,它最终指向对人的精神本质的把握。如果说语文是对于人类生活的深情的呼唤,那么,理解就是在学生的心底产生的巨大的回响。想象是用心来创造形象,想象能力就是制造形象的能力。康德说:"想象力作为一种创造性的认识能力,是一种强大的创造力量,它从实际自然所提供的材料中,创造出第二自然。"语文中的想象既是对课文的想象,也是对人类的历史、现状和未来的想象,更包含着学生深刻的自我想象。所以,语文是学生思想获得成长的深情的沃土。

在发展学生思想的过程中要注重发挥以下几个关键要素的作用。

第一,同样,异质的思想。和其他产品的生产一样,思想的生产也需要材料。思想生产的最优良的材料就是异质的思想。所谓异质的思想,就是面对同一对象,而认识方法、过程,特别是结论大不相同甚至截然相反、尖锐对立的思想。异质思想的相遇便产生碰撞、交融和催生,如同不同质的气流相遇会产生降雨或风暴,异质思想的相遇会推动思维,生产出新的思想。异质的思想来源于不同的头脑,每一个主体都是富有个性的独立的个体,每个主体对客体的认识都有特异之处。发展学生思想的第一步便是引入异质的思想。思想的性质越是反差巨大,越是鲜明对立,产生的冲突越是尖锐,在学生头脑中掀起的思维的风暴也越是强劲,也越可能激活思想并产生出高质量的思想成果。

第二,完整的过程。任何思想成果都产生于思想的过程中,任何思想能力也都必须在思想的过程中才能得到发展。因此,发展学生的思想能力必须极为重视思想的过程。一个完整的思想过程一般包括以下五个阶段,即确定思想的对象,引进思想的材料,推动思想的进程,产生思想的成果,最后表达思想的成果。

思维不能静态地呈现,它只有在实践性的动态过程中才能展示和发展。一般说来,思维包括五个要素,即思维的对象、思维的方向、思维的能力、思维的结果和思维的习惯。思维不能空转,它必须指向一个具体的事物,当主体对这事物产生兴趣、产生疑问,也就是说只有当主客体之间产生某种互动关系的时候,主体的思维才可能启动。这个具体的事物就是思维的对象。思维的方向是指主客体之间的精神性的位置关系,它影响着思维结果,决定着思维的价值。主体的思维应该能够穿透、照射和提升客体,揭示客体存在的意义。思维的能力包括思维的速度、广度和深度,也就是主体对存在去蔽和发现的能力。思维的目的正是求得去蔽和发现的结果。没有结果的思维是无意义的徒劳,甚至难以指证它的存在。从教学的角度说,任何思维过程都应当求得一个结果,当然,这个结果不一定是结论,更不一定是定论,只要是它在某种程度上具有对事物的揭示性,就意味着这个思维产生了结果,因而具有思维的价值。思维在本质上是主客交融的过程,在这个过程中最能够展示人的本质特征。良好的思维品质必须形成一种思维习惯,使思维成为主体生命的存在状态和精神渴望。

确定思想的对象是基础的一步,要选准对象,这对象要有思想的价值,暗含着思想的增长点,师生都感兴趣并且有能力把握。引进思想的材料是指引入异质的思想,发表不同的观点。推动思想的进程是尤为关键的一步,要引导学生展开深入的讨论,对各种不同的观点以批判的态度来分析评价,研究各种观点产生的视角、过程及其性质,吸纳其精华,剔除其糟粕,纠正其错误,弥补其不足,在可借鉴之处拓展其内涵。然后就是形成自己的观点,这是一种发现和创造。最后的一步是表达自己的思想成果。夸美纽斯说,任何教学活动都应当生成结果,思想的过程更应如此。表达可以以口头或书面的形式,要重视交流和修正。在这个过程中,应着力寻找支持自己观点的根据,阐发观点和材料之间的逻辑关系,使自己的思想臻于完善并且富于价值。

第三,持续的动力。思想是一种艰苦的脑力劳动,需要提供持续的动力支持。思想的动力来源于不同思想不断深入的对话。语文教学的精神实质就是一场由多方参与的对话过程。各方都在发出自己的声音。各方对话的“媒介”是教材,目标是主体与世界的对话,而终极目标则指向学生主体性的建构。各种不同的思想渐次参与进来,互相碰撞,互相推进,互相生发,像不同的水流汇聚在一起,共同形成汹涌澎湃的思想长河。

语文教学的“对话”就是作为学习主体的学生和作为客体的学习材料交流、碰撞从而在主体内部产生出新的意义的过程。“对话”使语文学习真正成为言语的实践活动。语文对话有多个参与者:教师、学生、课文、教材编写者以及潜藏在这个因素背后的自然、社会和人生。从根本上说,对话就是学生和整个世界的对话,课文是对话的凭借,教师是对话的桥梁。其中学生的自我对话最富有建设意义,这是一种反思性对话,是个体对自身内在经验和外在世界的反思。在反思、咀嚼、回味中,个体认识世界、认识自我,从而确认存在、生成意义。在本质上,一切对话都不指向对话本身,也不指向他人或外部世界,而指向对话者自身。

要进行对话,首先要有吸引学生的话题。生命的参与是对话的必要条件,也是动力的源泉。话语来源于生活,来源于真实新鲜的材料,来源于心灵深处的颤动。对话要特别重视学生的感悟。学生作为对话者,一切只有融入学生的视野,渗入学生的思维活动,意义才能真正生成。意义既不可能被灌输,也不可能被接受。教师头脑中的意义,课文中的意义,不可能移植、粘贴到学生的头脑中去,只有通过学生的体验、感悟等一系列的思维活动,意义才可能诞生。感悟是精神生命在对话中碰撞出来的火花,是学生全身心投入的结果,是与他的"自我"反复对话的结果。对话教学特别注重通过读和写,通过讨论和研究而有所自得。语文课堂上的话语的主动权一般来说是掌握在教师手里,所以教师的态度是营造课堂气氛的关键。他必须是亲切的而不是严厉的,是善于倾听的而不是唯我独尊的,是巧妙设疑的而不是僵化的。教师必须是一位打开学生心灵之门的对话高手。语文教师正是在和学生一道不畏艰难险阻的精神攀登中获得快乐的。

第四节　大学语文素养养成的特征

一、语文素养目标的阶段性和适应性

任何事物的发展都既有连贯性又有阶段性,人的认知能力的发展也是如此。皮亚杰认为,随着儿童年龄的增长,其认知发展将发生本质性的变化,表现为不同的认知图式。每一种新的图式的出现,都标志着儿童认知发展进入一个新的阶段。塞尔曼提出的关于观点采择能力发展的模式更能说明这个问题。学生的言语能力、感知能力、记忆能力、解决问题的能力、社会认知能力和自我认知的能力的发展,都呈现出明显的阶段性变化。

语文素养目标的确定应适合学生认知发展的各阶段的水平,这就像播种要适时一样。某一个目标提出的过早,越过了学生认知水平,学生经过努力还达不到目标,就会增加学生学习的心理负担,压抑思维的热情,挫伤学习的积极性,结果劳而无功,师生两怨。而如果某一个目标的提出落后于学生的认知阶段水平,教育的效率会大为降低。因为人才的成长是遵照天资递减律的。儿童的天资,即生理条件,其潜在能力是随年龄的增长而递减的。这就是说,年龄小的时候,生理条件的作用大;年龄大了,这种作用就逐渐减少,甚至减至零。教育从本质说就是充分利用生理条件,大力开发天资潜能,在实践中将潜能发展成一种智慧。

大学语文素养的标准只能根据大学生的心理思维特点和专业学习的要求来制定。大学生感情丰富,喜欢独立思考,感性思维和理性思维都已经成熟。他们对学科知识有了相当的积累,生活交往能力比较强,创造的精神和能力已经初步养成。大学语文学习不仅是一门功课,还是为将来工作培养一种技能,甚至于为一生的生活质量准备一种涵养。因此,大学语文学习的目标多元而且崇高。

在口语交际能力方面,能够平等自如地跟不同职业不同阶层的人群深入交流,能够准确地了解对方的意见,清晰地表达自己的看法。善于劝说别人,用语言的力量组织人们一起工作。大学生应加大阅读量,增加积累,扩大文化视野,培养思想的逻辑性,掌握探究的方法,养成探究的习惯。在感情态度和价值观方面,高中阶段培养学生关心社会、思考人生、热爱生活,对各种文化现象能做出自己的价值判断及正确选择的热情和能力。大学则要在这个基础上培育成熟创造精神和创造能力,从而能够担当起自己的社会责任,自觉追求公平正义和文明进步,同时实现自己的人生价值。具体教学环节中语文素养目标的确定和实施,重要的是结合教材,抓住教育时机。结合教材要敏锐地捕捉、发掘教材中潜在的语文素养的目标因素。抓住教育时机要密切关注学生的心理需求。

二、方法的实践性和综合性

实践第一的观点是马克思主义哲学的基本观点。知识是从实践中来的,知识也唯有在实践运用中才能转化为能力,发挥它的作用。离开了实践,既不可能产生新的知识,连已有的知识也会成为一种漂亮而无用的装饰。因此,我们不可能仅仅依靠定理和原则来培养学生的语文素养,语文教学中的叮咛和告诫往往是无效的。应该在思维活动中发展思维,在情感活动中培养感情,在语言运用中锻炼言语能力。

语文素养又是一个多种因素构成的系统,各种因素密切联系,相互作用。任何一个因素都不可能孤立存在,也不可能独立前行。它们之间的这种制约关系决定了发展语文素养方法的综合性,这种综合是广泛的,既指语文素养内部各要素的结合,也指课堂内外的结合,还包括语文学科跟其他相关学科以及广泛的社会生活的结合。

大学语文学习要给学生提供事实(生活事实和言语事实),形成问题(语文活动的目标),说明方法(讨论、协商、交流),指导运用(生成学习成果),教师要善于采取实践性和综合性的教学形式,让学生参与其中,心感身受,做到语文的成长与人的成长同步。

三、途径的自主性和内发性

学生是学习的主体。这包含三层意思:一是学生都有好奇心,而且这种好奇心可以培养成求知的愿望。二是人都具有认知的潜能,而且这种潜能可以通过合适的教育方式加以开发利用。三是学生终究是要成长起来的,这种成长不仅仅指生理意义上的成长,更侧重于心理意义上的成长。这就是说,学生的主体性既为教育提供了可能和动力,也是教育的最高目标。它既是起点又是归宿。

马克思主义哲学认为,事物发展变化的动力在于事物内部矛盾的运动。内因是变化的根据,外因是变化的条件。毛泽东曾说过,人的正确思想只能从社会实践中来,它是人的大脑对客观事物内在规律的正确的反映。如果在教育中能够特别注意知识的根芽,即悟性,这种根芽不久就会把它的生命力输送给树干,即输送给记忆,最后输送给花儿和果实。意义唯有在主体的内部产生,不大可能由外部强加给主体。

人有发展的极大可能性,关键在于使人得到发展的机会与动力。首要的是吸引和鼓励,以此唤起学生求知的志愿。其次是给学生提供合适的阅读材料。教师应根据学生的兴趣和现实的需要,选择一些新鲜有趣、有价值的阅读材料供给学生,调动阅读的兴致,扩大阅读量。鼓励学生写读书笔记,凡读书时,皆做笔记。读书时的灵感式的随想,是智慧的火花,随手收拾起来,即可积攒为才华。多做读书笔记是语文学习的有效途径。以多种形式展览交流学习成果。语文学习的各种成果应及时展览和交流,以鼓舞学生的自信,激发学习的热情。结合阅读和生活,经常提出一些问题让学生思考,组织讨论,并提供必要的帮助,鼓励学生把思考的成果及时表达出来。

第六章　大学语文教育生态化教学设计思路

第一节　大学语文教育的生态失衡

一、语文教育生态系统中的失衡

(一)大学语文教育内容与中小学存在脱节

作为不同阶段的母语教育,大学语文教育内容应该与中小学形成一个完整渐进的链条,但在实际情况中并非如此。中小学仍然会在教学内容上花大力气"使学生掌握口语、书面语交际的规范和基本能力",而以大学语文为主的母语高等教育目前普遍比较重视人文性,强调文学欣赏和熏陶,二者本是各有偏重,各司其职的,但任何一种语言的学习都必须是连贯渐进的,过程中可能也应该会出现一定的重复和巩固。就目前的教学实际来看,我国的语文高等教育与基础教育之间在汉语知识,特别是语法知识上并没有形成连贯的系统教学,对语文能力也没有连续的训练,新旧知识没有联系起来。

(二)大学语文教育资源与中小学重复较多

教育资源在大学语文和中小学的衔接问题,集中体现在语文教材上。在基础教育中,语文教材较为规范,有统一的课标,教材版本也相对少而精,选文经过反复推敲,紧扣学生年龄特征和教学大纲。但高等教育中的语文教材版本多样,水平参差不齐,与中小学教材衔接不多,要么选文重复过多,要么完全脱节。

当然,经典作品是值得反复研读的,需要学生在不同阶段读出不同的韵味。但是就目前现状而言,经典作品的重复编排大多未能注意体现不同阶段的特点。同一部作品的不同部分,同一个作者的不同作品,也没有按照学生学习的心理规律加以编排,有的大学语文教材选文和配套练习题比中学习题还浅显。这种现象很容易让学生产生厌学心理,"高四语文"帽子一扣,认为语文学来学去就是这样了,扼杀了学生终身学习母语的动力。

(三)大学语文教育关系与中小学彼此割裂

中小学语文教师与大学语文教师,共同构成了语文教育系统的教师这个生态因子。在教育关系中,教师与教师之间应该有互相尊重、合作共享的状态,但在中小学语文教师和大学语文教师之间存在关系割裂的现象。在基础教育中,教师力量较为充足和稳定,职业认同感较强,理论知识也许不足,但对基础教育的教学规律有深刻理解和长期实践。而在高等教育中,专职的大学语文教师流动大数量少,在职称晋升和科研待遇等各方面还存在不少问题,职业认同感不强。

基础教育和高等教育的师资力量不仅差异大，二者之间的交流更是几乎完全缺失。目前中小学教师到大学进修和培训已经比较普遍，虽然切实提高了理论水平和教学能力，但都仅限于对基础教育领域的学习和研讨，并没有与高等教育有实质性的接触。而大学教师则仍处于高高在上的地位，除去一些专门研究基础教育的教师会主动到中小学调研外，大学教师基本不会与基础教育有任何联系。访谈中的几位大学语文教师均表示平时不会刻意关心中小学语文的信息，只有两位教师会偶尔看看高考语文题目。教师之间的不沟通，造成了学生学习的不畅通。大学语文教师根本不知道中小学教了什么、缺了什么、需要深化什么，当然也就无从谈起"衔接"二字。

（四）大学语文教育过程与中小学差异过大

不同阶段的教育过程应该是有所区别的，但相对于母语教育属性来说，语文教育还是应该有一定的共通性，便于学生把握学习方式和进度。特别是大学语文一般开在大一上学期，学生处于从基础教育向高等教育过渡的阶段，对于教育过程的差异可能就更为敏感。

在基础教育中，语文课一直处于核心的地位，课时多，管理规范，教师的教学模式相对固定，对课文的解读也较为详细，有配套的思考练习，学生在教师的引导下进行预习与复习，教与学的节奏都比较快。而在高等教育中，大学语文课程一直处于比较边缘的位置，有的是必修科目，有的则是选修。课时少，课堂管理松散，不同教师的教学方式也多样化，对作品的解读强调多角度，学生需要自己进行课外的练习巩固，这种教学方式的差异在一定程度上是应该存在的，但由于差异过大，且多数学生在进大学的时候就要面临差异调整，因而显得适应上有困难。

二、在高等教育系统中的失衡

（一）大学语文教育的"花盆效应"明显

花盆效应是生态学上对"局部生境效应"的另一个称呼——花盆是一种局部生态环境。这种半人工、半自然的环境有很大的空间局限性，但因为可以创造出非常适宜的环境条件，在某个时段某种程度上呈现出花卉的较好状态。但花盆也会降低花卉的生态位、缩小生态幅，减弱对生态因子的适应阈值。也就是说其竞争力和适应力，以及自我调节功能都会减弱并最终消失。

目前我们的大学语文教育就是这样一个花盆，不管外面怎么风云变幻，都始终是在一个相对封闭的时空中进行，即没有注意增加学生的实践锻炼机会，例如引入更多的社会现实因素，学到的语文知识、文学鉴赏除了写答卷，用于自己的生活，在如何适应社会这个问题中，理论与实践始终是两张皮。于是，出现了新闻中高分考入公务员队伍的大学生，却连基本的通知都写不好。

更值得警惕的是，"花盆效应"在一定程度上破坏实践和创新精神，滋生出肤浅、盲从、狭隘、僵化和封闭。目前网络上出现的"喷子"、网络暴力，与我们的教育"花盆效应"多多少少是有一定因果关系的。出现"花盆效应"主要原因有三点：

一是教师的过多介入，以教师为主的教学方式在大学语文教育中非常明显，这也造成了大学语文课上基本都是老师讲学生听,考试前老师划重点,或者让学生直接交复制粘贴的文章即可。教师的过多介入就像是给花盆施肥、浇水太多一样,花卉在人工助力下快速生长,一旦放入大自然则立刻失去生命力。学生在老师的强势主导下失去了自我思考、辨别、提升的机会,自主学习成为一纸空文。

二是学生长期的依赖思想。除了教师介入失当外,学生在学习过程中依赖老师、依赖课本、依赖课堂的现象也真实存在。经过中小学的高压,学生习惯于老师说怎么学就怎么学,教材写学什么就学什么。但大学语文教育与中小学在性质上有很大的不同,需要学生更多根据自身特点安排时间、节奏和内容,老师和课堂仅仅是引路,剩下的还需要自己去走,多数学生不能意识到这一点,仍然依赖于花盆的人工培养,无法自己确定学习目标,没有了鞭策监督不再预习与复习,不会主动去发现和解决问题,学习效果当然大打折扣。

第三是教学环境的封闭。大学虽然是个相对封闭的地方,但诸如微商、电商等各类商业因素入驻、勤工俭学渠道不断丰富、校园以更开放的姿态展现,都让大学相比以前已经有了更多的社会化倾向。有学生就调侃:大学是个"小社会"。在这样的大背景下,我们的大学语文教育还在因循守旧,教材选文都偏老化,教学手段单一,评价方式固定等现象普遍存在。大学生一面已经在网络冲击下,在脱离父母管束的前提下,开始直接感知真实的社会;一面又被关在教室里,听老师讲知识、背诵、答题、做作业、考试,重复中学式的闭合小循环,这样的结果一部分学生会排斥大学语文放弃学习,另一部分学生虽然会习惯于这样的封闭,反而在进入社会之后无所适从。

(二)大学语文教育的师生关系失位

构成教育生态系统的生态因子之间应该是平等的、和谐的,其中关键的是师生之间、生生之间平等,是这种生态系统存在的前提。生态教育所追求的,应该是师生生命的充盈与完整,即师生人格的完整、个性的发展和情感与兴趣的满足。而对于大学语文中的师生关系,应该是两个平等的生态因子在很大程度上处于各自失位的状态。

教师处在一个与学生因素和环境因素构成的复杂网状关系中,特别是在高等教育阶段,教师的职责不再是以知识传授为主,而应该越来越多去成为一位引导者、咨询师、陪伴者,以及一位交换意见的参加者。大学语文教育应该更致力于发现和创设更有效果的和有创造性的教学活动:互相影响、讨论分辨、引导了解、积极鼓舞等等。但事实上,我们的大学语文教师更习惯扮演知识灌输者的角色。高等教育的课堂,特别是基础教育课堂由于存在诸多因素,不是那么好把控,为了控制课堂,对教师来说似乎"我讲您听"的讲座式教学也更为简便。

(三)大学语文教育的生态功能失调

功能平衡是生态系统整体和谐发展的重要方面,但随着市场经济快速发展带来的功利化,高等教育的育人功能存在严重失调的情况。受传统发展观和功利取向的影响,大学语文也过分强调经济功能,片面强调工具性,忽略了教育的根本目的是促进人的全面发展,忽略了大学语文的文化传承和引导功能。语文教学作为一个客体对主体(社会与人)需要的满足。

（四）大学语文教育的生态环境恶劣

高等教育的生态环境，是以高等教育为中心，对高等教育的产生、存在、发展起着制约与调控作用的 N 维空间和多元的环境系统。

大学语文一般都是合班上课，有的甚至跨专业、跨系别合班上课。一门大学语文课通常学生人数都在五十人以上，还有不少已经超过百人。在大教室上大课，人数众多，专业分散，教师根本无从谈起对学生个体生命价值的关注，这是大学语文教育生态环境中最显性的状态。

三、大学语文教育的生态失衡分析

（一）大学语文教育的长期边缘化

高等教育是复杂的生态系统，每门课程的开课、比重、时长等问题，都源于对课程在整个网状结构中处于什么位置来进行权衡。大学语文到底在高等教育这个生态系统中处于什么样的生态位？是主流还是边缘？是基本配置还是可有可无的选择？这些问题在近年来经常困扰着教育管理者、教师和学生。这种徘徊，有其历史的原因。

母语是一种延续终身的教育，在不同人生阶段中母语教育都占有很重要的位置。学子在母语中觉醒，在母语中感动，在母语中陶醉，在母语中生长并成人，这就是各国母语教育共同的价值追求。因此，靠几年或十几年的时间完成全部母语学习的想法是不切实际的，把会读书写字当作母语教育的终点更是不可取的，不论是教育管理者还是一线教师，不论是学生还是家长，都要清晰明确母语教育的最终指向，去除功利性。

（二）大学语文教育的日益功利化

在市场经济创造出一个巨大的繁荣的物质世界的时候，功利主义具体表现为人们对物质利益的追求。对国家而言，功利化就是盲目追求经济增长；对集体而言，功利化就是一心追求利益最大化；对个体而言，功利化就是追求获得最多的经济价值，这种追求指向的是物质，本质是利己的，完全忽视了人类的精神需要，"有用性"是功利性价值观的唯一衡量标准。

在管理上，为了提高学生读写能力满足就业需要，对开课比较重视，课时相对较多；在教学内容的选择上，侧重于对学生语言表达能力的训练，期望语文能解决学生的语言交际能力，以适应社会需要；在教学评价的方式上，要么是如高考试卷一样的闭卷考试，要么是交一篇东拼西凑的论文了事。而对综合院校而言，语文并不能直接促进就业率，对管理者来说就成了可有可无的课程，高校领导层对语文的不重视，直接造成了大学语文课时的逐渐减少。

在学生方面，语文从小学到大学，似乎会读会写就已经是完成了语文学习，不论是考研、公务员考试还是就业，语文都没有实际明显的直接作用。因此，大部分学生都将时间和精力用在了英语、计算机等实用性较强，各个地方都要考的课程上。语文成了鸡肋，平时不愿意去主动学习积累，用的时候才知道还不够。

（三）大学讲文教育的理论迷失

大学语文"危机"和"边缘化"，除了外部生态环境的恶劣外，还有内部理论上的自我迷失状态二元对立的思维方式强调的是非此即彼，语文教育的课程性质争论长期处于这样的思维方式中，似乎非要去争个你死我活，你少我多。语文教育无论具有多少功能，但万变不离其宗，其根本前提是学生必须能够正确理解和运用母语文字。因此，不论是基础教育还是高等教育，首先都应该致力于学生语文能力的不断提高，掌握好自己的母语工具，其次才是对学生的文学熏陶，促进语文素养的形成与发展。

在高等教育阶段，课程更多样，人文教育可以体现在各种文化课程中。只强调价值观教育，那么思想政治理论课更适合；只强调审美教育，那么艺术鉴赏课更有利；只强调文化传承，那么历史文化课更系统，因此目前教学实践中过于宽泛而飘忽不定的"人文"课程理念，让大学语文多了一些其他学科的属性，却少了一些自我的特质，反而似乎时时可以被其他课程替代。

其实中国的和谐人文精神从生态学理论来说，涵盖了精神生活的各个方面：一是人与自然的关系，二是人与人之间的关系而形成的社会关系，三是人与自身的关系。和谐人文精神倡导的是关爱生命，突出生命伦理的基础性；勇于担当，提升生命伦理的根本性；家国一体，注重生命伦理的社会性；博采众长，增强生命伦理的融合性；与时俱进，实现生命伦理的创新性。

第二节　大学语文教育的生态学探究

一、大学语文教育的生态学内涵

（一）大学语文教育的生态哲学观

生态危机让人类从不可持续发展的价值观转为可持续发展。这是一种"哲学转向"，让"生态化"成为大学教育的新理念。人类既有责任和义务，又有必要和有可能，通过大学教育的作用推动生态文明的发展。

生态哲学扩展到其他领域，就是用生态和整体的眼光看待各种问题，用生态化的思维去思考各种危机。生态哲学思维倡导"用整体、立体、动态的眼光看待生命和事物，弘扬跨学科的研究方法"。

生态系统理念是指，在生态学里，"一切事物与一切事物有关"，也就是一切事物和现象之间都有一种基本的相互联系和相互依赖的关系。生态学理念中，生态的各种因素之间的作用和联系都非常重要，需要足够的重视。

动态平衡理念认为"现实和宇宙在根本上是运动的，结构是一种基本过程的表现形式，而且结构和过程两者最终也是互补关系"。因此，生态哲学强调的是动态的过程而不是静止的状态，把自然看成一个运动的过程"这是生态哲学对现代哲学的一个贡献"。

生态圈理论是生态哲学的基本理论之一，自然界的各要素相互制约，实现生态平衡，促进生态系统的和谐发展。这要求我们有整体观,将大学语文教育看作一个有机整体,其中的每一个要素均具有不可替代的意义,发挥着各自不同的作用,共同实现生态平衡。在一个开放、有序、复杂的生态系统中,大学语文教育的各个生态因子相互作用,缺一不可,共同构成了动态平衡的生态圈,实现教师和学生的平衡发展。

全面和谐发展是生态哲学的又一基本理论。生态学要实现的发展不是某一物种或某一区域的发展,而是全面和谐可持续发展,因此在大学语文教育改革过程中要致力于实现教师与学生的全面发展。教师要实现教学相长,学生要实现自我发展。学生的发展也不是某一类或某个学生的发展,而是全体学生的发展,不是学生个别方面的发展,而是身心等各个方面的全面发展。这就要求大学语文教育必须因地制宜、因材施教,针对不同学生的特点,采取具有针对性的交往策略和手段,促进学生的全面发展。

可持续发展是生态哲学重要的基本原理,要求我们既要考虑当代的发展现状,也要考虑后代人的发展前景,实现人类经济建设与环境的和谐发展。以可持续发展理论审视大学语文教育,即实现教育目标、教育环境、教师和学生的可持续发展。生态学视野下的大学语文教育以促进教师和学生生命的可持续发展为本,关注个体的内在需求,注重生活体验,遵循教育的内在规律,共同创建动态中稳定前行的大学语文教育生态系统。

(二)大学语文教育的生态学解读

1.通识教育与教育生态理念的契合

通识教育也称为普通教育或一般教育,它是大学教育中区别于(或相对于)专业教育的一个概念。通识教育注重更广泛、更深入的有关人文、社会和自然的基本知识的教育、人类文化遗产的传播及其对学生人格的教化作用。用生存哲学和生命哲学的视野来理解教育对于人的心灵、情感和创造的价值,通识教育是最好的教育方式。通识教育不是训练学生某一方面的技能,而是侧重于训练学生的有效思维。从思想上去提高学生表达、判断和鉴别的能力,并以此使学生的感情和理智都得到发展,从而有助于造就全面发展的人。

通识教育并不仅仅是一种课程类型,更不仅仅是一种培养模式。从生态学的角度看,通识教育实际上是一种教育理念,强调能力和心智的培养,专业教育和综合素质教育的均衡发展,人的人文素质与科学素质的和谐发展。这种教育理念本质上体现了生态的整体发展观,大学语文教育应当也可以作为基础课程,承担通识教育中人文的核心功能,这与教育生态理念是完全吻合的。

2.素质教育一种可持续发展的生态教育理念

世界环境与发展委员会(WCED)在《我们共同的未来》中指出:"为达成可持续发展所需的转变,教师扮演着决定性的角色",首次提出了"可持续发展"概念,引起国际社会的广泛注意。此后,国内外的教育家从可持续发展的概念和原则出发,提出了教育的可持续发展思想。

从教育领域来说,可持续发展的教育作为一种追求生态平衡的教育,既要满足当前社会对教育的需求,又要满足未来对教育的要求。那么从教育指向来说,能够实现可持续发展的教育,只能是素质教育斗。

素质教育的核心是以人为本,致力于使学生具有初步的创新精神、实践能力、科学和人文素养以及环境意识;具有适应终身学习的基础知识、基本技能和方法。在生态学理念中,人是自然的人,教育需要尊重人的自然性、习性,也就是尊重生命。因此,素质教育的本质就是回归生命本体的教育,一种可持续发展的生态教育。

要实现教育生态平衡,就必须全面推进素质教育。因为只有实现了教育生态的平衡,才能实现真正意义上的素质教育。对大学语文来说,也必须是素质教育,实现可持续发展的教育,才能实现人的全面发展这一教育目标,才能让大学语文教育既满足当下又着眼未来。

首先,大学语文教育必须遵循可持续发展规律:可持续发展理念要求大学语文教育不仅仅关注教育本身,更要注重与社会、经济、文化等各个方面各个领域的联结协同,只有素质教育能让彼此都达成可持续发展的共识,并共同努力,促进整个社会的可持续发展。

其次,大学语文教育必须瞻前顾后放眼未来。立足当下,追溯历史,是大学语文教育的眼前利益,但可持续发展理念倡导的是着眼长远利益。因此,大学语文教育在教育资源开发、教育环境的营造、教育关系的建立等方面,都要既考虑目前教育呈现出的现状,更注重教育发展的未来方向。这是素质教育的必然发展方向,更是面向教育未来的责任担当。

最后,大学语文教育必须致力于人的可持续发展。可持续发展教育不仅应当关注整体的可持续发展,更应关注系统内每个个体的可持续发展,这是由于人们交互作用的产物——社会的发展就是人的发展和为人的发展,素质教育正是从每个人的需求和特点出发,追求长期的、全面的发展。这种发展既要满足个体眼前的利益需求,又要保证将来的个性完善;既要满足个体的物质利益需求,又要保证精神的圆融满足。

3. 母语教育是大学语文的根本生态属性

母语是一个民族文化的纽带和载体,是一切学习教育的基础,也是人类与社会之间、人与人之间最自然的语言。母语是自然生成的,与自然环境之间有天然的、紧密的联系。母语教育则是一种最自然的基础教育,来自生活,去往生活。

生活就是一种生态,是自然、社会和人结合起来的统一生态。作为自然生态环境下的母语教育,重视教育和生活之间的紧密关系,把教育看作师生的生命自由、自然绽放的活动,是一种没有刻意做作的、率性而行的生态过程。母语教育也是大学语文教育理想的教育模式,体现了一种和谐的教育生态理念。

母语的教育资源无处不在,母语是交际的工具,是表情达意的工具,也是人认识生活,参与生活的工具。

首先,人在进入系统学习之前就已经掌握了一定的母语经验。从出生至入学这段时间内,在家庭和社会文化的熏陶下,有意或无意间掌握了大量的词汇和初步的语言规则。特别是网络时代开放的电子信息,让儿童在入学前对母语的掌握和运用已经具备一定的基础,且有了一定的文化差异,这种基础和差异都是一种自然呈现,更是一种宝贵的语文学习资源。

其次,母语教育的学习过程和日常生活是交融在一起的。人的成长过程,就是母语的学习和使用过程,自然规律与教育规律必须和谐相处,彼此促进,而不是互相阻碍。不论表达、接受和传递怎样的文化教育和从事怎样的生活活动,都离不开母语这一交际工具,母语文化的大环境自始至终伴随着学生的一生。因此,母语文化是在不断发展的,母语教育是在持续进行的。母语教育也只有建立在学生生活经验的基础上,才能激发这门学科的活力,才能激发学生学习这门学科的活力。

4.大语文观是一种普遍联系的生态教育理念

大语文观是指以科学的人文精神为指引,以全面发展的人才为培养目标,从多种角度和途径,全方位立体化学习语文知识,从而实现语文教育目标的思想、观念和方法。

大语文观从本质上看,就是一种教育生态理念。二者共同的哲学基础是,认为教育内容、教育资源和教育环境作为生态因子,是互相联系、相互制约,并动态生成的,大语文观不再将教育资源局限在教材课本中,不再将教育过程框定在学校和课堂上,大语文观重视环境对教育的影响,让教育过程覆盖到生活的方方面面,不孤立看待教育问题。这与生态哲学中的整体观和普遍联系的理念不约而同。

这种契合就要求语文教育要遵循整体性、系统性,具有开放性,尊重生命性,追求生态平衡,体现在教育环境上,就是将整个汉语社会看作语文教育的大课堂,全方位分析环境与人的互动共生关系;体现在教育资源上,就是把生活交际的一切都作为教学文本和实践载体;体现在教育方式上,强调综合性、自主性的对话式教学;体现在教育评价上,就是注重过程性评价,尊重多元化。

在大学语文教育的范畴内,大语文观也是教育生态理念在指导思想上的体现:在观念上,要高;在内容上,要全;在方法上,要变;在范围上,要广。这需要大学语文教育的管理者、实施者和研究者共同去学习、体会、总结和实践。

二、大学语文教育的生态因子

大学语文教育生态系统的生态因子有很多,任何与大学语文教育相关的教师、教室、教材等都是其中之一。而对于大学语文教育的良性生态因子,根据失衡问题的分析,研究认为主要包含教育主体、教育资源、教育过程、教育环境、教育关系和教育规律等。主体、资源和过程侧重于大学语文教育体系内部的建构与完善,环境、关系和规律则指向对大学语文教育有较大影响的因素分析和利用问题。这些生态因子共同构成了大学语文教育的生态系统,共同促进大学语文教育的生态平衡发展而各个生态因子系统的互相制约和共生发展,也是大学语文教育生态系统能达到平衡发展的决定性因素。根据生态因子的不同,大学语文教育生态系统可下分为教育主体系统、教育资源系统和教育环境系统等,任何一个因子系统发展的超前或者滞后,都会直接影响其他因子系统,从而造成大系统的割裂与失衡。

教育生态系统因子中,教育生态主体和教育生态环境是两大不可分割的部分。它们是一个由多种生态因素组成的复杂整体,它们都对教育者和受教育者在教育活动中的认知、情感和行为产生影响,对教育活动进程和效果施加持续的系统干预。

因此,要讨论大学语文教育的良性生态因子,最重要的是考虑"两个主体"和"三个环境":"两个主体"指教育者和受教育者,"三个环境"是指自然社会环境、学校家庭环境、个体内在环境。除此之外还有"两个关系"和"三种规律":"两个关系"指人与人的关系、人与环境的关系,"三种规律"指自然规律、社会规律、教育规律。

（一）大学语文教育生态主体

1.回归教育生态主体的自然性

这里所说的"自然"不等同于古代农业文明中处于被动仅仅敬畏的"自然"，而是生态文明时代里主动生态化的"自然"。也就是尊重人的个体价值，尊重生命本身的意义，顺其自然去引导，使之成为他应该成为的那个人。

首先，这是自然规律的根本要求。马克思在《1844年经济学哲学手稿》里明确指出，人作为自然存在物，而且作为有生命的自然存在物，一方面具有自然力、生命力，是能动的自然存在物；这些力量作为天赋和才能、作为欲望存在于人身上。人是自然界的一部分，追求教育主体生态化的自然，是顺应自然规律的必然选择。这要求大学语文教育重视人的自然属性，不拔苗助长，更不能过多去干涉和破坏人与自然的和谐共存与发展。

其次，这是人和谐发展的真实需要。人本身是由具有自然性的生命要素构成，人的发展与自然规律、自然环境、自然因素息息相关。要达到人的和谐发展，就需要在教育过程中主动发现和把握人的身心发展的自然特点，遵守其自然发展规则，积极寻找人在教育中的生态位置。生态心理学等研究人类身心规律的学科不断发展，为大学语文教育目标的生态自然提供了有利条件，这要求大学语文教育关注情感熏陶，尊重个体生态差异，不人为划定一条分数线。

最后，这是社会发展对教育的时代要求。当前社会主义和谐社会的建设对高素质的生态型人才提出了要求，这种人才的核心特征就是身心和谐，有强烈的生态理念。生态学家徐高龄就曾提出"理性生态人"概念，要求人们在社会生活中，除了成为某一行业的专家外，还应具备与其职业活动及生活方式相关的自觉环境保护意识。

2.实现两个教育生态主体的平等共生

大学语文教育生态系统的主体包括教育者与被教育者。二者的相互共生，是教育生态平衡的关键要素，教育者和被教育者在教育系统中互相依存，相互作用，且能够彼此转换。

首先是教育者的客体化。大学语文的教育者首先也应该是个受教育者，母语的学习是终身的，教育者对语文的学习也应该是伴随一生的。因此，在教育过程中，要求教育主体能主动意识到自己的客体化，并能够在大语文教育体系中接受教育。其次是实现被教育者的主体化。受教育者在教育过程中不能始终处于被动接受状态，而应该成为学习的主体，主动学习。最后，是实现教育者与被教育者的平等化。

大学语文教育关系的三个层次，最低层次是教师主体化，较高层次是学生主体化，最高层次则是师生真正的平等，也就是教师会教，学生会学，师生各自以一种理想能量的互动关系存在，既不失位，也不越位，共同协调、促进大学语文教育的和谐发展，在教育者与被教育者的平衡中，还要求社会给予足够的支持，建构起覆盖全社会的教育网络体系，让教育者和受教育者都有足够的社会资源支撑学习，而不仅限于课堂。

（二）大学语文教育生态环境

1.贯穿生态文明价值观的社会生态环境

经济发展的模式和速度，经济增长方式和利益追求方式都会对教育产生一定的现实影响,大学语文也不例外在市场经济快速发展的背景下,追求物质利益最大化和快速化,让大学语文教育陷入了工具性的漩涡,能说会写成了大学语文最简单直接和有效的功能。对传统历史文化的淡化,快餐式娱乐流行文化的冲击,让大学语文在人文性功能上也产生了异变,深刻性系统式的审美体验被浅表化碎片式的阅读理解所掩盖,功利价值观对大学语文教育则直接产生了负面的影响,弱化了大学语文教育的地位和作用,造成了边缘化的尴尬处境。要实现其对大学语文的积极促进作用,营造贯穿生态文明价值观的社会生态环境,需要社会各界的共同努力。

2.开放自主教学相长的学校生态环境

学校生态包括了学校以学风为代表的学习氛围,以教风为代表的教学氛围,以校园文化为代表的文化氛围。因此,大学语文教育需要营造一种开放自主、以学生为本的生态环境,让学生自己把握学习的主动性;同时也需要营造一种教学相长、专心从教的生态环境,让教师在教学中展现价值,而不仅仅是传授知识的工具;此外还需要营造一种学校开放包容、自由文明的生态环境,转变象牙塔自我封闭的办学模式,从教育管理理念上树立起大语文观,与学生家庭、其他高校、中小学等社会各界形成整体效应。

3.氛围融洽重视母语的家庭生态环境

家庭教育是大学语文的重要教育资源,父母亲人也是大学语文重要的教育者之一,潜移默化地发挥着或正或反的作用。作为母语教育,大学语文教育比其他学科更容易受到家庭因素的影响。家庭生活是大学生日常生活的重要部分,家庭在母语的学习和使用中占有不可替代的独特位置,因此也成为大学语文教育重要的教育资源和实践平台。一个良好的家庭文化氛围,能有效促进大学语文教育的实际效果。而作为人际关系中的重要部分,父母亲人的语文素养、教育理念和学习方法,对大学生也有着润物细无声的潜在影响。有效的大学语文教育,应充分肯定和利用家庭对大学生良好语文素养形成的积极因素,让学校、家庭和社会在密切结合和相互促进中推动大学语文教育的发展。

4.健康稳定积极向上的个体内在环境

个体内在环境指的是受教育者个体内在的身体、心理因素,身体因素是比较容易理解的,健康的身体是学习的基础条件。而同样的,心理因素也是学习中有较大变量的生态条件。越来越多的人开始认识到健康的重要性,积极锻炼打好身体基础,是有效学习的先决条件和必要条件,对大学语文而言亦是如此。而心理因素就较为复杂,需求、愿望、情感、认知、信念等都是。因此,大学语文教育在个体受教育者身上到底实效如何,兴趣、意志、性格和习惯都会起到一定的左右作用。

(三)大学语文教育生态关系

1.人与人的和谐关系

第一是平等和谐的师生关系。在生态系统中,师生关系不是教育者与被教育者之间的固定模式,而是可以互相转化的。在终身母语教育中,老师既是教育者也是受教育者。作为独立的生命个体,师生之间也应该是平等的。但目前大学语文教育的现状是,受到传统教育体制的支配、服从模式的惯性影响,教师仍然处于霸权控制的位置,学生处于被动接受的位置,且带有高等教育阶段较为突出的师生关系疏离问题。因此,在大学语文教育生态系统中,最首要最关键的就是师生关系,使之平等、协调、合作、对话、互相促进、彼此交融。

第二是融洽和谐的亲情关系。前面谈到作为人际关系中的重要部分,父母亲人的语文素养、教育理念和学习方法,对学生有着润物细无声的潜在影响。这一点在幼儿教育中研究和实践中已经得到了验证,但在高等教育阶段却没有引起足够重视。教育从来都不仅仅是学校和老师的责任,也是社会和家庭的义务。作为最重要的交际工具,母语在父母亲人与学生个体的交流中起着举足轻重的作用,从而也对大学语文教育的外在系统起作用。一个不重视语文教育并很少与孩子讨论语文素养、文化传承、审美体验的父母,带给孩子学习语文的兴趣和态度都会是负面的。而目前功利价值观影响了不少在职场打拼的父母亲人,也同时将例如"学英语才有用""中小学都学了语文就够了""会读会写就是学好了语文"这样的观念传递给了学生。重视大学语文教育中的亲情关系,将其纳入教育系统中,并着力发挥其正面引导作用,是研究者和实践者都应该引起注意的课题。

第三是合作和谐的生生关系。作为独立的生命体,学生在教育生态系统中也与其他个体之间有着相互影响的密切联系。在课堂上学生之间的关系比任何其他因素对学生学习的成绩、社会化和发展的影响都更强有力,但课堂上同伴相互作用的重要性往往被忽视。但这种生生关系长期以来并不为大家所重视。教师虽然向许多学生同样施教而每个学生各以自己独特的方式去掌握。学生与学生之间并无分工合作,彼此不承担何责任,无必然的依存关系。这样的情况在大学语文教育中随处可见。因此,在大学语文教育中,需要更多组织和调动学生之间的合作精神,促进学生之间情感的交融、思维的碰撞。

第四是团结和谐的师师关系。和生生关系同理,教师与教师之间的关系也是有一定影响的。教师个体之间的社会责任、社会权利和社会地位都是平等的,因此平等互尊是最重要的交际原则。这要求教师之间应该互相尊重、互相欣赏,在学生面前自觉维护其他教师的权威,给予其他教师的教学思想、方法和劳动成果足够的尊重。同时自觉营造好团结协作的氛围,让教师之间存在的意见分歧,通过交流对话的方式加以解决。一个积极向上、团结协作、理论联系实际的大学语文教师团队,对教师自身素养的提高、教育理念的提升、教学水平的加强都是有积极促进作用的。反之,单兵作战或同事对大学语文教育的认同感非常低,教师的教育热情会很快被浇灭。而且值得注意的是,教师处理同事关系的行为为学生与同伴群体、成人交往提供了参照,是学生学习语文的学校生活环境,学生往往会将教师之间的交往行为与语文教师传递的人际关系处理理念相印证。

2. 人与环境的和谐关系

大学语文教育的生态环境在前文中已经讨论过,不管是教育者还是受教育者,与社会、家庭学校以及个体内部环境之间都存在着各种复杂的关系。普遍联系,这是生态哲学的重要观点,也是对大学语文教育优化的重要启示。这些复杂的关系包括范围非常广泛,例如从宏观来看,教师与政治、社会、经济背景之间的关系,学生与社会道德水平之间的关系,以及师生与高等教育发展之间的关系;从微观来看,师生与教材、课堂的关系,与网络社会媒体交流之间的关系,等等。环境是个复杂的多面体,因此人与环境之间的关系优化也是一个复杂的多元体系。这要求我们尽可能全面去考察大学语文教育面临的各种环境要素,去分析各个要素对个体的正反作用,并对其权重有所判定在具体的教学实践中能够全面、系统、动态地去看待每个要素,并着力于发挥其正面作用,抑制和规避其反面作用,这对大学语文教育效果也是非常重要的。

每一种生态关系都存在紊乱和协调、互补和对冲等状态。对生态关系的优化，就是让生态关系处于相对整体协调、互补共生的状态，尽量避免紊乱和对冲相克。大学语文的良性教育生态关系就是人与社会、学校、家庭之间的和谐共处，以及人与自身个体内在环境的和谐统一。

（四）大学语文教育生态规律

1. 关注生命价值的自然生态规律

任何一种生态规律的提出都是以生态哲学为基础的，而尊重自然性是生态观的重要观点。因此，生态系统首要的还是遵守自然生态规律，尊重人与事物的自然性。教育不例外，语文教育更不例外。从大学语文教育领域来说，首先就是树立自然生命观，让人回归自然生命体的本性，关注生命价值，并用自然的眼光去认识和理解自然界的事物。

2. 关注母语交际的社会生态规律

社会生态规律是指人类生态系统或社会生态系统的运动规律，是主导人类生态运动过程的规律。人类生态系统与纯粹的自然生态系统不同的是，以人及其社会组织为主体，沿着维持人的生命存在和社会繁荣的方向来运行。因此，可以说社会生态规律既包含了自然生态规律，又因为有人为的介入和目标，比自然生态规律具有更复杂的形式、内容和特点。而在我们的社会现实当中，母语交际贯穿了社会发展的各个环节。因此在大学语文的良性生态因子中，需要我们尽可能去认识和理解与之相关的社会生态规律，融入大学语文教育过程中来，特别是重视母语交际的社会生态规律，在母语历史文化沉淀、语言的发展规律等方面需要更多地结合交叉和统筹思考。

3. 把握语文本质的教育生态规律

规律其实就是一种关系，但不是任何一种关系都是规律，各种关系当中最本质的关系才是规律。教育中的关系非常多，教育者与被教育者、教育者之间、被教育者之间、教育主体与环境之间、教育方法与教育评价之间，等等。这些关系当中，最本质的必然的关系，就是教育规律，在众多纷繁复杂的教育现象中，如何去梳理总结归纳其本质联系，辨别、发现和把握教育规律，是大学语文教育生态系统需要重视的地方。

教育生态规律有很多，在大学语文教育生态系统中，我们讨论其中较为常见和重要的三个：耐性规律、限制因子、富集。

首先是耐性规律。这个规律指的是生物的存在与繁殖，要依赖于某种综合环境因子的存在，只要其中一项因子的量（或质）不足或过多，超过了某种生物的耐性限度，该物种就不能生存或者灭绝。在大学语文教育中，教育者和受教育者的比例不合理，学生人数过多，则会直接影响个体教育效果。

教育者在教育过程中如果忽视了受教育者的接受程度，过快过慢都会影响受教育者的学习兴趣和态度。这个规律需要我们研究教育生态因子的耐受度，并让各个因子在正常的耐受度范围内发挥更大的作用。

其次是限制因子。在教育生态系统中，临近或者超过耐性限度的生态因子，就成为该教育生态系统的限制因子。限制因子的存在制约教育系统的正常运动和发展，需要我们不断去发现和优化。教育生态系统中的限制因子是多种多样的,例如学生人数过多、专业教师过少,都是大学语文教育显性的限制因子。从影响大学语文的要素上看可以分为自然的限制因子、社会的限制因子、精神的限制因子等,要看到这些限制因子的客观限制性,足够重视、理性分析,排除限制作用和影响。

最后是富集规律。教育生态系统中的物质流、能量流、人才流、信息流等高度集中,造成富集现象。教育生态系统中的富集现象一方面可以促进教育生态系统的发展,对整个生态系统的优化起作用。但另一方面,在一定时间和空间的前提下,如果个别富集度过高,也会产生不平衡,对生态系统的优化起到反作用。例如大学语文教育中,课程地位和教育资源没有较大改善的前提下将师资力量快速增强,教师学历层次提高到博士,职称提升到教授,失去了良性竞争共同进步的空间,反而会制约整个教师队伍的健康发展。这就需要我们关注教育富集现象,避免其反作用。

以生命关怀为出发点和落脚点,重视各类生态环境的影响,关注各种复杂的语文关系,尊重各种生态规律的大学语文教育,可称之为生态的大学语文教育。因此,大学语文的良性生态因子包括体现自然性、追求平等共生的教育生态主体;贯穿生态文明价值观的社会生态环境、开放自主教学相长的学校生态环境、氛围融洽重视母语的家庭生态环境、健康稳定积极向上的个体内在环境;和谐的人与人之间关系、人与环境之间关系;关注生命价值的自然生态规律、关注母语交际的社会生态规律、把握语文本质的教育生态规律。

三、大学语文教育的生态特征

(一)大学语文教育的整体有序性

生态系统的整体性观点是生态哲学的基本观点。大卫·格里芬的有机整体论指出世界是一个网络,整体与部分、部分与部分之间相互包含。生态系统的整体性主要表现在其和谐、有序性且动态。那么,相应的大学语文教育生态系统也有和谐、有序和流动的特点。大学语文教育受到社会、文化、经济的环境影响,彼此适应互相统一。大学语文教育内部的各个生态因子,教师、学生、教材、教学法也是互相联系,彼此作用的。在大学语文教育的系统内部,还有多个子系统,这些子系统有自己的位置和秩序,但同时不管是生态因子还是子系统都是不断在变化中动态的。这种和谐、有序和动态共同构成了大学语文教育生态的整体性特征。

(二)大学语文教育的普遍关联性

生态系统的每一个环节都不是孤立存在的,必然与其他的环节互相关联,牵一发则动全身。因而,大学语文教育生态系统内部的每一个生态因子都是普遍联系、相互作用的,不可分割来看。每个生态因子的变化,都不可避免会引起其他因子的变化,因此各因子之间需要互相约束共生,协调发展。

同时,生态因子与外部环境之间也是有联系的,大学语文教育与自然环境、社会文化、政治背景、科学发展等因素都是有着密切关系的,绝不能单单从大学语文的视角来看大学语文的问题和出路,必须结合起来研究。了解这一点,对我们全面把握大学语文教育的问题,建构优化的实施策略有着重要的意义。

(三)大学语文教育的过程共生性

大学语文教育生态系统具有协调共生的特性,而且这种共生是在系统中的生态因子互动的过程中产生的,包括的是系统内部的教育主体之间、教育主体与教育环境之间,以及大学语文教育生态系统与其他学科教育生态系统之间的共生和竞争。这种共生和竞争都应该是不断在运动变化的,没有永远的朋友,也没有永远的敌人,一切都在过程中。

从这个意义上说,大学语文教育的生态因子之间是平等的,生态因子之间、生态子系统之间是可以正当、合理、良性竞争的,在过程中的协调共生才能促进大学语文教育的全面、健康、可持续发展。

(四)大学语文教育的动态平衡性

生态系统的动态平衡,强调的是人与自然、人与社会、人与人的和谐共生。指的是在某一个时空范围内,生态系统的结构、物质和能量的流动都处于一种相对稳定的状态,但这种稳定不是绝对的静止,而是处于相互适应与协调的动态之中。

因此,动态平衡规律同时具有动态和平衡的特性,也就是说从长期来看是具有绝对动态性的,但在某个时期内需要保持相对静态的平衡稳定性,在大学语文教育生态系统领域,就要求大学语文教育生态系统在一定的时空范围内,在具体的条件背景下结构、物质和能量的流动都处于一种相对稳定的状态,教育因子变化太多太频繁会让师生无所适从。但同时又要保持流动性,防止停滞不前,在不断适应和协调流动中去动态地实现系统的综合平衡。

(五)大学语文教育的自然生命性

生态哲学的观点是建立在尊重自然基础上的,自然规律必须遵循,人的自然性也必须遵从。这就让教育生态系统和其他自然生态系统一样,具有了强烈的自然属性。

不同年龄阶段的人对教育的需求和理解是不同的,即使是同一年龄的人对教育的接受度也是不一样的。所以教育并不是要让所有人都成为一种类型,而是需要顺其自然又因势利导,使其成为自己应成为的那个人,保持对生命个体的尊重。

因此,大学语文教育系统的自然生命性,就是系统在自然生态中的本原状态,以及生命至上的教育观。各生态因子都有其自然性,回归自然本质,把握和遵循自然界的各种规律。同时,又在系统中尊重每个生命体的存在价值,让教育者和受教育者都回归生命体的本质。只有这样,才能让大学语文教育生态系统符合生态哲学,实现真正的和谐。

(六)大学语文教育的主观能动性

和自然生态系统不同的是,教育生态系统与人的生命息息相关。人又是有意识的存在物和社会存在物,具有智慧,能主动认识和改造世界,主体主动性在这里达到了高级的形式,人类正是站在他所在的生态系统的最高控制点。因此,大学语文教育生态系统是人类可以控制的社会生态系统。人是系统中的主体,系统中的其他因子都可以通过人类的各种主观努力去建构、改善和调控。

分析和把握大学语文的生态特征,对于我们更准确去探寻大学语文在生态学视域下历史、现状和发展的方向,有一定的促进作用。这几个特征之间本身有一定的交叉融合,因此也不能去孤立看待,整体性仍然是最基本的特征。这就需要我们积极地探索和把握基本的生态规律,并在不违背其基本生态规律的前提下,主动去协调、优化大学语文教育生态系统的各种生态因子,以实现各因子的位置的最优化、功能的最大化、互动的和谐化,最终去实现大学语文教育生态的综合平衡。

第三节　大学语文教育的生态课程建构

一、大学语文教育的课程定位

(一)确立多维目标

生态课程观要求课程最终目标是为使学生能够与自然、社会和谐共处,并从中汲取力量、获得智慧进而使身心得到和谐发展。这种发展是系统全面的,不能简单理解为提高语文表达能力或人文素养。大学语文课程的功能是综合性的,不仅通过学习知识课本提高大学生人文素养,而且与德育、体育、美育相互促进,共同完成对学生进行全面发展教育的任务。因此,大学语文作为一种素质教育,应具有更强的多维综合性,发挥语文教育对学生语言修养、文学修养、文化素养、人格品质、思维创新等方面的多种教育功能。

具体说来,大学语文的目标应该首先是培养健全的人格,着眼于人的生存和发展本身,思考人的生命价值,获得自我完善、自由发展、平衡和谐的生存智慧;其次是要提升审美水平,引导学生通过自己的思考去提高美和丑、崇高和卑劣、优雅和粗俗的感知力和辨别力;再次是培育情感,唤醒学生丰富、自由、敏锐的心灵,去关爱生命、关爱他人、关爱世界上一切美好的事物;最后是培养独立思维,在丰富的语文教学资源中引导学生自觉、自主去关注和思考世界上的一致性和差异性、理性和非理性。

这些目标看似复杂多样,但其内在是辩证统一的,在教学活动中是无法完全分开单独存在的。只是需要在课程设置和实施过程中,根据不同的阶段和学生不同的特点,通过不同的教学资源去实现。

(二)重视生命价值

大学生是处于成熟与不成熟、独立与不独立之间的特殊群体,社会发展的大背景又使他们承受着更加尖锐的挑战,随之带来心理的紧张和压力。大学语文教育应该承担起生命教育这一重任,重视情感的培养,教育学生尊重生命,体悟生命的可贵可爱,由珍惜生命再到追求生命意义,提升生命质量,创造生命价值。

这需要我们在大学语文的课程定位上,重视生命价值观、尊重生命、敬畏生命,通过具体的、生动的教学实践,去唤醒学生对生命的热爱。大学语文课程教学要表现对人的价值、人的尊严、人的精神的充分关注,具有强烈的生命品质和人文关怀。

(三) 融合多元文化

生态课程观要求把课程看作一个开放的系统,这种开放性决定了大学语文的课程性质必须有多元文化的融合,并体现在大学语文课程的母语特性和丰富内涵上。

首先,语文学科有独特的母语工具性。语文是所有学科的语言工具基础,不管学文学理、务农经商、男女老幼,都要用母语来学习和表达,任何一种科学文化的知识、信息、情感的传递也都必须以母语作为载体。而母语是需要终身学习的,不应该随着高考的结束就停下来。因此,可以说大学语文课程在本质属性上就必然承载了各种文化。

其次,语文教育从古至今都与各种文化交融。我国的语文教育历史十分久远,且一直与经学、文学、史学、哲学、伦理学等融合在一起。天文、地理、历史、政治,都是以母语文本的形式,在古代教育中发挥着作用。而在现代,语文教育就是生活教育,生活中的所有文化都是语文教育的内容范畴。因此,也可以说语文教育内容的丰富性就体现了多种文化,那么大学语文课程从内容上也应该是多种文化的体现,注重多元文化的彼此交融。

最后,大学语文是通才教育的重要部分。在现代社会里,竞争愈加激烈,跨学科的复合型人才备受欢迎。全世界都越来越重视对大学生实施通才教育,而大学语文课正是其中必不可少的重要一环,从教育性质和功能上来说,在大学语文也需要有意识去融合其他学科的文化内涵,并有机结合到语文教学中来。

二、大学语文教育的课程设置

在大学语文的课程设置上应该充分给予教师队伍明确的地位,有专门的教研机构,有和其他老师一样的科研条件、收入待遇和晋升机会。从根本上解决大学语文教师队伍不稳定,军心涣散的现状。具体说来,在已经有公共教学部等教研机构的学校,在遴选、培训和考核等方面对大学语文教师的生态环境加以优化,激发活力;在大学语文还没有专门教研机构的学校完善体制,给予大学语文足够的重视,保障基础地位,确保专职教师的基本比例。大学语文课程作为高等院校的基础课,课程设置应该更加专业化,更加符合学校和学生的特点,从根本源头上让大学语文课程设置走向完善。

三、大学语文教育的主体优化

(一) 把握大学语文生态课程的教育主体特征

1. 学生是不可替代的独特主体

首先,大学语文的学习只能是大学生自身主动进行的认知活动。教师的讲授、示范以及训练,都只有通过大学生自己的认识、实践、体验、内化生成才能起作用,而这个过程也只有由大学生自己积极主动地完成,效果才能最大化。其次,大学语文教育的主要目的是学生的全面发展。

2. 教育者的构成是丰富多元的

大学语文教育生态系统中的关系因子,决定了教师、同学、父母亲人、朋友、一场讲座的主讲人、一场辩论赛的辩手、一部电影的编剧等都可以成为大学语文教育的教育者。而这其中,教师、同学、父母亲人、朋友因其人际关系的亲密程度,人际交往的频繁程度,成为学生个体最重要的教育者。这种多元的教育者观念,能让学生更有意识去学习生活中的语文,提高学习的效果。

3. 教育主体之间的角色可互换

教育主体指的是在教育活动中占主导位置的人,在大学语文教育生态化系统中,教育主体不仅是教育者,也是受教育者。教育者和受教育者作为生态因子是互相联系的,不仅互相影响也可以互相转换。教师是教育者的主要力量,但同时也是母语终身教育的受教育者,学生是典型的受教育者,但在合作探究性的教育过程中,又能因其对新生语言的敏感度,对网络文化的熟悉度,承担教育者的角色,这种互换在生态系统中是正常的流动,对大学语文教育的健康发展也是非常有益的。

(二)塑造大学语文的生态型教师形象

1. 转变教师的教学理念

教师只有先塑造自己,才能塑造别人,从传统观念中跳脱出来,形成开放的绿色生态课程观。

一是率先树立生态意识。教师自身对生态文明、生态文化,尤其是教育生态学要有足够的认识和了解,这样才能把生态意识理解深化,从而内化到自己的教学之中。也只有真正树立了教育生态理念,才能正确认识目前大学语文的教育危机,正确认识教育生态系统的特点,把握大学语文教育系统的优化原则。用平等的眼光看待师生关系,用开放的眼光看待教学资源,用可持续发展的眼光看待教学评价,在教学中引导学生发挥主动性,树立生态意识,真正将大学语文课上成绿色生态课程。

这就要求大学语文教师不但要致力于一线教学实践,也要自觉学习国内外教育生态学范畴的著作及最新研究性成果,在实践工作中注重理论思考总结,在理论学习和研讨中贯彻生态意识。

二是正确认识教与学。传统的教学理念是教师主导,忽视学生在学习中的主体作用。在学生心灵深处无不存在着使自己成为一个发现者、研究者和探索者的愿望。在基础教育的课改作用下,这也是如今越来越受到大家认同的理念。

在大学的课堂上,学生比中小学生更成熟,知识面更加广泛,学习方式也更加灵活丰富,大学语文教师的权威性比中小学教师更淡化,因此也会受到更多的挑战。这就要求教师与学生之间能有一种互助合作的教学氛围。有的教师会不能理解和接受这种关系的改变,从而形成两个极端,要么就是完全霸占课堂话语权,不允许学生提出自己的思考,要么就是完全放任学生主宰课堂,让自己成为旁观者,有的大学语文课甚至采用研究生的教学模式,让学生轮流讲专题当作上课,老师则只是听,不做有效的点评和指导。这种放任绝不是将课堂还给学生,而是对教师责任的逃避和推卸。

三是关注生命教育,生态价值观认为生命价值才是最本质的价值追求,教育就是要回归和实现人的生命价值。教师需要最大限度地激发学生学习的潜力,回归和实现学生的生命价值,满足学生内在成长的需要。

2. 提高教师的综合素养

一是重视自己的人格魅力。"桃李不言,下自成蹊",人格是教师的灵魂,对学生有着重要的影响。教师人格是指教师作为教育活动的主体,在职业劳动过程中形成优良的情感及意志结构、合理的心理结构、稳定的道德意识和个体内在行为倾向。

教师人格蕴蓄于内,行诸于外,是教师内在素养和外在言行的高度统一。这种看不见、摸不着,却对学生有着强烈的感染力和示范性。因此大学语文教师在教学过程中必须重视自己的人格完善和展现,以自身的人格魅力感染学生,言传身教。教师的人格魅力体现在处处为学生着想的小事上,从教学生活的点滴细节中向学生传递为人之道。

3. 丰富教师的角色定位

语文学科自身的丰富性,生态教育决定的多样性,都让大学语文教师的角色变化多元,成为必然。这要求大学语文教师遵循大学语文教学的丰富规律,使学生的主体性得到真正释放,创造性得到真正发挥。同时,也明确自身职责,坚持自身定位,不在社会变迁和教育危机中迷失方向,失去自我。

因此,大学语文教师还要扮演好舵手的角色,在教学中把握方向,及时纠偏,将学生引向全面和谐可持续发展的最终彼岸。当然也要避免介入过多,纠偏的时机和方式如何能让学生接受又达到最佳效果,也需要教师掌握更多的教学艺术加以探索和实现。

4. 打造教师的职业素养

要提高大学语文教师的语文素养,首先需要教师强化终身教育的观念,主动与学生形成合作共赢、携手发展的学习共同体;其次是需要教师重视教研活动,在培训、研讨中与同人不断交流,开阔眼界、激发思维、共同提高;最后是需要教师充分利用网络等学习资源,以开放包容的姿态开展自主学习,积极主动掌握新知识、把握新趋势。

总体上来说,大学语文教师应该致力于教学设计,既要引人入胜、抓住学生的兴趣点,又要有主题有灵魂、体现语文的味道;在教学方法上既要灵活多样又要保持一定的稳定性,不让学生在形式的变换中迷失方向。

提升教学水平的途径也有多种。在大学语文教学中,需要更多向中学语文学习和借鉴,向大学其他基础学科的教学实践寻求启示和灵感,重视学生意见反馈和可行性建议,重视学科的教学研究和交流,重视自我思考和总结,敢于尝试和摸索,勇于创新和构建。

当然,还是要在广阔的实践中将实践能力转化为实践教学能力,这就需要强化专题性的实践教学研究,尤其要注重发挥教学团队的作用。建立实践教学团队,建立定期的实践教学研究和交流制度,并积极探索实践教学能力提升的有效途径,开展多种形式的训练。

四、大学语文教育的关系优化

(一)把握大学语文生态课程的教育关系特点

1. 教育主体之间的关系是双向互动的

从生态学的视角透视教育过程,就是一个信息互动、能量交换的过程。这种互动首先应该建立在师生之间。教师与学生在教育过程中,不是单向的"授受",而应该是双向的"对话"。只有师生之间的教育活动能达到双向流动,才能促进师生关系的平等融洽,从而促进整个生态系统的良性循环。同样的,学生之间的双向互动,才能真正激活每个学生个体,古人曰:"独学而无友,则孤陋而寡闻"。在互动中相互启发,互相影响,共同提高语文学习的效率和效果。这就要求大学语文在教育过程中要给予学生足够的自主性,同时提供更多学生之间合作探究学习的机会,在互动中优化。

2.教育主体与环境之间的关系是双向互动的

教育主体和环境之间也不是单向的影响和被影响关系。教育主体的认知和实践,对教育环境也是有反作用的。如果学生的学习态度消极、学习方法单一、学习效果较差,对班级氛围、校园文化这些生态环境因素就会起到明显的牵制作用。因此大学语文教育生态的优化,不仅要重视营造和谐自由平等的教育环境,还要着重发挥教育主体对环境的正面提升作用,在互动中协调发展。

3.教育生态关系的互动是平等的

教育过程中的互动应该是建立在生态因子的平等基础上的,倡导的是合作式互动。在大学语文教育过程中,师生之间可以在教育资源开发整合、教育环节设计、教育评价设置等方面开展合作式互动,让学生更多参与到教育过程的主导中来。对学生来说,教师也要更多注意设计合作探究式学习环节,让学生在分工完成资源搜集、讨论、课题研究、合作成果展示等过程中,逐步提升语文素养,优化学习效果。

(二)构建大学语文的生态型教育关系

1.互相尊重的情感互动

大学语文的教学过程不仅仅是一个知识传授的过程,也是师生之间进行生命体验交流和情感交流的过程。这种交流的先决条件是教师与学生的平等,实现的是"有教无类"。学生如果在课堂上体会到了教师的偏见、疏离、控制等负面情感,必然会出现自卑、抱怨,甚至是反抗的情绪和行为。

教师必须尊重每一位学生的尊严和价值,不能因为专业不同、基础差距、家庭和性格差异等个体因素而产生偏倚。尊重学生是良好情感互动的前提,尊重每一位学生的个体差异和特性,尊重每一位学生在语文学习上的快慢难易。在尊重学生的基础上还要学会欣赏和赞美学生,用轻松和亲和的语言营造愉悦的课堂心理气氛,在情感沟通中激发学生的学习兴趣。

师生双方的情感沟通是教育过程中最富有生命力的部分,也是最不可回避的部分:这种沟通是相互的,彼此影响也比较直接。教师主动与学生沟通,可以更快更准确地了解学生的心理状态和精神需求,而学生主动与教师沟通,则能让学生更快更准确地理解教师的情感状态和精神追求。因此,平衡和谐的生态型师生关系,不仅教师需要尊重、欣赏和赞美学生,学生也需要对教师产生情感认同,并给予积极回应。当然,这个过程是彼此循环的,一个尊重学生的教师也必然会得到学生的认同,得到学生的尊重也必然会促进师生的情感加深。

2.彼此合作的教学互动

教育生态理念强调确立师生的主体性。教师和学生都是大学语文教育的主体,在教学过程中,教师的主体性是借助教材和教学手段等客体,把自己的知识、技能和思想展现在学生面前,但不是为了显示自己的霸权地位,而是解放和调动学生的主体性;学生的主体性则是在参与教学环节、独立思考和表达的过程中,深化自身学习的主体性,把教师传递的知识、技能和思想内化为自身的力量。这种互动需要师生双方的合作,而非竞争和对抗。

师生的主体性是动态的、双向互动的,在对话过程中,不断激活,不断调节,大学语文教学过程中的师生关系就是主体与主体的交流与对话,而对话必须以理解为基础。

真正地理解也是建立在情感的良好互动上的,建立在平等尊重、互相欣赏上的,反过来说,真正的彼此理解,才能达到由内至外的尊重和欣赏。因此师生之间,通过对话让彼此真诚而有效沟通、经常换位思考、找到对方的闪光点,才能让"理解"落地生根,也才能让教学互动呈现出合作而非对抗的状态。

3. 交响共鸣的发展互动

师生之间既然是互相尊重、彼此合作的平等关系,其最终指向不仅仅是学生的发展和独奏,而应该是师生的共同发展,实现共享。教育是一个动态的过程,无论是教师还是学生,都处于一个动态发展过程中。而生态型的大学语文师生关系最理想的状态就是能达到师生共同的进步和发展,实现人的全面发展这个教育的终极目标。

这种进步和发展,要求教师将自己置于终身学习的氛围中,在教学中不断提升自己;要求学生充分发挥自身的主体作用,在教师的引导下独立思考、敢于质疑,在学习中不断完善自己。

在大学语文生态课堂上,教师应该更多扮演一个帮助学生发现问题的角色,而如何去分析和解决问题由师生共同去探索研究,在这个过程中共同发表意见、获取知识、提高技能、沟通情感、发现创新,从而促进自身的发展。落实这一点,并不是要否定教师发挥主导地位,而是将教师从不敢出错、不敢触碰自己不擅长领域的心态中解脱出来,激励教师更加主动去学习和弥补自己的短板,提升自身素养和教学水平,以满足学生日益增高的学习需求。特别是媒介素养的提升,完全可以在教学中师生之间互相帮助、相互促进中完成。

构建生态型师生关系,让语文课在宽松和谐的课堂氛围中进行,在情感的沟通中达到平等尊重,在合作的互动中实现彼此理解,在共同的进步中完成发展,这是整体动态生态观的具体体现,也是大学语文改变现状的迫切需要。

第四节　大学语文教育的生态化教学设计

教学设计就是指依据对学习需求的分析,提出解决问题的最佳方案,使教学效果达到优化的系统决策过程。一门课程的教学设计,在传统意义上主要指教育者、受教育者和教材,教材就是要教学的内容,作为教育者的教师就是要把这些内容教授给作为受教育者的学生。教就是从教材中获取内容,然后以要求学生从头脑中提取信息参加考试为途径,把内容灌输到学生的头脑中。从这个单一流向式的教学模型来看,提高教学就是提高教育者的水平,例如教师提高自身学识水平、提升教学技能等。这个模型忽视了受教育者的主动性,忽视了教育环境的影响力,显然无法适应如今的课程需要。

而作为生态学视域下的大学语文课程,本质上是一种教育生态的微观系统,所以说教学是一个系统的过程,这个系统的每个生态因子,例如教育者、受教育者、课程资源和课程环境等,都对教学效果起到至关重要的作用,需要用整体观、和谐观和系统观去看待。这种整体和谐系统观指导下的教学设计,必然是有多个环节,且每个环节互相联系,协同运作,缺一不可,以实现系统的稳定和谐平衡。因此,课程的准备、实施、评价、修改教学都是作为一个整体过程去看待,而不仅仅是课堂几十分钟的交互实施环节。整个系统中也不能过分强调任何一个环节的突出作用,但必须确定每一环节对实现预期结果所做的贡献。特别是课程教学系统中必须具有非常有效的评价机制——评价系统是否能带来主动高效的学习,以及当学习失败时对系统进行修改的机制。

一、迪克与凯里教学设计模型

(一)评价需求以确定教学目的

第一步就是确定在学习者完成了教学过程后能获得什么。也就是教学目的,但这个教学目的不是教学者的主观臆断,而是以学习者的需求为中心确定的系统目标。例如改善某一方面的学习缺陷、提升某一方面的素养等等。

(二)进行教学分析

教学目的的确立之后,需要分析这个目的,由此给出实现的步骤。教学分析过程的最后一步是确定在开始教学之前学习者应该具备的技能、知识和态度。

(三)分析学习者和环境

分析学习者的学习环境和应用环境。学习者现有技能、偏好和态度,以及教学环境和应用环境的特点,这些重要信息会影响模型后续步骤,特别是教学策略的确定。

(四)编写绩效目标

根据学习者学习前的基本情况和对教学目的、环境的分析,具体地确定学习者完成教学后能够做什么,这些对目标的细化确定了教学的技能、实施技能的条件和成功表现的评判标准。

(五)开发教学策略

基于前面五步的结果,确定教学中要采用的教学策略。教学策略包括教学前的活动、信息呈现、练习和反馈、考试及延展活动几部分。教学策略要基于当前的学习理论和学习研究的成果,以及传递教学的媒体特点、教学的内容和接受教学的学习者的特点,这些数据既可以用于开发或选择教学材料,也可以用于产生课堂交互式教学策略。

(六)开发和选择教学材料

教学材料也就是教育资源,包括传统意义上的教材、教辅资料、试卷,也包括音频视频等计算机多媒体格式文件和远程学习的网页等。自己开发教学材料取决于要教的学习类型、现有的相关材料和可用的开发资源。

(七)设计和实施教学的形成性评价

一般有三种类型的形成性评价:一对一评价、小组评价和现场评价。各种评价类型为设计者提供了不同种类的教学改进信息也可用于对现有材料或课堂教学的形成性评价。

(八) 修改教学

整理和分析形成性评价所收集的数据,确定学习者在完成目标的过程中所遇到的困难,依据这些困难找出教学方面的不足。

(九) 设计和进行总结性评价

总结性评价是教学有效性的最终评价,但它是用来评估教学的价值的。必须在完成形成性评价,教学中内容已经进行了充分修改,满足了设计者的标准之后才进行总结性评价。总结性评价通常不是由教学的设计者,而是由独立的评估员完成的,所以从本质上来说这个过程可以不算教学设计过程的一部分。

以上的几个步骤对于大学语文课程教学而言,也是非常具有参考价值的。特别是重视环境对学习的影响、开发利用多种教学资源、注重过程而非结果,这些理念都渗透着生态学的观点。

二、大学语文教育的生态化教学设计

(一) 生态化教学目标设计的原则

迪克与凯里系统化教学设计对教学目标的编写非常重视,强调要清楚、准确地说明学习者在完成了教学之后应该能做什么,这将影响今后的教学的主要内容和侧重点。

根据生态课程的特性,大学语文的教学目标编写首先应有一定的弹性、可变化性和个性;其次强调知识的情景性、整体性,强调知识应在大语文环境中展现,学生应在完成真实任务的过程中达到学习的目的。

在设计教学目标时,首先应该根据学生实际情况,弹性设计教学目标。不同层次的学校,不同专业的学生,都是有所区别的,这就要求教师在设置教学目标时要留有余地,能够有伸缩的空间。教学目标不完全等同于学习目标,因为学习目标是由学生自己确立的,因此,对教师来说,注意设计的教学目标与学生生成的学习目标有一定的契合度,非常重要。这就要求大学语文教师不能一次备课管好几年,不论哪个专业的学生哪个时间段都用同一个教案。与学生有效沟通,提前了解学生需求和现状,也就是学生的学习能力起点,这是首先要做到的。在从多数学生实际出发,根据多数学生的"最近发展区"制订教学目标之后,也需要对个别特别优秀和相对落后的学生有所兼顾,也就是说教学目标的设置应该在某种程度上富有弹性,允许一点个性化的区别。

其次是应该根据教学资源实际情况,系统化设计教学目标,教学目标是一门课程目标的具体化。因此,在设计针对一篇文本、一个教学资源的教学目标时,既要围绕这篇文本这个资源,又不能仅仅把眼光放在一篇文本上。"大语文"的教观念,母语教育的课程理念,生态课程的特点要求,都需要大学语文教师在设计教学目标时,具有整体观和系统观,根据学生循序渐进的教育规律,根据语言学习的基本规律,根据教学资源的具体情况,有意识地将"这一课"放到一个单元、一个学段的时空中,以及放到一种语文能力、一个人的语文素养这样更庞大的体系中。因此,深入探寻教学资源在课程体系中处于什么位置,有什么特点,能达到何种预期效果,与后面的学习有何种关系,是教学目标设计中需要注意的。

再次是应该根据对教学过程的关注,展开性设计教学目标。生态学视域下的大学语文研究认为大学语文教育重要的是过程,而非结果。在对教学目标的设计中,不仅是要预期教学效果,更要将目光聚焦到学习过程中学生的行为表现和情感体验,这就要求大学语文教师认真研读深挖教学资源,充分了解学生,在课程中设计一些能够引发学生思考和讨论的问题,激发学生的学习主动性。但同时,要注意不能将问题抛出来让学生自己去讨论出一个统一的结果。这里所说的大学语文教学目标不应该总是确定的、必须达成共识的,而是在这个讨论的过程中学生能够得到和提升的。给学生展开的空间,这也是教学目标设计中应该考虑的。

最后是应该根据学习者的表现,设计反思性教学目标。生态课程观要求教学目标是开放性的,这符合语文教学的特点。语文能力的提高不是一门课程就能做好的,大学语文教育的教学目标应该是具有一定开放性的,在这一阶段中学生到底能获得什么,这不仅仅是教师的判断,还应该是学生的自我反思。而对于大学生来说,对自己的学习已经能拥有足够理性的了解和判断,因此大学语文教学过程之后的结果是教师要考虑到的因素,但教师也要关心学生在教学活动中做了什么,做的结果怎么样,以及学生对学习过程的感受和反思。也就是说在教学目标设计中就要考虑让学生意识到自己在语文学习活动中做了什么,做的结果怎样。

(二)生态化教学资源开发

1.理解生态化教学资源的特征

教学资源是完全开放的。生态化课程资源没有文本的限制,没有内容的限定。教材为代表的文本资源毕竟是有限的,有题材、体裁、篇幅的限制,同时也将目前非常重要的媒体资源排除了出去。大学语文教育应当走出文本的束缚,以开放的姿态,将生活中的所有语言片段、文字材料、媒体数据都看作课程的资源。只有将生活的方方面面都当成课程资源,才能让大学语文在母语教育的属性中,在大语文观的审视下,丰富多元,生动具体。

教学资源是不断生成的。在现实中各种鲜活的语言现象、不断产生的文字作品,都是大学语文课程的重要资源。这些资源每天都在不断更新,有的词汇消失了,新的词汇又产生了。经典的文字作品还在变换角度解读,新的文学现象又在前赴后继中催生,特别是在网络文化的冲击下,我们的语言和文学都在迅速发生着变化。每年都有网络热词产生,其中有的昙花一现,有的则日益普及并被收入了字典。

教学资源是与生活同步的。和其他学科的课程资源不同,母语教育与师生的日常生活紧密相连。无论是口语交际,还是书面表达,抑或是思维过程、情感抒发,母语是基本工具,母语教育也与每个人生活的过程都息息相关,不可分割。大学语文教育是母语终身教育中的一环,因此可以说大学语文课程生态化资源,与个体生命中的高等教育这一阶段生活基本是同步的。

2.重视隐性课程的生态教学资源

将大学语文课程的教学资源看作动态生成的生态化开放体系,让母语高等教育扎根生活,与生活密切相关,回归生活,成为生活的一部分。这也是大学语文课程生态化的重要步骤。

所谓隐性课程是与显性课程相对应的范畴。显性课程是学校教育中有计划、有组织地实施的"正式课程",也就是我们课程表和成绩单上能够看到的课程。而隐性课程则是学校通过教育环境(包括物质的、文化的和社会关系结构的)有意或无意地传递给学生的教育经验。

因此,大学语文隐性课程指在学校规定的官方语文学科课程之外,潜移默化地影响学生的知识、态度、价值观念的非预期的语文课程。作为语文课程系统的生态因子,隐性课程是对传统语文显性课程的补充。隐性课程资源的有效开发不仅可以优化语文课程结构,为反复的语言实践提供更超越课堂时空限制的平台,在潜移默化中提高学生的审美素养和人文修养。

大学语文隐性生态课程资源相对显性课程资源来说,有潜在性、广泛性、不确定性和难以定量等特点,也有语文课程特有的审美体验性。隐形课程资源从呈现状态来看可分为物质文化资源、精神文化资源和行为文化资源。

物质文化资源包括校园所在的地理位置、周边环境、学校的建筑风格、空间布局,教室内的布置,以及校园的石刻雕像、道路名称等。

精神文化资源包括学风校风、人际关系、文化氛围,也包括学校制度、办学宗旨、教育价值观等。学校的各种规章制度,以及校训、校园精神和校风、价值观念等都能激励、感染和引导学生完善个性,提升素养,为教学创造良好的环境氛围。

行为文化资源包括师生交往、生生交往等各种人际关系行为体现出的文化资源。其中的教师个人魅力展现、学生个性特征表达、交际礼仪文化等等,都能对学生产生影响。同时,师生交往和生生交往都主要体现在教育过程中,这个交往过程中的一切都能成为大学语文的教育资源。

认识和利用大学语文隐性的生态课程资源,就是要将学生从课本中解放出来,让学生与自然、社会和现实亲密接触,在与现实生活的接触撞击中感受生活、认识生活,从而主动地学习。

3.把握生态化教学资源的开发原则

(1)统合原则

把握尺度,考虑系统性。无论是显性的课程资源如教材,还是隐性的课程资源如校园文化、流行歌曲、教师魅力等,都应该统筹考虑,注重发挥其互相补充,互相促进的合力。而不是为了形式上的新颖和噱头,生搬硬套增加一些课程资源,甚至喧宾夺主成为最主要的课程资源。例如近年来自媒体盛行,有的大学语文教师就将微博、微信作为课程资源,抓住了学生的兴趣点,这个行为本身贴近生活与时俱进是值得肯定的,但如果演变成一个学期都以自媒体作为主要课程资源,或者不加筛选,势必造成学生对语文的误解,放大隐性教学资源作用的同时也放大了其弊端。因此,在对大学语文课程资源,特别是隐性课程资源的开发时,必须要本着统合的原则,将各种形态的资源科学合理地进行组织设计,发挥出整体的最优功能。

（2）自然原则

把握个性，考虑差异性。这里的差异有多个维度，一个是地域，一个是学校性质，一个是学生个体，根据我国的实际情况，不同地方特别是不同民族聚居地的自然差异是较大的，这就造成了民俗文化、地域文化、城市文化的不同，在开发与生活息息相关的课程资源时，必须考虑地域的差异，尊重和遵循其自然性；而对于不同的大学而言，综合性大学比专业院校更便于跨学科资源的开发，文科大学或艺术院校相对文化氛围较为浓厚，本科院校又相对高职高专来说教师个人素养较高、物质资源更加丰富，因此不同性质、不同层次、不同学科的大学有其固有的差异性，需要我们在开发课程资源的时候要有针对性；学生个体的差异就更加明显了，需要教师在教学过程中能够加以区别，从课程资源的开发利用上就力争因材施教。

（3）择优原则

把握目标，考虑可行性。语文教育是生活化的母语教育，生活中的一切都可以成为课程资源，但不是每一种资源都能指向优质的教学效果，也不是每一种资源都需要我们立刻全面去开发利用起来的。经济条件的限制、地域性的倾向、学校的特点、教育体制的现状，都会对教学资源提出一定筛选的标准。这就要求我们在面对复杂多样的语文隐性课程资源时，要本着择优原则，一方面要根据学生的心理特征和兴趣进行灵活地设计，以符合学生的心理发展趋向，另一方面考虑开发所要用的开支和精力，以最少的开支取得最佳的效果为目标，也就是有轻重缓急之分，有可行难易之分。

（4）协同原则

大学语文教师仍然应该是课程资源开发的主力军，并发挥其主导作用，但与之相关的其他人也应该主动参与其中，对大学语文课程资源的开发利用提出自己的见解，给予力所能及的主动帮助。同时，还要注意学生在课程资源开发中的重要作用。学生接触到的各种生活化的资源可能比教师还广泛，学生的关注点也会符合他们的普遍心理特征，教师将其择优利用起来则会事半功倍。因此，大学语文课程资源的开发需要多个群体的协同，形成一种多元的课程资源开发模式。

（三）生态化教学过程实施

1. 全媒体教学策略

（1）采用多媒体技术辅助大学语文教学

多媒体技术有利于现代化教学，这点已经得到了教育界的普遍认同和重视。不管是在基础教育领域还是高等教育中，多媒体融合多种形式和技术，实现更为优良的表现力、交互性和共享性，在教学已经占有一席之地。在大学语文教学中，多媒体技术使教学内容相互贯通，激发了学生强烈的参与意识，对其发展有积极的促进作用。但我们要警惕的是喧宾夺主式的多媒体教学，形式大过内容，如少数教师在课堂上以整部热门电影作为教学内容，然后匆匆讨论一下电影主题就结束课程，并不着重挖掘电影中的语文要素，学生看似很欢迎，但教学效果非常有限，在多媒体技术的运用上，关键是要摆正其作为辅助教学手段的位置。任何教学手段必须是围绕教学目标因时因地有计划进行的，不能单纯为了迎合学生兴趣而失去了初衷。而值得强调的是，互联网多媒体技术涵盖面是非常广泛且发展迅速的，绝不仅仅等同于制作和播放 PPT 代替板书,这是目前我们能看到的谈多媒体教学的论文中最明显的误区。

（2）开发各类媒体中的语文教学资源

目前微信、微博等自媒体盛行,各种新闻客户端、网络文学网站、直播平台也受到青年大学生的欢迎,网络生活已经成为大学生日常生活的重要组成部分,且有越演越烈的趋势,这决定了作为生活语文的大学语文教学不可避免要接触到这些新鲜的网络元素。但无论是我们的大学语文教材还是教师,都还在这种媒体时代处于较为滞后的位置,有意无意在回避这种发展,有的教育家和教师甚至认为媒体资源都是快餐式无营养的,不屑一顾,更谈不上去有效开发和利用其中的语文教学资源。存在即是合理,语文作为母语教育是必然要跟时代息息相关的,回避并不能阻挡媒体的发展,反而会失去对大学生进行有效引导和规范的机会,同时事实也证明,在这些鲜活的媒体资源中,必然有一些值得挖掘的精品,符合主流价值观,语言优美表达流畅,且具有审美价值和人文精神的精品,这需要更多的教师和教材编写者摒弃偏见,深入生活,对媒体信息给予足够的关注。

当然,媒体的更新速度是非常快的,且各类信息良莠不齐,需要辨别,去粗取精这个过程在客观上也给语文教学对媒体资源的及时开发利用提出了挑战。因此,在筛选的过程中应该联合传媒学科的专业力量,利用大数据和各类调研辅助,更快速更准确从中获取有效的语文教学资源,特别是依托开放性的网络教学资源平台,实现多单位共建资源、师生共建资源,通过共享、分享、聚合,提高资源利用率,避免重复建设。而教师本人也可以适当做一些小范围的尝试,在课程中选取一些优秀的网络文字作品、网络新闻作品、自媒体文章作为部分教学资源。同时,发挥学生的主动性,允许和鼓励他们从各类媒体中选择和提供符合语文教学目标的资源。师生对于资源的评价,也应成为资源择优汰劣的重要标准,及时更新。

（3）高度重视师生的媒介素养提升

面对媒介各种信息时的选择能力、理解能力、质疑能力、评估能力、创造和生产能力,以及思辨的反应能力,就是媒介素养。作为媒介的主要语言,语文与媒介天生就紧密相连,因此大学语文教育必须重视与媒介素养教育的融合,互相促进,共同发展;在此需要强调的是,大学语文教师必须首先提高自身的媒介素养,才可能带动学生在面对纷繁芜杂的各类信息中寻找、选择、理解有益的部分,并有意识带领学生一起创造和生产高质量的媒介信息。目前我国的媒介素养教育还没有形成体系,师生能接受媒介素养教育的机会和平台并不多,这需要国家和教育部门、高校都加强这方面的意识,开设相关课程,对教师做一定的系统培训。

2."体验—提炼—实践"交互式学习策略

教育生态理念认为教学是一个动态的过程,这个过程中有许多环节,各种方式,因为教学资源的不同、教学目标的不同和教学主体的特点而呈现差万别的状态。但总体来说,大学语文的学习过程可以总结为"体验—提炼—实践"这个动态的体系。

一是生态学习过程的体验。体验是指各种教学资源的开发利用环节以师生的体验为主要方式。打破"教师向学生讲授真理"的传统教学观点,倡导学生首先直接去接触和认识教学资源,获取第一手的感性信息。传统教学法中先讲知识点然后举例说明的方式,影响和干扰了学生的自我感性认知,使学习成了一种证明过程,而非发现和创造;建构主义教学理论就认为只有当学习者与外界环境主动地进行交流和联系时,才会出现真正意义上的学习,强调学生的主动学习意向。

二是生态学习过程的提炼。学生在介入文本形成附有自身独特印记的作品后,需要评价和总结,提炼出相应的语文知识、情感或技能提炼的基础是评价,学生对教学资源自发自觉并不受他人影响地分析和判断。评价并不一定是完全正确的,因此还需要互相交流和比较,在讨论和探究中去检视。在学生交流评价过程中,教师应该引导学生持有敢于怀疑的态度,不人云亦云,更不能带有强烈倾向性和暗示性。只有敢于怀疑,才能催生出创新思维,因此教师必须把握度,不能参与过多,扼杀了学生的创造力。

三是生态学习过程的实践。任何教育都是需要实践的。大学语文也是如此,生活语文来自生活,也必须在生活中加以应用和检验,并创造出更多的语文资源供体验。大学语文作为一种母语学习,将理论用于实践其实是每时每刻都在进行的。但这里强调的是,在实践过程中需要有明确的倾向性和超越性。语文课程中学到的语言规律、文学常识、审美方式等,教师都应该引导和要求学生有意识地在日常阅读写作、交往表达中去应用,并不断尝试和训练自己的模仿、加工和创新。

大学语文对个体的学习过程来说,理论上就应该是一个"体验—提炼—实践"的单向流程,但同时整个学生群体的学习过程,又是一个无限循环的闭合过程,实践为教学提供了源源不断的资源,才能有文本可以体验,把握了这个动态的过程,有利于大学语文课堂的生态化,从而促进大学语文教育的生态平衡。

（四）生态化教学评价体系

1. 把握生态化教育评价的特点

作为教育效果的评估和展现,发挥以评促学的重要作用,大学语文生态课程的评价方式应该更注重以人为本。具体说来就是评价标准由单一固定变为多元灵动,评价主体从教师为主变成多元主体,评价标准由客观转向主客观兼顾。

评价标准的多样。大学语文教育评价的目的不应该再是等级性、竞争性的区分式评价导向,而是要促进每个学生的全面发展。在这个前提下,评价标准就不再是单一的、固定的,评价的等级也不再是少数优秀的精英文化导向,而是针对每个学生的不同特点,通过不同方式、不同标准的评价来帮助学生认识到自己的长处和短处,因势利导。通过有针对性的评价,体现对学生生命价值、个体特点的积极关注,以此促进学生的身心健康和谐。

评价主体的多元。教育主体的多元,决定了大学语文教育生态系统中评价的主体也应该多元,不仅仅有语文教师,还有家长、同学和其他学科的老师等,特别是应该把学生作为评价主体的重要组成部分,通过引导学生积极主动又客观自觉地进行自我认知和评价,让他们参与更多的教育过程,关注自身发展。

评价方法的丰富。长期以来,受到应试教育的影响,教育评价都局限在书面客观的程序化方法上,特别是在英语课加入了口试环节后,语文依然是停留在笔试层面。近年来,对大学语文教育的评价模式基本可以划分为两类:科学主义评价模式和人文主义评价模式。前者以语文试卷为代表,注重"标准""程序""客观";后者以课程论文、文学写作为代表,注重个案研究和评价方法的定性化。两类评价方法各有利弊,只有相互补充、取长补短,并辅以口试、多媒体创作等多种评价方式,才能在大学语文教育评价中发挥良好的作用。

2.构建生态化教育评价体系

生态课程的评价对象不应仅仅是学生的学习效果,还应有教师的教学效果。一般来说,教学评价包括对教学过程中教师、学生、教学内容、教学方法手段、教学环境、教学管理诸因素的评价,但主要是对学生学习效果的评价和教师教学工作过程的评价。评价的方法主要有量化评价和质性评价。

在教育生态理念的指导下,大学语文需要构建起一种开放、多元和重过程的教育评价体系。

教育评价内容开放性不论是对教师还是对学生的评价都应该考虑多种因素,在内容上体现开放性,例如对教师教学的评估至少应该从教学理念、教学资源、教学过程、教学方法和教学效果等多种角度去评估,同时要考虑教学环境、教学管理、学生互动等多个方面的因素。简单以学生网上评教为主的现行大学语文教师教学评价,远远不能满足评估的要求,更无法全面反映教师的真实教学状态和趋势。因此,要求我们在教学评价中用生态系统观和普遍联系的观点去综合考量各个生态因子的作用和关系,以及生态因子与环境之间的关系,而不仅仅从师生关系出发。

教育评价主体多元化。大学语文教育的主体不仅仅是学生,还包括语文教师、父母亲人、朋友同学、其他学科的教师等等。因此,教育评价结果也不能由学生或者教师任何一种主体说了就算。在对教师的教学评价和学生的学习评价中,应该根据实际情况,适当加入其他学科教师、教学管理者、学生家人等多个主体,通过不同主体的权重分布吸收和接纳他们对教学效果的评价。

大学语文课堂评价的作用在于指导语文教学更有效,而不是区分教师学生的优劣和简单地判断答案的对错。因此,现在普遍运用的以考试成绩或者论文等级来评定学生学习效果,以学生评教分数作为教师教学效果评定,很明显不能发挥评价的指导性作用。要促进教师和学生的发展,就不能只对学生的学习情况和教师的教学情况做简单的好坏之分,而在于强调其形成性作用,注重其发展功能。课堂观察是行之有效的过程评价方式,需要定量与定性相结合,设计出科学有效的量表。

一次评价不仅是对一段教学活动的总结,更是下一段教学活动的起点、方向和动力。大学语文的教育评价更需要在过程中去关注问题,加大对课程观察的比重,将评价和指导相结合,同时,要注意把评价的结果加以分类分析,反过来放在教学过程中去思考,对今后的教学提出有针对性和实操性的改进意见。当然,对过程的关注就必然要求评价注意师生的个体差异性,因人而异、因时而异、因课而异。

第七章　大学语文教师的角色定位与专业修养

第一节　大学语文教师的角色定位

一、大学语文教师的心理角色

要在日常的教学中实现自己的人生价值,在教育学生成才的过程中延续自己的生命,必须当一个好老师,时刻不忘自己育人的责任并且善于担当责任。好老师不能仅仅把教师职业作为谋生的手段,而是要把它作为安身立命之所在,在对教育的追求中实现自我发展的人生目的。

而在社会从传统向现代转型的时期,教师职业受到多方面的挑战。现代化把个人的物质利益推向了价值的核心,原本丰富的人简单化为经济动物,人类相信经济手段可以解决一切问题。现代性导致了社会各要素的分离,然而,教育却是统一的,德智体的统一,过去、现在与未来的统一,本土与外域的统一。一方面,教师是经验的传承者、个体社会化的促进者、个人成长中的引导者。教师要学为人师、行为规范;另一方面,社会的现代性又是经济的和个人主义的。在这种社会状态下,教师普遍滋生了一种职业角色的困扰,这实质上是现代性与传统交织产生矛盾的结果。"春蚕到死丝方尽,蜡炬成灰泪始干"是对教师职业的一个经典描述。现代性严重消解了这个信条存在的现实基础。

而且,在我们当下的高等教育课程中,大学语文教师是一个特殊的群体,他们的职业困扰除了社会的现代性所造成的心理分裂外,还有更为切身的原因。大学语文课程开设已有百年历史,20世纪80年代以来,一直有专家呼吁将大学语文列为本科必修课程。语文的重要性已为社会各界所认同大学语文"被认为重要"又"被实际忽略"的现实,使许多教师对自己的工作不能给予较高的价值肯定,反而产生深层的"自卑情结",对自我专业发展感到迷茫。

最理想的职业角色应该是与从业对象融为一体的,能够从主体对象化的过程及结果中确证自己作为人的本质力量。动物和自己的生命活动是直接同一的。动物不把自己同自己的生命活动区别开来。它是自己的生命活动。人则使自己的生命活动本身变成自己意志的和自己意识的对象。因此,教师要做灵魂的工程师,首先要做一个理想精神的守望者。我们也只有站在这个坚实的基础上才能讨论大学语文教师的职业角色。

教师的职业角色并不是一种自我选择,而是具有相当程度的社会规定性,体现了社会对从事教师职业的人所形成的一种期望行为模式。职业角色的定位是由职业的内在要求和外在期望所决定的。教师职业角色内在要求是传播人类文化,培养一定社会所需要的人才;教师职业的外在要求是社会赋予教师的期待,包括社会理想和社会规范等。教师的角色不是单一的,一个教师要同时扮演好多种角色,承担多种任务。我们在此只讨论大学语文教师职业的心理角色。大学语文教师的心理角色是指语文教师应该具备的心理方面和思维方面的素质以及行为规范。大学语文教师是人文精神的弘扬者,大学语文教师应该成为学生的精神导师。同时,他应该找到专属自己的风格,倾听自己内心深处的声音。一个人应该在与其他人的联合中使自己沉入作为历史具体的整体的世界中,以便在普遍的无家可归的状况中为自己赢得一个新家。他与世界疏离造成了一种精神的个性,而沉入则在个体自我中唤醒一切属人的东西。前者要求的是自我修炼,后者是爱。语文教师职业的最高意义正在于此。

语文教师肩负着传递优秀文化的重任,是精神价值的阐发者,是丰富感情的点燃者。在人们心目中,教师往往被认为是"社会的代表"和"伦理的化身"。语文教师往往容易引起学生的认同感,从而产生模仿的行为。语文教师最容易与学生交流思想认识,语文教师自身的文化修养会直接影响着学生的精神世界。学高为师,身正为范。语文教师要在知识、能力和做人上给学生做出榜样,把深厚的情感倾注于教学之中,这是语文教师应有的教育修养,也是搞好语文教学的重要基础。在讲课过程中,讲到悲的地方能潸然泪下,讲到喜的地方兴高采烈,讲到美的地方心驰神往,讲到丑的地方则怒形于色。用感情的力量撞开学生思维的闸门,激起学生感情上的共鸣。

语文教师精神导师的身份是做教师的至高的境界,臻于这种境界的必要条件是对学生精神生命充满人间大爱的殷切期待。学生美好、强健的生命应当成为教师坚持不懈的终生追求。你唤醒了他的灵魂,你给了他力量,你眼中的光影成为他生命航船上一直高挂的风帆。这既是学生的幸运,也是语文教师的幸福。

语文教师应该在学生的生命感到孤独的时候给他爱,代表大地和天空,代表历史和未来,代表良知和正义,向他发出深情的呼唤。把种种人生的感受,一一道来,诉说得情真意切,委婉动人,摇曳多姿,像是俊朗的少年和款款的少女。这是爱的绰约的风姿,这是爱的生命的真谛。爱是给予,是创造。生命因为爱的呼唤和追求而觉醒,因为爱的照耀而熠熠生辉。至此,学生们的语文学习已经升华为一种命运:"像鹰追赶希望"。年轻的心没有归宿,只有永不停息地追逐。去那样一个热烈的"舞蹈之国",去那样一个静谧的家园,去那样一个生机蓬勃的地方。美好的生命是追求着的生命,最美的地方是想要到达的地方。生命的意义在于不断地追求。人的躯体是物质的,只有注入精神的因素,才能成为美丽的生命。生命是一个过程,呈现开放的状态,它的强健和富足是自我修炼、自我完善的结果。

二、大学语文教师的行为角色

在教学的过程中,有两种不同的教师角色:一种是"牧师",另一种是"老板"。所谓牧师,就是以权威的身份传播"真理",即所谓布道;而老板的任务则是组织员工积极生产以争取最大的利润,他的任务主要是策划。教师以先知的优越感向学生传播前人的知识,类似于牧师的布道,学生的创造并不是他所追求的目标。"老板"型的教师应该善于创设研究的课题,组织和促进学生的研究过程,追求的目标不再停留在对前人认知结论的掌握上,所追求的最大"利润"应该指向学生思维成果的产生和创造性思维习惯的养成。教师亟须完成从"牧师"向"老板"角色的转变。

因为在我们这个时代,一个人生存和发展的最重要的资源就是创造的精神和能力,创造的精神和能力并不是在占有了大量的知识之后自然形成的,而是在学习知识、运用知识的过程中生成的。那种认为学习只是接受前人的知识,学习书本上的知识,谈不上什么创造的观点是错误的。固然,书本上的知识对于人类来说是已有的认知成果,从科学上来讲,学习这些成果算不上什么创造。但对学生个体来说它却是"未曾发生的",如果学生在学习的过程中探明了"知识"的来路,并且学会了应用,这对他们来说就是创造,因为这确实是他们一系列思维活动的成果。真正的学习者是从自己的经验中建构自己的意义的人。

联合国教科文组织国际教育发展委员会在《学会生存》中指出:"教师的职责现在已经越来越少地传递知识,而越来越多地激励思考,除了正式职能外,他将越来越成为一位顾问,一位交换意见的参加者,一位帮助发现矛盾论点而不是拿出真理的人。他必须集中更多的时间和精力去从事那些有效果的和有创造性的活动:互相影响、讨论、激励、了解、鼓舞。"多尔在他的《后现代课程观》中也表达了相似的观点,他认为,"作为教师我们不能,的确不能,直接传递信息;我们帮助他人在他们和我们的思维成果以及我们和其他人的思维成果之间进行协调之时,我们的教学行为才发生作用"。这就是杜威为什么将教学视为交互作用的过程,而学习则是那一过程的产物。教师应当在教学的过程中带领学生去创造,引导学生分析问题,启发学生思考,决不把最终结果"喂"给学生,而且,还要在创造知识的过程中承担起提升学生生命,使其灵魂得以再生的重任。

在上述理念指导下,大学语文教师基本的工作程序有三个步骤:

第一,给学生提供合适的材料。学生的认知结构具有开放性和动态性,它必须与外界不断进行信息能量的交换才能维持和发展其生命力。材料是"外界刺激",既是学生研究的对象,在本质上还是一种有助于启动思维的酵母。教师的任务是提供材料,或者指出搜集材料的方法和途径,甚至是只提出对材料的要求,剩下的全由学生自己完成。再就是揭示材料和观点之间的逻辑关系,提示研究的角度和方法,阐发那些包蕴比较艰深的观点。为学生提供的材料一般要在"最近发展区"内,材料所含信息的强度能够打破学生原有图式结构的稳定,使之远离平衡状态。这样,学生在自组织力的驱使下就形成精神上的探求欲。提供材料的方式是多种多样的,或亲身体验,或实物感受,或符号转换等。王步高主编的《大学语文》辑录了总论、集评、汇评、真伪考、作品争鸣、作品综述、研究综述、参考书目等深化和拓展教学内容。集评、汇评中甚至辑录了互相矛盾的观点,让学生听到不同的声音。这样不但加深、拓宽对课文的理解,让学生能看到作品更深层的内涵,多角度感受作品的艺术魅力,也看到某些作品的瑕疵,更重要的意义在于发展学生的思维能力和批判精神。

学生从大量材料的阅读中获取知识,再对这些知识加工整理,使之系统化并纳入自己的生命结构之中,再和自己所面临的问题结合起来,制定出运用于现实的策略。完整的过程一般要经过感应、感知和思维三个层次。感应、感知是基础,是思维材料的来源和动力。思维是感应、感知发展的高级阶段,也是人认识的目标。对感性材料进行思考和抽象,对理性材料进行想象和创造。想象就是寻找联系,生成意义;创造就是在各种联系中有所发现,就是主体对客体存在真相的揭示,而且在想象和创造中寄托着主体的精神向往。由形象到抽象再到想象和创造,学生研究的过程是一个多次超越的过程。这个过程并不是直线式的,也往往不是一次就能够完成的。它要经过学习主体多次的自我抽象和想象,才能有所发现,有所创造。

第二,教师要善于组织研究。文科教学的基本内容应该是问题而不是既成的结论;探究问题的主要方式应该是讨论而不是灌输式的讲授;教师应在学生争议中秉持中立立场;教师不该以权威或书本上的观点来封锁学生的思维疆界,问题讨论不一定达成一致意见;教师作为讨论的主持人应对学习质量和标准承担责任。文科不是讲知识,而是讲智慧。这种意见落到实处就是教师要善于组织研究,在学习语文的过程中做一个组织者和引导者。

教师的具体任务是开发语文资源,搜集教学材料,实施教学计划,设计语文活动,激发学习的兴趣,鼓舞学习的力量,评价学习的结果,组织和推动学习进程。学生的能力和精神只有在对问题的研究中才能发生和发展。研究是一个实践性的动态过程,它包括问题的发现和提出,材料的搜集和整理,观点的孕育和形成,最终是成果的表达和交流。研究式的学习不以接受现成的结论为目标,它追求的是自主的发现和创造,能够发现问题并设计出解决的方案,表达出自己的观点。研究式学习需要主体精神的高扬,最能显示出人的本质力量。对学生来说,这是一个发现的过程。学生在研究的过程中体验到发现的欢乐,这将成为他们追求科学真理的持久动力。

第三,教师要及时推动表达。有效学习活动的指标之一是通过产生创造性成果来体现的。这种成果可以是一种语言作品,也可以是一种认识或方案设计。表达就是对这些研究成果的呈现和交流。表达具有生成性和物质性,生成性是指表达是知识、能力和精神交互作用、共同发展的过程。物质性是指表达是以外显的形态进行的。表达是教学形式的最高阶段。大学语文的表达形式多种多样:提问、回答、讨论、演讲、辩论、写作、文案设计乃至演出等。

大学语文教师行为的终极目标是发展学生的思想,提高学生的认识水平,在这个过程中形成独立自主的创造能力,并最终实现完美人格的发展目标。教师的行为直接制约着学生思想的进程和结果。语文教师要担当起自己的行为使命,首要的是自己要保持敏锐的思维,善于设置思想的环境。要有效地发展学生的思想,首先教师必须是一个有思想的人,目光犀利,慧眼独具,对事物能有自己的判断,而不是只会人云亦云地向学生贩卖别人的现成结论。而且,活的教学具有瞬间性,思想的萌生和催发往往像火花一样一闪即逝,教师必须能够敏锐地感受,及时地捕捉,帮助学生把瞬间的火花燃成思想的火炬。

启动学生的思想往往是困难的,教师要善于设置思想的环境。所谓思想的环境即观点对立冲突的情境,这情境中潜伏着一个充满诱惑的疑问。人的思想是从质疑开始的。在疑问的逼迫下休眠的思维被唤醒,发散的思维被集中和定向,从自在状态进入自觉状态,从而形成一种精神的力量来解决疑问。人的主体性在这个过程中发挥作用并得到证实。思想环境来自教材并指向教学目标,教师的任务在于发现和揭示,在于引导和推动,还在于对思想环境的范围和程度的把握,设计的标准是要能契合学生思想的现状,能够激发起思考的愿望。

教师要善于为学生提供思想的动力,促进思想的进程。思想的生成需要一个完整的思维过程,过程的顺利推进需要持续不断的动力输入。在学生思考的过程中,教师要抓住时机,根据需要,或发问,或提供材料,或讨论交流,努力使学生的思维处于活跃、定向、集中的积极状态。引入活水,投石于心湖,都是为了打破学生内心图式的平衡,最高的境界是使学生能产生一种灵魂的焦虑和期待。这时,飞扬起来的思维具有一种神奇的力量,它虽然无形,但它可以冲破认识的坚冰,迎来百花盛开的思想的春天。

教师还要为学生提供积极负责、切实有效的价值导向。真正思想的状态应该是自由和富有个性的,这样才能有创造。压制和整齐产生不了真知灼见,但自由和个性不是乌烟瘴气。引入异质的思想,多方共同参与对话,是思想过程中必不可少的材料和动力。但是引入不是为了陈列,而是为了创生;多方参与的众语喧哗也绝不是乱七八糟,它们最终要指向一个价值目标。思想在穿透事物的同时,还应该以精神的光芒照亮事物,还应该有一种高贵的价值追求,即对美好人性的呵护,对正义的尊崇,对人类缺陷的救治以及对未来精神出路的探求。教师往往不以自己的观点结束思想的过程,学生的思考往往也不容易统一,但是,没有定论绝不是丢弃价值标准。教师的导向是隐蔽的,内在的。这要求教师的思想要达到相当的高度,而且表达的方式也要具备一定的艺术。在夏天里,所有的植物都在疯狂地生长,但田野最后的收获却是对人类有用的粮食。如果说教师的行为比农民艺术一点儿的话,那就是语文教学工作是复杂、繁重、耐心、细致的,学生知识的获得、语文能力的形成、人生观世界观的确立,无不需要语文教师的熏陶感染。语文学科的教育成效周期相对于其他学科要漫长,语文教师要有坚忍不拔的顽强意志和无怨无悔的敬业精神。

第二节 大学语文教师的专业修养

一、大学语文教师的人格修养

从社会出现教师这个职业以来的全部历史证明:一个好教师应具有好的人格。教师对学生的影响是任何教科书、任何道德箴言、任何惩罚和奖励制度都不能代替的一种教育力量。现代社会价值观的多元化和教师教学方式的变化,使得教师人格的重要性更为突出。

在现代教育中,教师越来越少地传递知识,越来越多地激励思考,其角色扮演将越来越成为一位顾问、一位交换意见者、一位帮助发现矛盾论点而不是拿出现成真理的人。教师不再像过去那样仅仅致力于传授和灌输各种文化知识,而在于帮助学生创设丰富的教学情境,为学生提供各种便利和服务,如组织讨论、相互评价、共同决策,使每一个学习者的智慧为整个"学习团体"所共享。因而教师工作也相对更具有专业性,教师人格的独立性更强。这种教师的独立性表现为对新信息、新知识进行过滤、筛选,将之合理化组织后再呈现给学生的能力;不迷信定式,不屈从于权威,具有自由意志和自主行动的倾向,这也是创新型教师的一个鲜明的人格特征。

再进一步,因为大学语文鲜明的人文性,大学语文教师的人格已经成为语文课程不可缺少的一部分,而且是最活跃最具生成性的部分。语文教育的理想性决定了教师理想人格存在的价值和必要性。语文教师是认知、评价、决策与实践的生成者,与学生共享生命的资源;是道德、审美与信仰的生成者,与学生同构生命的意义与希望。在很大程度上,语文教师之所以能对学生产生重大影响,不仅在于课程内容本身,也不仅有赖于语文教师的权威与学识,更重要的是通过教师的人格力量在课程中的辐射和对课程内容的激活来发挥作用的。

一个好教师应具有的人格品质,包括:提高别人的学习能力,增强他们的自尊心与自信心,缓和他们的焦虑感,提高他们的果断性以及形成并巩固他们为人处世的积极态度,等等。一个好的语文教师的高尚人格内涵应该更丰富、更深刻、更具有文化精神,人格作为一种文化的积淀是有其共性的,但是这种教师人格的共性并不排斥教师人格的个性,更不意味着广大教师都千人一面,众口一声。相反,每个教师都应当有自己鲜明的个性。人的才华通常是由人的个性表现出来的。只有坚持共性与个性的统一,才能塑造出符合客观实际的现代教师人格。教师的人格魅力不是追求完美而是发展积极的心态,表现真实的自我。我们希望把学生培养成有个性的人,教师自己就必须有个性。这种个性越突出、越明显,就越有魅力。

语文教师个性的基础和核心都是自己生命感悟、孕育、喷发出来的思想。所以,要真正发展,得学会思考,学会思辨,学会反思,浓缩之就是思想。思想能使教师站立起来! 风格的背后是思想。思想源于思考。作为知识分子的教师应该是一个思想触觉十分灵敏的人:追求真理,崇尚科学,独立思考,这应该是每一教育者坚定的人生信念。教师在读书的过程中要学会反思——反思书中人、书中事;反思自我生存状态;反思现实生活⋯⋯唯有如此,教师才能跨越匠人,成为一个思想者。我美丽,因为我在思想。人的心灵除了具有思想的力量和构成正确观念的力量外,没有别的力量。语文教师应当能够赋予自己的教学以这种力量。

人文指人类社会的各种文化现象和文化精神。语文教师的使命是培育学生的人文精神,而要担负人文教育的使命,语文教师必须具有深厚的人文情怀和高度的人文素养。这一方面是指拥有丰富的人文知识,熟知各种文化现象;另一方面是指具有坚定的人文信仰,把人文知识内化为自己的人文精神和人格力量。具体地说,就是对历史学、哲学和文学的通晓以及对社会和人生的深情关怀。

在大学语文教育实践上,人文素养表现为对汉语的热爱,对语文中人文价值的体验和认同、阐发和传达。特别是要关注和发展学生的个性,用语文课中洋溢的人文气息熏陶和感染学生。作为一个语文教师,要深知人不仅是教育的对象,而且是教育的出发点和归宿,任何教育活动的内容和形式,如果忽视了人,看不到教育对象的人格特质,就根本没有教育的科学性可言。语文不仅仅是工具,更是人的生命活动的逻辑起点和“精神的家园”。语文教育要引导学生学习各种文化知识,培养学生具有听、说、读、写的能力,以适应、改造自然和社会;通过听、说、读、写的语文实践活动,促进学生自身的生产,发展学生的主体,不断提高人的本体价值。

教师的道德理想是对现实问题的超越,而不是对现实的顺应和屈从。这个目标就是身处于现代社会,观念上要走到现代之后:在二分化、分离、机械化和实用主义盛行之际,坚守一体、统合、系统性和理想主义的价值取向,以道德之心对待学生,以自律之心对待自我,以宽容之心对待社会,并通过教师的职业性格影响学生和社会。语文教师应该是一个富有理想的人,像点燃了的、永不熄灭的精神火把一样,在和学生的相处中感染、引导、照亮学生,成为他们人生路上的精神导师和力量源泉。

即使单纯地从语文课程实施的角度来考察,也只有富于理想精神的语文教师才能使用好手中的教材。这包括两个方面:一是敏锐地发现语文课程的意义,二是深入地开掘语文课程的价值。发现是指语文教师与教材内容灵犀相通,谐和共振,把教材的内容经过心灵的放大传达给学生。开掘是指语文教师以自己精神的阳光照射教材内容,无论是悲是喜,是丑是恶,在阐释的过程中都能够反射出高贵的思想光芒。语文教师理想的沦丧会导致精神上的平庸和羸弱,从而导致对教材中的理想因素视而不见、无动于衷,教材中蕴含的精神矿藏就会白白流失掉,语文课就会因此失去灵魂而僵化。具体说来,语文教师应该是一个敏感多情的人道主义者,应该具有高尚的人格,不苟同、不屈服;对人生充满诗意的热情,对社会心怀黍离之悲,丰富而深刻。

语文教师的理想精神灌注在自己的语文教学设计里,渗透在所有的语文教育活动中。每一项语文活动会因为理想的灌注而成为淙淙流淌的小溪,欢快而富有生机。每一个字词都会被理想照耀得闪闪发亮,在明媚的阳光下无比灿烂。语文教师的理想随着教师感情的汹涌,通过教师的价值评判而形成一种心灵的召唤,被理想鼓舞着的人是不可阻挡的。在富有理想精神的老师的组织带领下,学生的语文学习就成了精神的探险,惊心动魄又充满乐趣。

二、大学语文教师的学术修养

学术修养是大学教师从业的基本条件。不同的学科所要求的学术修养有很大的差异。大学语文教师的学术修养包括学科造诣、文化修养和研究能力三个方面的内容。

语文教师的学科造诣是指语文教师从事语文教育工作应具有的知识储备和能力素养。一个优秀的大学语文教师应该饱学有识,掌握语文学科的专业知识,通晓教育心理学理论,具有多方面的兴趣和广博的科学文化知识,并能够用以指导和丰富语文教学实践。

语文学科的核心是语言文学素养。语文教师对语言的掌握和理解要能达到精深、熟练的程度,能够熟练地操作和富有创意地运用。要有丰富的阅读储备,了解文学艺术的知识体系和历史渊源,并能预测未来的发展趋势。扎实的专业知识是完成语文教学任务的基本条件,学生最气愤、最不能原谅的是教师的不学无术。

语文教师要掌握教育科学理论并用以指导语文教育实践,形成语文教学的能力。教育科学理论包括教育哲学、教育学、教育心理学和语文学科教育学,这是教师组织教学的理论基础。教师只有了解教学的客观规律,运用科学的教学方法,才能有效地促进学生主体作用的发挥,从而获得最佳的教学效果。

大学语文教师在强化人文学科专业理论修养时,尤其应加强哲学的研习,多阅读古今中外的哲学名著,了解一些有影响的重要的思想家和哲学大师以及哲学流派,因为哲学是一切理论科学的基础,哲学思辨能力是掌握和建构理论体系的基本条件。文学理论体系是一种哲学演绎体系,要密切关注和吸纳当代文艺学研究的新进展、新成果。文学学科的专业理论具有认识论的意义,可以指导我们进行各种文学实践活动,如引导我们正确阅读,培养审美情趣,提高鉴赏能力,提供价值体系和方法论体系。在任何科学中,理论都是知识的最高形式,是对被研究客体的最完整、最本质的反映,是对客观规律最系统的概括。

大学语文教师还要有广博、精深的文化修养。文化是整个语文课程体系的背景,甚至是构成语文课程内容的重要组成部分。语言背后是文学,文学背后是文化,缺乏对中国传统文化的深刻理解,既难以成为一个合格的语言教师,也难以成为一个合格的文学教师。缺乏对世界文化的了解,对语文课程目标的定位必然浅陋促狭。所以,一位合格的大学语文教师要对本国及世界的历史、哲学等方面的经典悉心研读，并能够在理解的基础上运用于对社会生活的观察和预测。

语文教师具有与语文教学相关的科学素养，才能形成科学的世界观和科学的方法论。新兴学科不断出现，文理学科相互渗透，语文教学的内容不仅局限于语言文学方面，还涉及广泛的社会科学、自然科学等方面的知识。要做一名合格的语文教师，就要博览群书，采纳百家，不断拓宽知识领域。这样才能感染学生，才能唤起他们强烈的求知欲望。此外，各学科知识的相互渗透、综合课程的实施，更要求教师涉猎广泛的科学文化知识来丰富教学的内容，适应现代教育的需要。同时，教师的博学也是建立威望的重要条件。

高等学校的教师是以学术为生的人，其职业特征是发现。发现有两类：一类是自己在科学研究中的发现，这属于教师自己的专业学术；另一类是在课堂上教会学生发现。在课堂上教会学生发现的过程是课堂学术。

大学语文教师必须要有自己的专业研究领域，在语言、文学、写作的其中一个方面深入下去并且取得自己的研究成果。这不仅是自己在学界立身的资本，更是教授大学语文课程的必要条件。教师自己科研的经验和成果，在研究过程中的创造精神和能力，会积淀为近乎本能的思维方式。只有这样，他才可能在课堂上指导学生研究，他的教学才可能是创造性的。很难设想一个没有科研背景的人走上高校课堂会是一种什么糟糕的情景，他除了做一名知识的搬运工还能做什么？

总之，语文学科是一门交叉性极强的综合学科。语文教师要"精"于语文专业，"博"于文化科学，能以正确的教育理论指导教学，让教学过程充满学术精神。这样，才能把语文课教活，使学生学有所得。

三、大学语文教师的能力修养

语文教师的能力修养是指语文教师在教学中对学生进行知识传授、能力培养和思想砥砺而采取的方式方法的效率。作为教师，需要将所拥有的知识转化为学生所能掌握的知识，并借以发展学生的智能，这就需要掌握教育知识和教学技能。语文教师能力的外部标志首先是要求语文教师能负责任地、创造性地履行教师的职责。外部标志的第二个表现是教学情景具有明显的目的性和适应性。语文教学工作不但要让学生掌握语文知识技能，而且还要对学生进行情感价值教育。在具体的语文教学过程中，语文教师要能根据学生心理特点和教学内容的特点设计出符合学生语文学习规律的实践活动，特别注重自主、合作、探究式学习方式。让学生多动脑、多动手、多实践，锻炼独立获取知识的能力。语文教师技术态度外部标志之三，是要求语文教师能卓有成效地发展学生的思维能力。在语文教学中要让学生掌握语文基础知识并能把语文知识转化为读、写、口语交际的能力，在训练、发展学生单向思维的同时，也发展学生的变向思维、创造思维，不断提高学生的思维品质。

语文教师能力的内部标志包括教师的职业品质，对待教学的正确态度，兴趣爱好，教育能力和组织才干，适合学科要求的性格、气质和心理特征。语文教师应该有理想、有道德、有文化，热爱祖国，热爱教育事业，热爱学生，富于献身精神。应该具备独立思考、不断追求新知识、勇于创造的科学精神。应该坚忍、乐观，富有激情，富有丰富的想象力，以良好的心态和健全的人格给学生以激励、启发和鼓舞。

语文教师的能力还表现为对语文传媒运用的技能、言语的技能、教学设计的技能、课堂控制的技能、组织语文活动的技能、教学评价的技能和搜集材料、分析材料的技能。语文教师要能够潜心研究和熟练运用这些技能。

在语文教师应具备的多种技能中,言语和思维的能力是容易被忽略的。语文教师的言语既是教学的工具,也是教学的内容,它包含着丰富的文化信息,具有强烈的激发和组织的功能。教师的言语修养在极大程度上决定着学生在课堂上的脑力劳动的效率。好的言语可以顺畅地传达教学内容,有效地组织教学活动,可以像蜜一样牢牢地黏住学生的注意力,引导他们在知识的海洋中扬帆远航,激励他们奋然追求生活的真谛。

大学语文教师教学言语的特征,除了一般的形象外,还要富有哲理美,要具有思辨性、创造激情和批判精神,精彩睿智而又闪耀着辩证法思想的光辉。语言的哲理是对人生的深刻总结和深情展望。大学生的抽象思维已经进入成熟期,对人生的思考日趋深沉。富有哲理的言语吻合大学生的心理,因而受到他们的喜欢。从学科的角度看,大学语文教学不能再满足于语文知识的传授,而应注重语文能力的培养和语文方法的获得,并且在这个过程中实现对学生的人文关怀和人生引导。语文教学言语的哲理美来源于教学内容。它是语文教师在对教材进行深层次的挖掘与深刻把握的基础上,结合教师人生感悟和高尚的情操,以独特的审美慧眼从课文世界中"开采"出的人生真谛,能给学生以强大的人格魅力的影响。

语文教师的言语还应当具有审美性。"言之无文,行而不远。"内容美要求教师的言语思想深刻,富于哲理,充实而又含蓄,常常具有令人豁然开朗的启迪性;形式美则是要求教师在遣词造句和修辞上显示出高超的艺术,不能只满足于一般的规范化语言,要锦上添花,努力做到具有"建筑美、色彩美和音乐美"。

语文教师不单是靠语文的内容来激发学生的思想和感情的,他是有思想、有感情的感受和创造力的生命,所以课堂上的语文教师总有一副兴致勃勃的面孔,有一双一会儿在科学的丰功伟绩面前燃烧着赞美的火光,一会儿又好像在怀疑所做的结论的正确性而眯缝起来的眼睛。教师的体态语言是展现其人文风范的重要方式。

总之,语文教师的课堂言语具有鲜明的学科性质,即可感性、情感性和启发性。语文教师要能够把深奥的事理形象化,把远处的东西近处化,把抽象的事物具体化,把无声的文字变成有声的言语,生动地再现教材的思想内容。语文教师应该成为运用语言的艺术家。真正优秀的语文教师,其口头和书面的表达就是学生学习母语的活生生的教科书。教师今日语用之修炼,就是学生明日语用之造化。与其说是一本优质的教科书造就了人,不如说是一位卓越的语文教师熏陶并升华了青春生命。即使有一本优质的教科书,充其量它只是教师实施教学的一个小小道具而已,而比道具本身更重要的是教师自身那种超凡脱俗的思想力和表达力。

教师职业思维很特殊,其突出的特征是强烈的生成性和主动的反思性。他要认定,一切事物及其本质是在其发展过程中生成的,而不可能在事物运动之前就存在。生成不是指数量的叠加而是指"变成某物"。这是一种哲学层次的认知观念,优秀的教师总是以此来指导自己的课堂教学。他羞于、不屑于捧出一个现成的结论,哪怕这个结论是真理。他总是习惯于从头开始,从问题开始,和学生一起经过烦琐的过程、艰苦的思维而获得。语文教学的生成性表现为从想象文字、感受形象、体验情绪到产生思想并表达观点的完整过程。

教师职业角色的发展开始于回归自我的批判与反思。经验主要通过学习实践而获得，而反思则是对经验和实践的思考发现并提炼，是积极主动地寻求自己的专业发展并评判性地思考过去的过程。具有较完美师德的教师会主动地根据时代和社会发展的需要，通过反思自己的伦理行为是否恰当，反思自己的知识体系是否合理，以及如何提升自己的教学技能，反思自己的道德取向是否正确等，来对自己的从教能力和个人德行进行回顾与总结，从而获得更好的职业发展。反思贯穿于教学全过程的各个环节，教师是集运动员、裁判员和教练员三位一体的，既要潜心于教学内容，又要对自己的教学过程做出评价，并且及时总结出经验教训，提出改进的途径。一名优秀的语文教师会经常向自己发问：我有没有打动学生的感情，我有没有点燃学生的智慧，我有没有把学生带到一个精神的高地，还有没有更好的教学途径？

《礼记·学记》提道："不兴其艺，不能乐学。"教师不兴其艺也不能乐教。教师的艺，从根本上说就是对真理的明了揭示和对感情的深刻体验，能让学生感到新奇甚至震惊。如果能让学生在学习中意识和感觉到自己智慧的力量，体验到创造的欢乐，为人类的智慧和意志的伟大而感到骄傲，那么语文教师也就会赢得学生的尊敬和爱戴。语文教师的课堂应该是飘洒着感情的春雨，播撒真理的阳光，气象万千，奇幻、瑰丽。

第三节 大学语文教师的任务

一、大学语文教师工作的特点

(一) 文化性

文化是人类精神的空气，人是通过文化和生存的这个世界建立起深刻而广泛的联系的，一个人的力量来自他所掌握的文化的程度，而人们接受和传承文化则是从学习语文开始的。语文能够为学生的终身学习和有个性地发展奠定基础，也主要是指通过与文化著作的对话来培养起学生的深厚、坚定的文化精神。

语文教育要增强文化意识，学习探究文化问题的方法，提高认识和分析文化现象的能力，吸收优秀文化的营养，参与先进文化的传播，要选读经典名著和其他优秀读物，与文本展开对话。通过阅读和思考，领悟其丰富内涵，探讨人生价值和时代精神，以利于逐步形成自己的思想、行为准则，树立积极向上的人生理想，增强为民族振兴而努力的使命感和社会责任感。养成独立思考、质疑探究的习惯，发展思维的严密性、深刻性和批判性。相比较，大学语文更加具有文化高度和精神价值的向度，因而，大学语文教育的文化性更加突出。民族的文化传统、哲学理念和思想情感渗透在语文教材当中。各种语文教学资源都是文化的载体。开发众多的语文资源其实就是要多方面吸收中华民族和人类文化的丰富营养。

语文中的"文化"有别于一般的文化。语文课程实质上体现了教育对文化的一种"选择"，这种选择具有定向整理功能，即所选择的文化一般都是社会规范的、稳定的、优秀的文化，镌刻着人类的智慧。语文教材，特别是那些文质兼美的经典性教材文本都是人类优秀文化的结晶,如果看不到它的文化内涵,不能充分挖掘它的文化意蕴,语文教材的功能和价值就无法得到充分体现。而且,教育对文化的选择的过程也是文化系统化、条理化的过程,如教材的编写,都经过了教育者的精心加工、组织,其结构、体系更趋合理与完善,它有利于提高学生的能力。因此,一般而言,大学语文中的"文化"是一种规范的、优秀的文化。

就狭义的大学语文教学而言,基于文化层面的语文中的"文化"更多地体现在"文本"以及"教学中"。这种文化更多地体现在"精神层面"上,即从类型上讲,属于心理意识层面,它包括文化传统、规范、价值观念、信仰、思维方式、表意象征符号、行为模式等。文本中所包含的文化是指课文所体现出的价值观念、信仰、规范、思维方式、思想感情等;互动文化则包括师生在教学中所表现出的人文精神、价值、规范、思维方式、表意象征符号、行为模式等。因此,语文教学要充分挖掘文本所蕴含的文化以及在互动中力求更多地体现文化意蕴。

语文教学要让学生感知理解教材内容,在思想、情感、精神上受到启迪和陶冶的过程。语文学习的教与学的全过程,就是一个传递文化、接受文化、培育文化精神的过程。指导学生开展听、说、读、写各种练习的过程,就是发展学生思维能力、开发和提升学生主体性的过程。语文教师就是一个热心而又坚定的文化的使者。

(二) 实践性

语文教师工作的实践性是由语文课程的性质决定的。教师不再是单纯的"教"师,而是"导"师。在教学过程中形成以学生为主体,以掌握听、说、读、写的经验和能力为目标,融"教、学、做"于一体,强化对学生能力的培养。

语文教师工作的实践性应从两个方面去理解。其一是语文教师本身应该具有丰富的语文实践体验,并能把这些体验转化为教学的能力;其二是语文教师的教学要着力培养学生的语文实践能力。

要培养学生理解和运用语言的能力,教师对语文内容的感知和体验是极为重要的。语文学科是形象的、感性的,具有极强的熏陶感染作用。语文的内容是人类生产活动、社会斗争、文化生活、道德观念以及各种体验、体会的总结和概括,这些对于学习语文的学生来说,都是间接经验、间接认知。语文教师要努力把课程中的间接经验、间接认知转化为学生的直接经验、直接认知。这就要求语文教师既要有较多的社会阅历和语文实践体验,还要具备表达、感染的卓越才能。如语文教师的阅读经验和写作经验可以扩大和丰富自己的感悟和体验。具有实践感悟和实践体验的讲解和引导,才会有感染力和说服力,才会产生良好的教育效果。另外,语文是实践性很强的课程,要让学生多进行语文实践,在大量的语文实践中掌握运用语言的规律。语文教育的过程是学生听说读写不断实践的过程,是学生在语文实践中受到熏陶感染的过程。理解语言运用语言的能力,只能是在亲身练习、实际操作中逐步获得。语文教师要多设计有针对性的练习,让学生动脑、动口、动手,引导学生自主、合作、探究地学习。同时,语文教师更要注意把课堂教学与课外活动结合起来,充分利用各种教学资源,让学生更广泛地接触社会,在实际应用中综合性地学语文、用语文。

(三) 艺术性

语文教师工作的艺术性指的是语文教学具有相当的技能技巧,具有鲜明的个性。语文教学是一门科学,也是一门艺术,教学的每一个环节都闪烁着创造的智慧。语文的教学过程,是按照美的规律进行的认知实践活动。语文教师在教学活动中的艺术性,表现为语文教师要掌握教书育人的技能技巧,能运用富有创造性的方式方法,能够熟练运用言语、动作、音响、图像等形象化手段,生动有趣、卓有成效地表达特定的教学内容。语文教师言语的形象性、启发性是教学艺术最主要的特征。语文教师借助于形象化的言语,通过打比方、做类比、举例子、摹声、绘状等艺术处理,使学生感知语文材料时如临其境,如见其人,如闻其声,从而产生巨大的艺术感染力,促进学生的感知、思维、理解和想象等认识活动的积极开展。综合运用叙述式、说明式、论证式、抒情式等各种表达方式,则能化难为易,容易引起共鸣。娓娓动人的讲解,丝丝入扣的分析,循循善诱的点拨,引人入胜的谈话,张弛跌宕的节奏,可令人荡气回肠。教学言语的抑扬顿挫,诙谐幽默,或是慷慨激昂,深沉委婉,都能令人回味不尽。语文教师的各种非语言教学手段,如眼神、手势、体态、表情,同样可以是一种教学艺术的表达,对搞好教学起着重要的辅助作用。

教师是课程和学生之间的一座桥梁。语文教师讲授语文材料的过程和学生感知语文材料的过程,就是对艺术形象感知和理解的过程。通过这些艺术形象,教师达到教书育人的目的,学生达到掌握语文知识、养成能力以及净化和提升灵魂的目的。语文教师所设计的教学活动的程序要新颖活泼,符合学生的认知规律,要具有审美性。语文教师的智慧和创造性常常就在这里发挥出来。

语文教师要教好语文,就要像一位艺术家那样对待自己所教的课程,对课本上的知识深入研究,细细消化,融入自己的感受和体验并使之具体化,转化成为具有美学特质的教学行为。这个过程就是语文教学工作艺术化的过程。语文教学艺术的目的和标志都是在教学过程中激发学生的感情,把教学内容转化为学生的体验,抵达学生的灵魂。

二、大学语文教师的课程建设

语文教师要对语文课程的性质、地位做到正确、深入地理解。语文课程的基本特点是工具性和人文性的统一,语文课程是学好其他学科的基础,也是学生全面发展和终身发展的基础。语文课程的奠基作用和多重功能决定了语文课程的重要地位。

语文课程着眼于全体学生获得基本语文素养,还要让每一个学生具有适应实际需要的识字写字能力、阅读能力、写作能力和口语交际能力,熟练掌握语文的方法。语文课程是具有丰富人文内涵的课程。语文教学具有极强的感情和价值的引导作用。语文还是实践性很强的课程,应该让学生尽可能多地直接接触语文材料,在大量的语文实践中学习语文、运用语文。学生是学习语文的主体,必须激发学生学习语文的积极性,倡导自主、合作、探究的学习方式,改变单纯师传生受、死记硬背、机械训练的学习状况,唤醒、提升学生的潜能,培养学生的创造力。

语文课程是实践的更是开放的,语文课程要改变过于强调语言本位、与其他学科割裂的状况,努力加强与其他学科的联系,加强与生活的联系。语文教师要强化课程资源意识,因地制宜地开发、利用各种课程资源,努力建构开放和富有活力的语文课程,扩宽学生学习语文的视野。大学语文教师要立足于自己所教学生的实际,积极建设开放、多样、有序的语文课程体系,适应学生对语文教育的不同期待。

　　大学有不同的类型和层次，从学历的层次来看，有本科与专科之分，本科又分重点大学和普通大学之别；从学术层面来划分，大学又可分为研究型大学、研究教学型大学、教学研究型大学和教学型大学几类；从学科层面来划分，还有文科与理科之别；从专业的层面去划分就更多了。不同类型和层次大学的办学定位、培养目标以及学生的素质水平存在很大的差异。大学语文教育也必须进行差异性定位，教学内容必须因人制宜，因材施教。重点大学本科主要培养目标是逐步遴选学术型理论型人才，学生驾驭知识的能力比较强，对学术问题反应敏感，因此，大学语文课程应该突出人文性、综合性和研究性，着重实现人文素养的提升，同时也适当兼顾高等形态的逻辑思维训练、思考力和说写能力的提高：充分运用文学文本内容丰富性的优势，对大学生进行文、史、哲、艺等相关文学文化知识的教育，为这些学生未来的学业深造和职业发展构筑基础性和通识性的文化平台。语文能力的培养可以与专业相结合，采用课堂教学与实训教学相结合的办法进行。如实用阅读、实用口语和实用写作等都可结合职业核心素质和技能，有针对性地进行教学，以培养学生走上职场应具备的职业素质、人文素质和语文能力。

　　语文教师要加强对语文教材的研究、实施和反思，努力构建属于自己的教师课程。语文教材是语文教师进行教学最直接、最主要的凭借。语文教师要做好语文教学，就要对语文教材有深入的了解和研究。深刻理解教材编写的指导思想、体系、模式、所选范文、练习设计。研究教材的方式主要是通读全套教材，比较不同体系的教材，对范文进行悉心的揣摩和深入的分析。语文教师要能够深入挖掘教材的潜在的发展功能，充分发挥它的作用，并能够创造性地把语文教材设计成富有启发性的教学活动。教材实施的目标是把教材的教育因素通过教学实践活动内化为学生的语文素养，其关键环节是听、说、读、写的教学设计和组织落实。对语文教材的反思主要是看它的内容和形式是否符合人才成长的需要，是否符合时代的要求，是否符合学生学习语文的内在规律，并能对不恰当之处及时修正、调整和补充。语文教师要做到既能实现教学目标，又能灵活运用教材，同时也要注意为学生留出选择和拓展的空间，以满足不同学生学习和发展的需要。

　　教师还要积极编写校本语文教材。这种教材紧密结合学生的专业目标，给学生补充本专业的文献资料，帮助学生养成专业技能，对学生的生存和发展起到奠基作用。这是对国家通用语文教材的补充和延伸，是针对本校学生的学习能力而开发的教材资源，难易适度，适合学校大多数学生使用。教师和学生共同参与语文教材的开发，也有利于创造性地教与学。编写校本课程要积极探索语文与其他学科的联系和沟通，发现活动课题，设计活动程序，这对提高学生的综合素质有很大的好处。

　　语文教师对语文活动的组织和管理，主要是设计好活动的目标、选择活动的内容和方式，加强交流和评比，同时，要使语文活动结构化，要具有典型性和可发展性。比如指导语言艺术社、学生文学社团活动，推荐学生优秀习作发表，指导征文比赛、朗诵、演讲、课本剧等。指导学生的社会实践，写作社会调查，使学生增强社会责任感，学会交流沟通。对社会热点问题、热点人物、社会现象等进行探讨，使学生正确看待社会和人生。提高学生的实践能力、创造能力、就业能力和创业能力。锻炼学生的竞争意识、参与意识，端正学生的人生态度，让学生学会解决问题的方式方法。

　　语文教师要出色完成自己的教学任务，必须有成熟的自我意识，以自己渊博的学识和人格的光辉去自觉地教授语文课程和教学的各个方面，创造性地开展工作。语文教师在教学工作中要一方面能潜入语文教学过程的长河中畅游;另一方面又能站在岸上观察和反省,这样,教学活动才能是自觉、清醒和有效的。

三、大学语文教师的日常工作

大学语文教师日常工作的主要环节有了解学生、钻研语文教材、设计教学方案、上课、布置作业和学习评价,以及听课评课、开发语文综合课程和写教学笔记等。有些环节的内容和方式与中学语文老师并没有本质的区别。这里仅从大学教学的角度和容易被忽略的几点做以下说明。

"大语文"的教育观念已为广大语文教师所接受。在科学技术迅速发展、文化科学知识急剧增长、各种信息高速传递的时代,开发和利用课外各种教学资源,组织好学生的课外活动,对巩固扩展学生的语文知识,培养学生的语文能力,强化语文创新意识,丰富学生精神生活,都具有重要意义。积极开发和利用本地本专业的教学资源,引导学生联系生活实际和现代社会中的现象考察文化问题,对身边的这类现象进行分析和解释,提出自己的见解,展示学习的成果。语文教师应高度重视课程资源的利用与开发,充分发挥自身的潜力,参与必修课和选修课的建设,创造性地开展各类活动,增强学生在各种场合学语文、用语文的意识,多方面地提高学生的语文素养。

大学的语文学习特别要经常组织学生开展文化论著选读与专题研讨,"探究"古今中外的文化问题。指导学生阅读文化论著,交流阅读体会,对其中的主要内容或观点进行讨论。应指导学生领会精神,抓住重点,不必面面俱到,纠缠枝节问题,深究微言大义。应指导学生通过阅读论著、调查梳理材料,学习文化问题探究的方法,吸收优秀文化的营养,增强文化意识,提高认识和分析文化现象的能力,能更好地传播先进文化。探究学习的目的是要培养学生的探究习惯和探究能力,让学生体验探究的过程,学习探究的方法。在其他领域的探究学习中,撰写考察报告、论文等涉及语文的活动,属于语文"应用"的范畴。进行文化问题的探究,也要注意提高学生的语文运用能力。

写教学笔记,对自己的教学及时反思是一个教师良好的职业习惯。反思作为联结知性与理性的桥梁,是具有较高价值的内省认识活动,是认识真理的高级方式。教学反思是教师对自己的职业行为以及由此产生的结果进行审视和分析,以批判的态度、挑剔的眼光和追求完美的劲头进行深刻的再认识。反思的本质就是理想与实践的对话。反思的过程实际上是使教师在整个教育教学活动中充分地感受双重角色:既是引导者又是评论家,既是教育者又是受教育者。这种双重角色的定位实际上是自我意识的觉醒、主体性的具体体现。在反思、咀嚼、回味中,个体认识世界、认识自我,从而确认存在,生成意义。诚如考尔德希德所言:"成功的有效率的教师倾向于主动地创造性地反思他们事业中的重要事情,包括他们的教育目的、课堂环境,以及他们自己的职业能力。"从更高的意义上说,是在反思中追问自我,发现自我,实践自我,超越自我。

四、大学语文教师的专业发展

自我专业发展的意识是指对自己过去与现在专业发展状态的反思以及对未来专业发展的规划意识。自我意识强烈的人具有反思精神,对自己所处环境条件、专业结构、专业水平和发展状态能客观分析。在此基础上,确定发展方向,制订切实可行的专业发展计划,对计划实施可能产生的结果也有清醒的认识。大学语文教师的专业发展具有本专业的特殊性,又具有这个学科在高校学术体系中的限制性。语文教师对此要有清醒的认识,确定明确的目标,采取切实可行的方法。一般说来应从以下几个方面着手:

语文教学实验和语文教学研究是语文课程改革中的重要内容。语文教学实验可以由国家、省、市、校组织,也可以是语文教师个人探索。教学实验可以是教学内容方面的,教学方法方面的,也可以是综合性的。教学实验需要语文教师加强学习,更新观念,树立正确的人才观和学习观、质量观,把创新意识和实践能力的培养真正贯穿到学校教育教学各个环节中。同时,要加强课程改革实验的科学研究,对实验课题要进行充分论证,认真构思,切忌搞"假、大、空",要在实验中注意总结经验。

语文教学研究能力是一个合格的语文教师必备的能力。一个语文教师不仅要掌握教什么、怎么教,还要探究为什么,要不断追问怎样的教学内容和方式才是更理想的。这就要求语文教师探索语文教学规律,研究语文教学现象,关注时代对语文教学的要求。诸如对语文教学现状的调查、历史经验的总结、实验方案的反思、教学方法的改进、教学观念的进步以及教育体系的创新等,都是语文教师教学研究的内容。语文教师的教学研究能力,主要表现在听课、评课、组织教研活动、教学改革实验、总结教学经验、撰写教学论文和专著等方面。要做好语文教学研究,语文教师就要善于学习新知识,了解新信息。要勤于实践,善于积累,勇于创新。要注意搜集有关资料和数据,选准课题,并敢于动笔撰写教研论文或专著,交流自己的科研成果,丰富和发展语文教育理论。选择教研课题要注意从教学实际出发,由小到大,由点到面,逐步扩展,一开始不宜选题过多。

大学语文教师要不断提高自身专业学术研究的意识和能力,使自己拥有学者和教师的双重身份。专业学术研究素养是提高大学语文教师专业素养的关键,也是提高大学语文教育质量、改变大学语文现状和命运的关键。"教师即研究者"是国际教师专业发展的重要理念。大学语文教师要努力使自己在专业学术研究领域有自己的感受、观点、结论和成果,努力提高自身的学术研究水平,以深厚的专业学术修养来增强教学内容的学理性,提升教学的层面和质量,使教学活动永葆旺盛的生命力。

从事科学研究、学术交流,参加专业的学术团体,在学术活动中充分发表意见。在认识自我与周围环境现实关系的前提下,自觉创造专业发展条件,加强沟通与协作,学术交流和合作研究既可以在同校教师之间进行,也可以跨学校、跨地区团队合作进行,充分利用资源,相互支持配合,共同促进学科发展和自我专业发展。尽量参与专业范围内公共的、共同瞩目的研究活动。比如主动地与同行中的资深学者、专家、人士横向联合,申报并研究省部级乃至国家级的科研课题。再如积极参加某些专业的学术研讨会等,以此增进与本学科主流的学术研究领域的相互联系、沟通和合作,从而规范自身学术研究方法,启迪学术研究思路,开阔学术研究视野,提升学术研究综合实力。积极撰写并努力发表有较高学术含量和价值的专业论文、专著等,以此促进本学科学术研究能力的提升,并培养自身学术研究的求真求实精神和不浮不躁、严谨科学的作风。实践也证明,提高大学教师的学术研究水平和能力,是提高高等教育质量的有效方法之一。要想在日益激烈的教学竞争中站稳脚跟,或者追求更高的目标,不断地以精深的学术研究和丰硕的成果充实提高自己也是必由之路。

语文教师要善于寻找大学语文研究的学术生长点。现代科学技术迅速发展,新知识、新学科不断出现,社会的生产方式和生活形态迅速变化,语文学科与其他学科互相渗透融合,社会对语文教育的目标、内容和方式也在不断变更。我们要善于从这种变化中寻找学术研究的生长点,从蜗居式的研究走向开阔和深沉。在语文研究的方法上注重学科交叉、大数据和实证调研,长期关注语文教育的行动研究和叙事研究。

语文教师要经常、反复地研读中外文化经典,使自己成为一个文化人,成为语文课程生动活泼、富有创新力量的载体。教师应该是博览群书的饱学之士。五湖四海,古今中外;上下五千年,纵横八万里,教师都应该有所涉猎。这样,教师在课堂上才有可能口吐珠玉,游刃有余,讲起课来左右逢源,旁征博引,妙趣横生,见地别具,谈吐不凡,从而给学生带来一路春风,使其如同进入一个辽阔纯净甚至是可以嗅到花草芬芳的知识王国。语文教师要拜谒经典、叩敲人文,与童心为伴、与时代携手。教师要不断汲取自然科学和社会科学的最新研究成果,关注社会生活发展趋势,给学生以正确的引导。关注时代前沿是为了自身的新鲜活跃,须知在我们不得而知的广阔世界还有这么多的不可思议,我们不可将自己摒弃于时代之外,不可将自己轻易划入老年一派;关注前沿更是为了教育的新鲜活跃,了解孩子们的心态,才能与他们探讨,才能更好地引导他们形成正确的价值观。我们语文老师教的是语文、是历史、是文化,是思想、是精神、是智慧、是力量,那么,语文教师就要成为这些要素的载体甚至是它们的闪光。

五、大学语文教师的评价

教师不仅是知识的传授者,还是学生学习的促进者;教师不仅是传统的教育者,还是新型教学关系中的学习者和研究者;教师不仅是课程实施的组织者、执行者,也是课程的开发者和创造者。新的教育观对教师提出了全方位的要求,教师的工作也因此变得更加富有创造性,教师的个性价值、伦理价值和专业发展得到了高度的重视。如果说"教育是人的灵魂的教育,而非理性知识和认识的堆积",那么,属于人文学科的语文教育,更应点燃精神、陶冶人格,抵达并澡雪学生的灵魂:"一棵树摇动另一棵树,一朵云摇动另一朵云,一个灵魂唤醒另一个灵魂。"

据此,大学语文教师评价应设置以下几个方面的指标:

(1)课程教学思想和教学方法的理论研究与实践探索,大学语文课程的开发和构建;

(2)教学目标明确,以培养语文读写能力为核心,教学中高举人文精神的大旗;

(3)教师作为学生学习的引导者和促进者;

(4)教师成为学生心灵世界的向导,组织和指导学生徜徉在语文世界,共同提升语文能力和文学审美趣味;

(5)语文课堂教学充满激情、闪耀着思想的光芒;

(6)运用现代化手段为学生创设学习情境,开拓广阔的教学空间。

第八章　深度学习对大学语文教学的作用

第一节　深度学习对大学语文教学的促进作用

一、深度学习有益于加深大学生的语文审美体验

心理学认为,人的心理、意识都是在活动中形成和发展起来的,通过活动认识周围世界,形成人的各种个性品质。而人的活动的基本形式有三种,即游戏、学习和劳动。每一种活动都是由目的、动机和动作构成的,具有完整的结构系统。学习活动同样具有一定的学习目的、学习动机和学习行为,需要学习者的主动参与。体验是通过自己的感觉器官和行为对人物或事物进行了解和感受,是获得对客观世界的感受性认知的实践方式,也是一种震撼心灵、感动生命的魅力化育模式。体验需要亲身经历,需要用自己的生命去验证和感悟,学习体验注重的是让学生全身心地投入学习活动的过程中。深度学习恰好可以实现二者的融合,有利于更好地实现学习者为主体、教师为主导的教学过程。在深度学习理念的导向下,教师不再单纯传授知识,而是引导学生运用感官和行为深刻体验,在体验中产生学习的冲动,形成一种质疑、探寻、讨论、答疑的有效学习模式。因此,在深度学习理念观照下,教学不再是停留于表面的理性思维活动,而是一种有情感的、有温度的、深层次的体验活动。

审美体验是一种对象化的自我享受。大学语文教学中的审美教育必须诱发学生对审美客体的喜悦感、自由感、质疑感、惊异感,只有这样,才能真正调动审美主体——学生的审美潜力,产生审美激情,进而获得深刻的审美体验。在大学阶段,教师将从古至今的经典名篇作为语文教学内容,使大学生徜徉于意美、情深的文字海洋里,享受美的饕餮盛宴,获得无比丰富的滋养,恰如朱熹在《观书有感》中所言:"半亩方塘一鉴开,天光云影共徘徊。问渠那得清如许,为有源头活水来。"

大自然中的景观,常具神奇之美,使人惊叹,使人心动,经过文人艺术化、抒情化的文字描摹,似一幅崭新的画卷呈现在学生的眼前,活灵活现,美不胜收,无不引起学生对美好自然的深情依恋与无尽向往。透过句句诗词、段段文字,我们可以欣赏到陶渊明流连的朵朵菊花和袁枚酷爱的苔花如米小,看到晏殊所独自徘徊的小园香径;登上"会当凌绝顶,一览众山小"的泰山,游于"无语东流"的长江,感受"泥融飞燕子,沙暖睡鸳鸯"的春天、"接天莲叶无穷碧,映日荷花别样红"的夏日和"带霜烹紫蟹、煮酒烧红叶""千里冰封、万里雪飘"的秋冬,体会"乱石穿空、惊涛拍岸"的壮观,"海上生明月,天涯共此时"的宁静。所有这些无不给我们一种美的享受。的确,湖光山色之胜景,草木虫鱼之自由,经过文人的着力抒写,呈现在学生眼前的,是更为鲜活的形象,带给他们的,是对自然美的深切感悟;油然而生的,是对美好自然的向往,对祖国山河的热爱,对生态意识的强化和对未来生活的憧憬,甚至

"能从中获得生命的力量,直至一生"。

文辞优美、情感丰富、思想深邃的文字作品,在教师的引领下,让学生多用心灵去感知,万物皆成为有情有义的生命之物,这时产生的感受才是真正的审美感受。同时,文字作品不但能让学生领略到自然之奇、物象之美,还能使学生得到人生启迪、思想升华,即透过文字和物象,在欣赏美的同时,感悟作品所蕴含的哲理,体验作者所寄寓的情感,最终获得心灵的震荡和情意的神会。古往今来,优秀的文人往往都洋溢着回旋喷涌的生命激情,都胸怀"济苍生,安黎元"的雄心壮志,善于以游说辩驳、借古讽今等方式,将自己对历史、社会、人生的深沉思考寄寓于文字之中,以此传达个人的理想以及对社会、对人生的责任和使命。不论是"老庄""孔孟""唐宋八大家",还是屈原、李白、关汉卿、马致远、罗贯中、曹雪芹等,无不长于将劝谏之意、除弊之要、革新之举行之于文,将人生志向、道德情怀流于笔端。只要品味其作品,欣赏其文辞,自然能体察作者丰富的内心世界以及价值取向。如孔子"道之以德,齐之以礼,有耻且格"的治国理念;孟子"民为贵,社稷次之,君为轻"的民本思想;李白"天生我材必有用,千金散尽还复来"的乐观;苏轼"莫听穿林打叶声,何妨吟啸且徐行"的旷达;于谦"粉身碎骨浑不怕,要留清白在人间"的崇高;文天祥"人生自古谁无死,留取丹心照汗青"的赤诚;李商隐"春蚕到死丝方尽,蜡炬成灰泪始干"的执着;郑板桥"千磨万击还坚劲,任尔东西南北风"的坚定等等。古圣先贤们的磅礴气势、高蹈道义、博大胸襟、坚定节操,透过诗文表现出来,深深感染着学生,令人难以忘怀。这是大大超越单纯的语言美而震撼人心灵的强烈的精神美,每一句诗都是铸炼学生灵魂的烈火,都是滋养学生精神的力量,必然使学生思想得到升华。

长期浸润在美妙语境中,不断接受高尚情感的熏陶,能使学生在潜移默化中加深对作品以及作者情感的理解与体悟,并产生相似性情感。对优美文辞、美好意境的不断体验,不仅能使学生的个性得以张扬、灵魂获得"诗意的栖居",提高学生的审美能力和美感修养,更能促进学生高尚品格的养成和人生境界的提升,诚如朱光潜先生所述,一个真正有美感修养的人必定同时也有道德修养。

二、深度学习有益于提升大学生的语文学习层次

每一个大学生都经历了基础教育阶段十余年的语文学习,基础教育尽管在不断地改革,但至今没有摆脱应试的藩篱,语文教学亦是如此。以语文的基础知识系统学习和科学训练为主,重在引导学生如何应对考试,如何在考试中以高分取胜的中学语文教学,虽然也会涉及人文性和审美性,但主要还是侧重于其工具性和基础性。多年来,学生进入大学后的语文学习与中学语文学习大同小异,没有摆脱字、词、句、段、篇的流程化文本阐释及其求证逻辑,教师侧重于一般层面上的语文知识讲解,学生的语文学习始终停留在知识符号的表层。这样的教学模式束缚了学生认知心理的发展,影响学生的学习兴趣,更谈不上引导学生加强对文本的深层次解读,不利于学生思维、情感的培养和母语文化的传承。会使语文学习变得枯燥、乏味,毫无生气与灵性,在课堂效率低的情况下,课程地位日渐尴尬,不受重视。由此,不少大学生将大学语文戏称为"高四语文"。大学语文教学该如何改变传统的语文知识传授模式,怎样使语文学习从浅表抵达深刻,这一问题就这样鲜明地被提出来了。

深度学习理念的提出,为大学语文教学改革提供了契机。深度学习是与浅层学习相对

的概念,是学习者在理解学习基础上的一种批判性学习,是需要学生的感觉、知觉、思维、情感、意志等全面参与的活动,是超越表层知识符号、进入知识的内在逻辑形式和意义领域的学习;是在教师的引导下,能够启迪学生的智慧和引发学生深入思考的学习。

语文的深度学习,是在掌握文本内容"是什么"的基础上,通过进入更深层次的思维,了解"为什么是这样",从而探究文本的内蕴,实现思维训练、情感培养、德行养成的有效统一;是通过超越表层的符号学习,而把握知识的内在结构,既能受到情感熏陶,又能受到思想的启迪和价值的引导,不仅能培养学生的思维方式、审美情趣,还能完善其道德品质的学习;是正确引导学生世界观的确立和价值观的形成,从而提高其整体素质的学习。如学习《春江花月夜》,初看题目,即令人心驰神往:春、江、花、月、夜,无一不是人生中的佳时与美景,春天,生命活动勃发的火红季节,夜晚,美妙之时,江水、花树、明月,构成一幅浑然一体、清丽优美的画卷,伴随韵脚的转换变化、平仄的交错运用,读之即能感受到春江花月夜清幽的意境美。但我们不能简单地停留在对模山范水的景物诗的理解上,而应该进入作品的内在领域,把握文本背后丰富的人文价值意义。诗人紧扣"春江、明月",由江月生发出种种诗情意理,情、景、理水乳交融,意境幽美、邈远,在对春江花月夜的描摹之中,赞叹了大自然的奇丽景色,讴歌了心中的纯洁爱情,表达了对游子思妇的同情心,将对人生哲理的追求与对宇宙奥秘的探索高度结合在一起。细细品读,能深刻感受到诗人在江天一色的月光下,内心的清净澄明,心与自然之间一种充满灵性的交流。伟大诗人屈原曾以《天问》表现人类对自然宇宙的不息探索,一千多年后的张若虚也发出了对宇宙的疑问,中国诗人所特有的"宇宙意识"在诗中得到了充分体现。同时,又以"可怜楼上月徘徊,应照离人妆镜台""卷不去""拂还来""愿逐月华流照君"道出了游子对思妇的怜爱和相思却不能相见相伴的深深歉疚,以及思妇的痴与怨。看多彩人生是怎样由情爱和烦恼织成的,让人感觉虽然遥远,却又十分真实,这是对人类心灵的关怀和对生命的关爱,是对生存价值的肯定,更是一种对乐观、向上的生命意志的高扬。

三、深度学习有益于生成大学生的语文创新能力

深度学习不是机械地对知识的描述和复制,不是简单地掌握孤立的知识点或记忆事实性知识,而是将经过质疑、批判、深入理解而获得的新知识、新感受与新感悟有机融入自己已有的认知结构之中,将其迁移到新的情境中,并能解决实际问题的学习。从布卢姆的教育目标分类学来看,深度学习是对知识的应用、综合、分析和评价,是一种高级认知技能的获得,是在教师的引导下,根据当前的学习活动去联想、调动、激活以往的经验、知识,以融会贯通的方式对学习内容进行组织,从而建构出自己的知识结构。是强调学习者积极主动地学习,强调学习者批判性地学习,强调学习者将在某一情境中学习的内容迁移应用于另一新情境的学习。

在曾经以及当前的一些语文教学中,对文本的理解在很大程度上是教师怎么说,学生就怎么理解和接受,教师是知识的传递者,学生是知识的被动接受者。在整个教学过程中,学生的主动性不强,参与度不高,而其学习积极性及对语言文字的兴趣多被统一的、标准化的唯一答案所遏制。深度学习则要求学习者对所学习内容予以深度加工,主动去体验、去感受,并敢于进行批判、质疑,需要学生与学习内容之间建立一种紧密的灵魂联系。

语文教学的内容是文质皆美的名篇佳作,学习者的首要任务自然是对文本内容的掌握,只有掌握了文本的基本内容,才能使学习走向深入。但语言符号形式的文本内容学习只是一种背景性和支撑性的学习,是表面的、肤浅的学习。因此,真正的学习必须思考符号表征背后的逻辑形式,挖掘其隐含的深刻意义,避免浅尝辄止的"浅阅读",做到"虚心涵泳,切己体察"。比如学习诗歌,要实现有价值的文本意义生成,就得关注创作的背景、作品中的词语意义,以及组合关系、读者视域与作者视域的融合;就得以品味和揣摩语言为基础,然后通过语言这座桥梁去发现隐藏于言语背后的抒情主体,进而结合个人经历与创作背景感悟诗歌的魅力。这一循环过程,就是从文字符号走向文本内容,从文本内容走向隐含意义的深度学习过程。

"你站在桥上看风景/看风景的人在楼上看你/明月装饰了你的窗子/你装饰了别人的梦。"这是卞之琳诗歌《断章》中的短短四句,诗人通过几组意象,即桥、楼、观景人,在曲折传出桥上人对风景的一片深情以及楼上人对桥上人的无限厚意的同时,写出了世间人事的相互依存、相互作用。此诗虽然只是诗人刹那间的"意境"、感想,却营构出了丰富的诗境、诗情、诗趣,思想层次重重叠叠,由有限伸展到无限想象,为人们的欣赏提供了诸多可能性,尽可能按自己的体会去想象,进而加以补充,加以创造。我们说想象是创新的基础,只有具备丰富的想象力,才会形成一定的创造力。为此,必须改变学生一味接纳、被动接受的学习状态,引导学生在学习过程中深入思考,涵养其质疑、批判精神,只有敢于质疑、敢于批判,才会勇于探究、勇于创新,语文创造性思维及创新能力才能得以自然生成。

第二节　深度学习理念下的大学语文教学模式

一、以学生为主体、教师为主导

很长时间以来我们的教育是应试教育,是灌输式教育。教师个人的世界观、价值观、知识成为普遍真理,具有了终极价值,成为学生需要学习的唯一重要的东西;而学生个体特性、自身经验和价值在很大程度上被忽视乃至抹杀;在教与学的理论和实践中很少关注学生的地位与作用,整个教学都围绕应试展开,而人的自主发展、全面成长则被摆在了从属的位置。随着对教育本质的认识越来越清醒,以及教育教学理论不断发展与进步,对教与学过程中教师与学生的地位与作用、学生的成长与发展的可能与路径有了更多的思考与研究,大家越来越重视教学中的"育人",越来越关注学生个体的成长与发展。表现在教学过程中,即"以学生为主体",强调学生是认识的主体,以学生的思维活动为主体,以学生的认知过程为主体,将学生的被动学习转化为主动学习。教学中的每一个环节都应该让学生充分参与。学生是学习认识活动的主人,在整个教学过程中,无论是语文知识的获得,还是语文能力的发展,教师既无法代替学生学习,也无法代替学生分析思考;既不能把知识生硬地灌输到学生的头脑里,也不能把思想观点移植到学生的头脑中。以学生为主体,就要让学生动起来,由学会到会学,让学生自己调动自己的想象、情感去体验和感悟。如果学生总是被教师的问题牵着走,就容易失去学习语文的主动性。"学起于思,思源于疑",思维常常由疑问开始。教学过程中的提出问题、分析问题到解决问题是训练学生思维的重要手段和过程。质疑和答疑的过程一样,都是非常好的思维训练,能把学生的思维引向积极状态,能大大增强学习的有效性。让学生通过想象、探索,主动从中掌握思维方法,有效地培养学生独立获取语文知识和独立运用语文知识的能力。

学生的自主学习能力是学生能够自主学习的必要条件。学生只有掌握了一定的学习方法,才能处于学习的主体地位。要积极应用慕课、微课、翻转课堂,促进学生以"自主、协作、探究"为主要学习方式,培养其学习兴趣和能力。其一,是自主运用移动互联终端创设的学习情境,进行阶段课程的自我学习,在知识串联和能力并联中学有所得、学有所悟、学有所成。其二,是敢于探究,勇于质疑"权威"或"经典"观点,主动运用关联知识,从不同视域、不同层面予以认知体验,更加深入地剖析内在机制,积极探究问题,发现疑义之处,以问题意识培育创新能力。其三,是通过移动互联网平台,依据教师提供的学习资源、学习模式和学习目标,进行自我控制、自我评估学习过程和学习效果,借助平台大数据,能动判断、分析学习状态,适时进行有针对性的补充、调整或修正,使特定知识点、能力项、素质类有效链接,使已学、在学、将学三者前递后续,贯通一气,连为一体,做到先知其然,然后知其所以然,并尽可能预知其将要然。

要在语文学习过程中以学生为主体,教师的任务就不单纯是语文课文教学,更重要的是指导学生去学习,引导学生参与教学过程;不是当编剧和导演,而是当指导者、帮助者和参与者。依常理,教师的认识总会先于学生,高于学生,而学生的身心正处于成长阶段,加上本身知识有限,单靠自学不容易实现语文的深层次学习。因此,在发挥学生主体作用的同时,教师也必须发挥好自身的主导作用。具体表现为以下几个方面:其一,在明确大学语文课程教学目标上起主导作用。教学目标是教与学的指挥棒,没有目标的教和学都是盲目的。教师在组织和实施教学时,都要根据教材和学生的实际设定适合学生的教学目标。其二,在大学语文教学设计上起主导作用。教学是一门艺术,独具匠心的设计,不仅使学生爱学、乐学语文,而且可以化语文知识为语言能力,收到事半功倍的效果。因此,在教学过程中,教师要精心设计,每个环节都要从学生的角度去思考和创设,要符合学生的认知特点,采用行之有效的方法和技巧,使学生把握要领,在提高听、说、读、写能力的同时,有益于思维和情感品质的培养和提升。为了使学生更好地领悟和运用所学知识,教师要抓住训练中的点点滴滴加以归纳、综合、提炼,并在总结中渗透科学的思维方法。其三,在课堂教学环节中起主导作用。教师讲解要根据教学内容的重点、难点、疑点,在学生有所理解的基础上做些升华性的讲述,以提高学生分析、概括和灵活运用知识的能力。讲解要做到精准、简洁、明了,其作用多半具有引导性和示范性。

总的来说,"以教师为主导,以学生为主体",二者是相辅相成的。学生是学习成长中的主体,教师是帮其成长的助手。在大学语文教学中,要充分发挥教师的主导作用,引导学生自己获取语文知识。只有积极主动地参与学习,学生才能在语文学习活动中不断地认识自我、发展自我,真正做到从"要我学"达到"我要学""我想学""我爱学"的学习境界。

二、建立语文学习共同体,营造言意相生、情理相容的学习环境

深度学习通常孕育于积极的文化氛围中,而这种文化氛围往往根植于学习共同体的环境中。学习共同体一词最早出现于 20 世纪 90 年代,进入 21 世纪后日渐得到教育学界的关

注。学习共同体有广义和狭义之分。广义的学习共同体,强调人与人之间的心理相容和沟通协作,注重学习中群体的动力支持和相互配合,支持以认知拓展、意义建构为内涵的学习活动,是知识再生产、再创新的动力源。狭义的学习共同体是由学习者及其引导、帮扶者(专家、教师、辅导员)共同促成的学习群体,这一群体在学习过程中彼此沟通交流,分工合作,共同分享学习资源,齐心协力完成学习任务,因而在学习者和助学者之间形成了一种教学相长的人际关系,是满足学习者的自尊和归属需要的重要途径。同时,群体中每个成员参与到学习、合作、评价中,并且从中获得来自他人的支持,学生在协商、合作过程中,其认知、情感、态度等方面得到改善。

学习共同体特征是有效地参与、共同的责任及学习活动中的交互合作。在学习共同体中,学习者感到自己和其他成员属于同一个团体,有着相同的学习活动、共同的价值取向和偏好。学习者对共同体的归属感、认同感以及从其他成员身上所得到的尊重,有利于增强学习者的参与程度,并可以维持共同体成员的学习活动;同时,在学习过程中,学习者可与教师、辅导员进行交流,还可与同伴进行交流和合作,共同建构知识、分享知识。在沟通交流中,学习者可以得到不同的信息,看到从不同角度理解问题、分析问题的方法,而这恰好又会促使他们进一步反思自己的想法,重新组织自己的思路,从而促进深度学习的实现。

大学语文深度学习的实现同样需要学习共同体的构建与支持,需要团体中成员各方在共同愿景的引导下,在平等、民主、共享的氛围中,彼此间相互对话、交流、协商、互助、合作,在完成愿景和获得个体与团体共同发展的过程中形成强烈的归属感。第一,教师要有意识地把具有挑战性的学习主题上升为集师生个体愿景于一体的共同愿景,凝聚师生的内驱力,在师生之间建立起一种互动合作的关系,以实现教学的有效沟通,并促进学生语言建构与应用、思维发展与创造、文学鉴赏与审美、文化认同与传承等核心素养的提升。第二,教师作为平等的首席,要创造心灵共享的语文课堂和润泽性的课堂文化,要融入师生的情感、态度和体验,使课堂洋溢着生命的活力,真正实现师生之间、学生之间、师生与文本之间的沟通、交流和对话;让教师在其中获得专业发展的满足和事业成功的自豪,学生在其中赢得思想开放的辉煌和青春成长的欢畅,同享阳光下教与学的荣光,维护人的尊严,使每位学生获得尊严感、自主性和表现欲,并使其得到正常的释放。因为语文课本中的丰富内容、文字作品中的深厚意蕴召唤着语文课堂应当成为充满人的气息、脉律和血韵的特殊教育世界,成为青春生命凭借知识浮力而畅游天地的语言海洋。第三,引导学生在真实的学习情境中展开对话、交流、协商与合作,以培养学生竞争合作的意识,使学生单一的个体学习转向共同探究的小组学习,要注重组内资源的整合及优化,重视小组成员之间的分工协作,让每个人都发挥出自己的优势,营造一种轻松愉悦、分工明确、高效学习的氛围,启发学生积极的思考,鼓励学生大胆质疑。要让小组成员在相互辩论中挖掘思维的深度,使思维在碰撞中产生智慧,因为"智慧是不会枯竭的,思想和思想相碰,就会迸溅无数火花"。不但要引导学生敢问、乐问、会问,而且要鼓励学生向老师挑战,向课本挑战,向权威挑战,敢于发表自己的观点。若采用传统的教学模式,让教师一直牵着学生走,学生的思维难以向纵深发展。相反,若教师在教学中巧设情境,让学生走进文本、阅读文本的过程就是对文本语言形式进行品味积累,将表达方法、修辞手法等语言技巧内化的会意过程;用心领悟作者遣词造句之妙,才能真正读懂词句的深层含义,才能引起学生的深入思考。比如在对陶渊明的诗

《饮酒(其五)》进行教学时,不仅可以让学生领略到诗句的流畅、语气的自然,也可以让学生感受到情味的深永和情与理的浑然一体;"采菊"的悠然与"南山"的美景,落山的夕阳与归巢的飞鸟相互映衬,让诗人体会到别样的深意,也给读者留下了悬念,既可以感受到作者悠闲自得的心境和对宁静自由的田园生活的热爱("结庐在人境,而无车马喧""采菊东篱下,悠然见南山")、对黑暗官场的鄙弃和厌恶("问君何能尔? 心远地自偏"),也可以体味到作者宁静安详的心态和闲适自得的情趣("山气日夕佳,飞鸟相与还""此中有真意,欲辩已忘言"),以及回归自然的人生理想和对宇宙人生超然境界的向往和憧憬。

总之,在深度学习理念的导向下构建大学语文教学模式,教师的"教"变得更有意义,学生的"学"更加主动自觉,教师不再是单纯地关心学生的知识学习情况,而是将其上升到对学生高阶思维能力的培养,对其问题解决能力和创新意识的培育,对学生团结协作和情感态度的人文关怀。学生的学习质量、学习效率和学习能力不断增强,其在自我反思与自我调节直至问题解决过程中,在对知识内容的深入理解、思维认知的深度加工中,在对经验的重新建构和迁移应用中,学习效能感和获得感会不断深化。因此,深度学习的理论及其教学策略虽没有普及,但对深度学习观下的教学策略的研究,会对教育教学成效的提升发挥重要的指导作用。

第三节　翻转课堂教学模式与大学语文的深度学习

一、翻转课堂教学模式及其优势

所谓翻转课堂,是一种创新的教学模式,是"互联网+"在教育领域的最直观反映,是指在信息化环境下,教师提供以视频为主要形式的学习资源,学生借助电脑、智能手机等工具,在课前通过自主观看教学视频及其他学习材料等完成课前学习任务,在课堂上由师生一起交流讨论、协作探究等活动完成作业和答疑等任务的一种新型的教学模式。

相比传统课堂,翻转课堂教学模式主要有三大优势。一是有利于个性化学习,方便教师因材施教。在一个班级中,学生的学习能力和成绩往往具有中间高、两头低的特点,即呈现出数学上的正态分布特点。这就需要教师因材施教,根据学生的差异和需求提供有针对性的辅导和帮助,掌握学生的学习情况,根据课堂上学生的表现调整教学进度和难度。在传统课堂的教学模式中,教师无法根据每个学生的兴趣、学习能力和内容掌握情况而达到上述要求。在传统课堂中,教师的授课内容面向班级所有学生,难度、进度也是根据班级中大部分学生的平均水平来考虑的,很少注意到分布在两头的学生。这样在课堂上就容易导致成绩好的学生很难获得知识的"拔高",这部分学生的需求无法得到满足,而成绩差的学生会因内容难度大而失去信心并中途放弃。翻转课堂的实施首先会给学生提供丰富的教学资源和学习资源,学习能力强、成绩好的学生可以根据自己的学习情况,利用这些资源在课下多学,满足个性化学习需要,每个学生都可合理安排自己的学习进度;学生在自学中遇到问题,教师能够通过课堂上的讨论、答疑和探究活动来帮助学生解决,有助于调动学生学习的积极性,提高学生自主学习、独立思考的主动性和解决实际问题的能力。二是能够促进学生的自我完善与全面发展。翻转课堂与传统教学模式不同,打破了以教师为中心,教师讲、学生听这一传统教学模式的格局,课堂上以教师和学生的互动为主,以学生为中心的教学设计,使教师和学生之间由单向的信息传递到双向的交流互动,可以充分调动学生的参与度。教师不再是整个教学活动的主导者,这样容易调动学生学习的积极性,避免学生产生厌学情绪。学生学习的积极性、主动性和独立思考、分析问题的能力增强,就能促进学生的全面发展。三是教学评价方式的多元化,能及时改进教学活动。评价在教学过程中是经常要发生的,有效的、科学的评价,能够引导、促进学生的学习。对学生学习的评价不仅要关注其学习效果,还要关注其学习过程,从而使教学过程成为一个在教师的引导下学生自主探索和合作交流的过程,让学生在探索中形成自己的理解,在交流中完善自己的想法。但传统教学模式采用单一的评价方式,总结性评价多,很难全面反映学生的学习状况和存在的问题。翻转课堂的评价方式是多元化的,包括平时作业、阶段测试、讨论互动情况以及学习中发现和解决问题的能力等,能全面、综合地评价学生的学习情况,个性化地发现学生学习中存在的问题,从而及时给予学生必要的指导,提高学生学习的有效性,达到全面发展的目的,同时也促使教师不断改进自己的教学工作。

二、翻转课堂对大学语文深度学习的支持

"寻求并找出一种教学的方法,使教员因此可以少教,但是学生可以多学;使学校因此可以少些喧嚣、厌恶和无益的劳苦,多些闲暇、快乐和坚实的进步。"这是捷克教育家夸美纽斯在其《大教学论》的扉页上所写下的内涵丰富、总括其教学论主题的一段话。尽管我们不一定能在短时间内创造出一套行之有效的"少教多学"的教学方法,但信息技术发展确实实现了学习内容、学习方式、教学手段以及师生关系的变化,迫使我们不得不思考适应新时代、符合学生身心特点的教学方法、教学模式。伴随着信息技术与学科教学融合不断深入,翻转课堂这一新的教学模式将原本作为课堂重要组成部分的知识传递可以置于课外,教师课前精心设计并制作课前微视频,提供多种教学资源;学生可以多项选择,自主学习,学生在课堂上与老师同学互动交流、合作探究,完成作业练习,将课堂中这一互动的过程变为知识内化的过程,课后进一步消化,最终达到深度学习目的。

(一)翻转课堂使学生由被动学习变为主动学习

众所周知,在传统的师生关系中,教师是知识的传授者,是传统教学模式中的主角,学生只是知识的被动接受者。知识的传授通过教师在课堂中进行,而知识的内化,即作业训练则放在课后由学生独立完成,评价方式则主要是期末的终结性考试。而在翻转课堂中,教师主要是教学活动的指导者;学生则是教学中的主角,是知识的主动探究者,知识的传授在课前完成,知识的内化则在课堂中由教师和学生共同完成。

我们十分熟悉传统教学模式流程,它是一个从知识传授到知识内化的两阶段模式。课堂主要就是知识传授,教师充当知识的传递者,把预设好的知识如数传递给学生,以完成教师的职责与任务,即教学流程第一个阶段的完成。而第二个阶段知识内化,则主要是由学生课后自行独立完成。这样的教学,往往是课堂完全由教师支配,教师是主角是主讲,学生是受众,认真听老师讲课是好学生,其心思专注于听和记,至于为什么和怎么做,在忙于听讲、忙于笔记的课堂中是无法解决的,需待课后回顾和消化。

在社会发展相对缓慢,知识来源相对单一,信息需要索取而非选择、发布的、知识具有权威性而无须个人甄别而只需接受的时代,以"传递"方式实现知识的"灌输"或"平移",足以满足学生的学习需求和学习欲望。但随着信息时代的来临,知识的来源途径多种多样,每一个人都可能成为信息的发布者,每一个人也都将面临要对海量信息进行判断和筛选时,教学仍继续一味地"灌输",定位于课堂即知识传授,而忽视学生的主动性、积极性和参与性,不仅难以为继,而且将直接影响学生的学习兴趣与学习效果。

特别是语文这类人文性基础课程的教学,其主要目标不仅要帮助学生承继人类已有的文化成果,更为重要的是要让学生切身感受人类的认识过程及其在这个过程中所产生的文化精华,培养学生正确的世界观、人生观、价值观和是非观,使其成为有丰富情感、有高尚情操、有使命意识、有担当精神的社会主义事业建设者和接班人。因此,对学生而言,知识的内化比知识的机械记忆更有价值。但内化却比接受更为复杂,更需要教师的引导和情境的推动,需要在同学的交流互动中获得帮助和启迪。但在传统的教学模式中,内化往往只能在课下独立进行,这样,学生内化难以真正完全实现,学生更无法将所学新知识嵌入原有的认知结构中,久而久之,易使学生继续学习的动机得不到有效激发,从而降低以致丧失继续学习的兴趣。而翻转课堂具有转变学生学习态度,提升学习能动性的优势,它的产生和推广,不仅意味着教学手段的信息化、网络化,以及传统"教"与"学"两个环节的时空互换,更意味着学生从"接受性学习""被动接受"到"研究性学习""主动探究"的深层次转变。教师由知识的传播者、课堂的管理者而变为学习的促进者与引领者,学生是主动的研究者。学生由知识的被动接受转为主动探究,利用课外时间,通过学习教学视频和其他开放资源以完成新知识的主动建构,并找出重难点和困惑点。而教师无须在课堂上再耗费大量的时间去讲授陈旧的知识,而更多的时间是展示相关问题的发生背景、演化脉络以及相互间的关系,促使学生进行自我总结和科学归纳。学生之间可以针对遇到的疑难和思想上的困惑进行交流和讨论,然后教师再进行适当的引导、启发、点拨,在学生回答的基础上予以补充或者延伸,由此使学生完成更高层次的知识内化。

(二)翻转课堂使学习过程由固定预设变为弹性预设

在传统的大学语文课堂教学中,教师在课前即已做好了既定的教案,课堂上教师和学生都是按照教案设定好的步骤按部就班地走,何时讲授、何时朗读、何时提问等都在课前做好了预设。教师设计的每个问题都是既定的,当然,答案也是既定的。整个课堂上,教师提出问题,围绕这个问题进行讲解,并引出早已确定的正确答案。教师是导演、主演集于一身,而学生仅仅是听众、观众,偶尔受主演邀请,作为配角出现在剧情中,配合教师这个主演,依据既定的教案演好某一场戏。配角不能任意发挥或随意改写剧中的台词,因为是早就拟好的,否则,这个戏就不好演了。最可悲的是,一旦学生习惯于这种模式,就会放弃内心原有的一点点主动发挥的意愿,进而逐渐丧失发挥和修改的能力。在这个过程中,师生之间有一个隐性的默契,学生知道教师最希望自己按照教案中的正确答案回答问题,并会在平时成绩评定中给予奖励;若回答有所偏离,教师也会努力将学生引向既定的唯一的正确答案。因此,学生虽有机会表达见解,但他们不会脱离教师的步伐独立前行,宁愿跟随教师、依赖教师,一味地等着接受。在这样的教育模式下,所有学生的思维方式、逻辑方法都是同一的、同质的,课堂注重统一性,缺少生成性,更加忽视创新性,长此以往,学生的想象力和创造力就被遏制了。

翻转课堂则是借助信息技术之力,重构教学流程,改变教学结构,凸显先学后教、以学定教,将课堂教学改革推向引导学生自主学习、学会学习的一种新型教学模式。它不仅研究教师如何"教",更注重研究学生如何"学"。不只注重传授知识,更为注重创新能力的培养,让学生享受学习过程。不只是老师讲、学生听,而是在交互中解决问题、实现主动建构的过程,是对知识的理解、运用的过程。翻转课堂对教师的教学设计提出了新要求,要将教学过程设计成非单线形式,要具有弹性,使整个教学过程要在自然中展开。要选择适当的教学内容和任务,以适应学生学习的个性化需求,把学生的学习与信息技术相融合,拓展个人学习空间,在获取知识的同时发现问题、提出问题,继而在解决问题的过程中收集信息、获得知识、交流经验、批判反思。在整个教学过程中,教师要把课堂的生成性摆在突出位置,因势利导启发学生思维,灵活处理各种问题,提高学生学习的主动性和思维的创新性。

第九章　大学语文课程培育文化自信的路径建设

第一节　大学语文课程培育学生文化自信的理论依据

一、文化决定论

从文化决定论来看,人的发展方向和结果是由人所处的文化氛围和自身所拥有的文化决定的,文化的不同甚至是导致冲突根源。21世纪,费孝通等人更是看到了文化对个人、国家和民族发展的决定性作用。费孝通在总结自己一生的学术经历时,提出并阐述了文化自觉,即各民族要了解自身文化,清楚自身文化的历程和今后发展方向,认同自己的文化,使自己的文化在新兴的多元文化世界中确立自己的地位。文化的决定作用不仅局限于人的个体发展,更是成为国家和民族发展的决定性因素。

对文化决定论有了清晰认识后,也为我们培育学生文化自信工作寻得了理论依据。我们深刻认识到学生作为个体,其成长需要一定的文化环境,才能够成长为相应的文化人。首先,一个学生的成长深受其接受及理解的文化影响;其次,不同的文化影响与认知将会对学生成长为什么样的人有直接关系;最后,提供什么样的文化教育以及帮助学生如何认识自身文化,将是文化教育者的重要课题。因此,对大学生开展文化自信培育工作在多元文化冲击下就显得十分必要,只有拥有坚定文化自信的大学生才能够永葆本色,成为社会主义的建设者和接班人。也只有充分认识文化对人、国家和民族的决定性作用,才能够立住脚跟深入研究大学语文课程培育学生文化自信的相关问题。

二、泰勒课程编制基本原理

现代课程理论之父——拉尔夫·泰勒是美国著名的教育学家、课程理论专家、评价理论专家。他在《课程与教学的基本原理》中提出了制订课程和教学计划的四个基本问题——学校应力求达到何种教育目标? 要为学生提供怎样的教育经验才能达到这些教育目标? 如何有效地积累这些教育经验? 我们如何才能确定这些教育目标正在得以实现?

对泰勒的四个基本问题进行思考,能给我们的研究思路带来启示。

(一)学校应力求达到何种教育目标

首先,泰勒指出很多教育计划都没有清楚地定义过教育目标,导致一些教师只能说他的培养目标是一个受到良好教育的人,其实他并不知道具体的教育目标是什么,从而不能够确定教学材料、教学内容、教学步骤、准备测验和考试的标准。因此,我们在课程设计或改革中,确定好明确的教育目标是一个关键性问题。其次,泰勒认为教育目标的问题归根结底是选择的问题,是学校负责人经过深思熟虑后做出的价值判断。因此,我们要想让大学语文课程成为培育学生文化自信的有效载体,需要得到学校负责人的关注和支持,借助他们的力量研究制定完善的教育目标并加以推动课程发展。最后,泰勒认为要以有利于选择学习经验和指导教学的形式陈述目标。因此,大学语文课程的课程目标要有所修缮,并且要运用恰当的表达对目标进行陈述。通过清晰的形式陈述课程目标,指导教师的教学和学生的学习。

(二)要为学生提供怎样的教育经验才能达到这些教育目标

首先,泰勒认为"学习经验"不同于传课内容,也不是教师开展的各种活动,而是指学习者与使其起反应的环境中的外部条件之间的相互作用。学生自主才能形成实质的学习,也只有学生主体自己选择而不依赖于教师的决定所得到的才是学生的学习收获。因此,大学语文课程要以学生为主体,教师发挥引导作用,不能一味地进行灌输和技能传授,注重学生动手实践、动脑思考,促进学生主动学习的生成。其次,泰勒认为选择学习经验要遵守实现既定目标原则、获得满足感原则、能力所及原则、同样目标实现原则、多种结果可能原则。

对这些原则进行深度思考,可以对大学语文课程培育学生文化自信予以启示。如要提供可以促进学生习得课程目标所要求形成的能力的学习经验,在这里也可以表现为要为学生提供中华优秀传统文化、中国红色文化和社会主义先进文化的有关知识,指导学生通过学习和实践加以吸收和转化,达到坚定文化自信的培育目标。另外,还应该注重鉴别各类学习经验,提供的学习经验要丰富且多样化。因此,课程要强调学生的思维技能、信息获取能力、社会态度和学习兴趣等品质的形成。除此之外,在课程教学中还要注重让学生通过学习而获得满足感甚至是成就感。学而能用、用而有乐、乐而自觉,就是大学语文课程开展大学生坚定文化自信教育的最好局面。最后,无论是课程管理者、课程实施者,还是课程实施的对象,都应该认识到结果的不确定性和不一致性,即泰勒所说的"同样的学习经验常常会产生多种结果"。人的教育尤其是坚定文化自信这样的思想性教育,不能一概而论,更不能短时间内就能够通过量化指标体现出结果,它是一个潜移默化的过程,其结果也会因人而异,因此我们要充分认识到坚定的文化自信所表现出来的几个层次,如基本层次首先是认知,其次是要认同和主体的自觉践行。在对课程进行评价时,就应该以这一理念作为指导,采用主体多元化、方法多样化、结果层次化的评价方式进行评价。

(三)如何为有效的教学组织学习经验

学习经验的组织是课程开发中的一个重要问题,它既影响教学的有效性,也影响学习者的主要教育变化的程度。在编制学习经验时首先要注意连续性,还需要注意顺序性以及最后的整合性。这就意味着大学语文在组织课程学习内容时,要注重连续性、顺序性和整合性,即强调开展学生文化自信教育的连续性,让学生能够有机会重复地、不断地进行接触与养成,才能促进学生形成坚定的文化自信。同时,又要讲究顺序性,即所有的培育教学都不能只停留在重复的同一层面,要注重学生在理解和态度、创造和实践等方面得到进一步发展。最后,注重学习经验的整合性,即要注重课程经验的横向联系,如大学语文课程在编写教材时,可以以中国传统优秀文化或社会主义核心价值观中的各个内容作为主题,按照主题编写各部分的内容,确保学生能够通过对这部分的学习,逐渐获得统一的观点,从而自觉内化为思想认识和行动指南。

（四）如何评估学习经验的有效性

评估被泰勒看作课程编制的关键，对课程的评估与传统的纸笔考试不相同。虽然纸笔考试在有些方面确实是比较直接而理想的评估方式，但是对于大量其他类型的期望学生实现的行为，而这些行为所代表的教育目标不能简单地用纸笔工具进行评估，例如"个人在社会中的适应性"这一教育目标，可以通过观察、访谈、问卷调查、收集学生作品等方法进行评估。调查问卷可以用来收集有关学生态度、兴趣和其他行为类型的证据。储存学生的实际作品也是有效得到学生行为证明的路径，如图书馆的图书借出记录可以说明学生的阅读兴趣。泰勒认为任何能够获得有效证据的方法都是合适的评估程序，前提是这些证据关乎学校或者学院的教育目标所代表的种种行为。由此我们可以将这些方法引入大学语文课程对学生的学习成效进行评价。学生在大学语文课程形成的文化认知、文化认同和文化践行，不能简单通过纸笔测试进行评价。课程评价方式或评估方式，能够在课程学习中起到导向作用，如果采用观察、访谈、问卷调查、作品（证据）收集等方式进行学习结果的评估，就可以引导学生向具体的评估内容方向发展，从而达到以评促学的作用，不断坚定学生的文化自信。

三、迈克尔·富兰关于课程有效实施理论

课程实施是一个动态而复杂的过程，除了教材外还有其他层面的内容。迈克尔·富兰认为课程的有效实施必须包括几个方面，分别是教材的变革、组织方式的变革、角色或行为的变革、知识与理解的变革以及价值观的内化。

（一）教材的变革

迈克尔·富兰认为，课程实施的第一步工作是改变教材内容。教材对教师组织教学过程具有很重要的作用，因而大学语文课程首先要编写一套与课程方案相配套的教材，在内容、编排顺序、呈现方法、教学方法等方面的改变都应与之适应，能够很好地体现坚定学生文化自信这一目标与理念。

（二）组织方式的变革

迈克尔·富兰认为，组织方式包括组群安排、时空安排、人员配置等方面。在他看来，虽然课程组织者在课程组织方式上的变化并不是整个课程实施的根本变化，但它也是课程实施的一个重要方面，往往是从表面上的一些变化开始，逐渐转化为实质。

（三）角色或行为的变革

迈克尔·富兰认为，角色或行为的改变是课程实施取得实质性效果的重要标志，是课程理念与目标真正落实的具体体现。一个理念在学校层面提出后，需要校长和教师首先做出角色改变，即教师必须得要从权威的地位和知识拥有者的身份转变，成为教学的组织者与参与者，甚至是合作者。其次，还需要把这些改变体现在具体的教学行为中，落实到学校

活动和课堂教学中。

(四)知识与理解的变革

知识与理解是指课程实施者对课程及其相关知识的理解与把握。迈克尔·富兰认为，课程实施者应该是自觉的参与者，而理念与认识上的转变可以帮助教师自觉转换理念与方法为自身行动。因此，大学语文课程的实施从文化的角度出发，一方面要求课程方案的设计，另一方面要求对教师进行培训，不仅要对课程方案进行全面的解释，使教师对课程目标、课程内容、课程方法等有较多的认识，而且要加强基本理念、基本知识以及教育学习的基本理念，使教师真正成为课程实施的自觉实践者。

(五)价值观的内化

价值观的内化是指课程实施者将新课程所倡导的价值内化为自己的价值，转化为自我意识行为来实施课程的组成部分。迈克尔·富兰认为，课程实施者对课程价值的内化是一个逐渐的过程，需要时间去理解和认识，需要在不断实践中体验和深化，但也有可能不是所有人都能够达到价值的内化。因此，大学语文课程实施文化自信培育路径要经得起推敲，同时还要不断修订和完善相关内容，如课程方案、教材、教法等。

第二节 基于课程有效实施理论的分析与培育路径选择

一、基于迈克尔·富兰课程有效实施理论的原因分析

(一)角色或行为的变革不足：教师教学方式单一和评价方式固化

迈克尔·富兰认为，角色或行为的变革是课程实施取得实质性效果的主要标志，是课程理念与目标真正落实的具体体现。角色或行为的改变，需要教师改变教学方法，成为教学的组织者、合作者，在具体教学行动中运用适合的方法开展课程教学，采用恰当的评价方式进行课程评价。但调查发现，大学语文课程的教学方式单一不能满足课程培育需要，评价方式固化不利培育学生文化自信，因此导致了大学语文课程培育学生文化自信的效果不佳。

在现代语文教学理念中，强调学生是学习的主人，学生要在教学中充分发挥学习的主动性。教师是学习的组织者、引导者和合作者。为此教师不能"满堂灌"，要教会学生懂得如何去学习。如果在大学语文课堂中一味地进行"满堂灌"，不仅无法吸引学生的学习兴趣，而且还可能让学生对课程中的各类知识产生厌倦心理，与课程培育学生文化自信的目标渐行渐远。

课程所使用的评价方式和教师教学方式一样，都被认为是课程实施者在角色和行为改变层面上的具体体现。课程的考核评价作为高校教育教学中的重要内容，也是保证课程教学质量和督促课程目标实现的重要手段，起着指挥棒和促进剂的作用。大学语文课程科学的考核评价方式，除了可以检测学生的课程学习情况外，还能激发和引导学生学习的积极

性,促进学生形成坚定的文化自信。然而,现在很多高校在大学语文课程的考核评价上,还没有完全摆脱"一张考卷"式的考核评价方式。尽管有些学校也注重将平时成绩和考试成绩相结合,在一定程度上与新的评价理念相切合,但是对平时成绩的把握又缺乏灵活性,要么平时成绩在课程成绩评定中所占比例过少,要么机械地通过上课纪律、发言次数来赋分,教师在赋分时随意性较大。最终也导致了教师为替学生拿到课程学分,强行帮学生把分数往及格线以上打,不利于大学语文课程培育学生文化自信。对此,教师自己也有深刻的认识。教师的角色与行为改变是不足的,这是导致大学语文课程培育学生文化自信效果不佳的重要原因。

(二)教材的变革不足:教师对教材认可度不高和教材内容缺乏

迈克尔·富兰把教材的变革当成课程有效实施的第一步工作,教材建设是课程建设的重点内容。是否与时俱进地将最新课程理念融入教材编写和建设工作中,将对课程实施效果、培养目标达成有着巨大影响。当前大学语文课程所表现出对学生坚定文化自信促进作用较低,需要我们进一步关注课程教材的建设问题,需及时更新教材,加强教材建设的与时俱进,科学合理地编排融入"三大文化"教育资源,避免只以文学性和艺术性来组织篇目,出现重"文学"轻"文化"的教材选择取向。

(三)组织方式的变革不足:课程设置不能满足文化自信培育需求

组织包括组群安排、时空安排、时间安排、人员配置等课程设置内容。课程设置是教学计划的核心,其合理完善与否在根本上决定着学校的教学内容和学生的知识结构的难易,从而决定着人才培养质量的高低。大学语文课程设置是否合理、是否符合文化自信培育的需求,也与大学语文培育学生文化自信效果好坏有着重要联系。课程设置的问题包括课程结构和课程内容方面的问题,即课程结构是否合理,课程内容是否有序衔接,学时分配是否合理。

(四)知识与理解的变革不足:课程不被重视与培育目标不明确并存

迈克尔·富兰认为课程实施者、管理者对课程及其相关知识的理解与把握,能够重视课程的改革与实施,做课程的自觉参与者。首先要重视课程的实施,其次要明确课程培育的目标,最后要形成课程培育目标下的自觉意识与能力。理念与认识上的转变可以帮助教师自觉转换理念与方法为自身行动。如果不促成知识与理解层面的改变,将导致课程实施不被重视,教师更不会清楚课程培育的目标,从而影响大学语文课程培育学生文化自信的效果。因此,大学语文课程的实施不能有效培育学生文化自信,一部分原因在于课程实施者、管理者在知识与理解层面未得到改变,具体表现为课程不被重视与培育目标不明确并存。

钟启泉认为学校是课程实施的核心,它影响着课程实施的效果,它可以影响校长的作用和教师行为取向。作为课程管理者的校长和作为课程实施者的教师是影响课程实施效果的重要因素,并在一定程度上起决定作用。

因此,课程管理者和课程实施者对课程的重视程度,将直接影响一门课程在学校的地位,是推动课程发展和有效落实教育目标的关键因素。如果大学语文课程得不到课程管理者和课程实施者的重视,将无法发挥课程应有的作用,就不可能在坚定学生文化自信工作中发挥较大作用,甚至连基本的课程方向都会走偏。

基于以上认识,课程在知识与理解层面的变革未达成,课程管理者和课程实施者对课程重视程度不高、观念尚未改变、培育目标不明确,在实际教学中不注重培育学生文化自信是影响大学语文课程培育学生文化自信效果的关键原因之一。可以促进大学语文在文化自信背景下进行从上至下的改革,逐渐改变课程边缘化、固定化的现状。同样也会得到教师从下至上地迎合实施,将大学语文课程的培养目标畅通无阻地给予推进,促进学生坚定文化自信的形成。

二、基于迈克尔·富兰课程有效实施理论的培育路径选择

(一)行为层面的路径:教师、教学与评价三者间的协调统一

1.加强师资队伍建设提升教师培育学生文化自信的意识和能力

作为课程实施者的教师在课程建设中具有重要的作用。而课程教师对文化自信的培育意识和能力的多少将决定大学语文课程是否能够在培育学生文化自信中发挥重要作用。高校当前面临大学语文课程的专业型教师少、兼职教师多、大学语文培育学生文化自信专业性培育能力不足的问题。学校首先应该加大教师引入力度,通过内培外引补充教师人数,大力打造专业型师资队伍。而后要为教师的文化自信教育等方面的专业能力发展提供一定的保障和政策指引,可以鼓励教师通过文化自信培育专题研究、定期组织教师参加文化自信培育培训等方式,转变教师在文化自信理念下的课程教育教学观念,自觉提升自身素质和能力。教师的教育教学观念也会直接影响课程的教学质量和效率,进而影响学生文化自信教育的效果。因此,大学语文老师需要深入探索和转变传统的教学理念、教学模式等,着眼于大学语文人才培养的具体作用和要求,转变教学方法,创新教学理念,充分做好课前备课工作,关注学生在学习活动中的中心位置,充分做好自身扮演组织者和引导者的角色,在反复实践和教学的过程中积累丰富的教学经验,通过教学目标的清晰呈现与交流,帮助学生达到良性成长和发展目标。再次,要建立健全机制激励教师自我发展,如通过科研鼓励、津贴倾斜、教学竞赛等方式,促进教师不断钻研,并能够在课程培育学生文化自信工作中拥有较高的获得感。最后,教师自身也要形成终身学习的自我发展理念,在日常生活和教学中不断加强自身学习能力,提高培育学生文化自信的专业化能力。

2.探索大学语文开展项目式学习实践,在过程方法中让学生体验和感受文化自信

大学语文课堂教学的喧嚣氛围随着新课程改革的推进逐步向教学本体回归,吴忠豪教授认为当前语文教学有三个误区:教学内容异化,违背学习规律,忽视实践性。具体体现在课外内容异化为教学内容的主要部分,对基础知识的重视程度过高,使得教学方法以单一的讲授法为主,忽视了语文教学的实践性的一面。实践的误区已经对高校学生语文素养的提升产生了阻碍,也影响了学生文化自信的体验和感受,从这一角度出发,我们要顺应教学改革的大势,在实践中落实立德树人的任务。迈克尔·弗兰指出,教师的教学要超越教材内容,不能总是限于教材内容。项目式学习通过知识与情境的结合实现教学方法的改变,

学生在项目中充分利用资源、体验吸收,最终建构自己的知识体系。项目式学习既促进了教师的教学方式改进,又激发了学生的主动性,是一种较为有效的语文教学方法。大学语文课程的项目式教学,具体可以划分为五个部分。

准备工作:这一阶段主要任务是根据教材内容与学生情况准备项目主题、驱动性问题,为激发学生主动性和创造性做准备。

计划工作:这一阶段教师应辅助学生制订项目计划,并给学生提供支持与帮助。学生本着自愿自由的原则组成合作学习小组,并在教师的指导下利用多种认知工具完成项目任务梳理。

活动探究:教师帮助学生获得支持,学生根据计划完成项目。在此阶段教师应帮助学生搭好"学习支架",提供有针对性的个性化教学。

完成项目:在教师的指导与帮助下,学生利用多种资源完成项目,在完成项目过程中项目组利用该平台交流学习,共同进步。

成果汇报:项目组通过总结交流形成最终观点,教师组织各个项目组进行汇报工作,汇报的形式包括多媒体展示、口头陈述等,汇报内容包括项目计划、交流合作、成果作品等。教师和其他项目组同学可以从不同角度对汇报展示进行评价。

3.将文化自信的培育与学科思政和学科德育结合起来,作为大学语文评价的基础性指标

教师课堂教学的主动性有赖于合理的评价机制,文化自信与学科思政相结合,既是高校语文课程评价的基础指标,也是促进教师教学发展的手段。

第一,构建语文课程评价目标。既要结合传统的课堂评价模式,又要结合多主体、多维度评价体系,把同行评价、学生评价、教师自评有机统一形成综合评价体系,突破原有管理结构决定的自上而下的评价模式,激发学生的主体意识,明确学生在学习中的主体地位。

第二,增加大学语文课程思政评价要素在评价体系中的比例。教师应将课程理论与思政教育相融合,并在试卷、课程、报告中体现该内容。

第三,构建合理的激励机制。应结合校本特色与学科特色,通过岗前培训与在职培训加强课程思政培训,并将课程思政纳入考核评价体系。同时加强教师的学习交流,鼓励教师在实践中创新,加大投入力度,对科研能力强的教师给予奖励。通过为大学语文课程思政的建设提供顶层支持与组织保障,提升大学语文课程培育学生文化自信效果。

(二)教材层面的路径:文本的挖掘与编写协同构建自信教育

1.基于课程文本挖掘的文化自信教育要素

基于课程文本挖掘文化的自信教育要素,就是要注重在教材等课程文本中引入文化自信培育,获得语言文字能力的训练,注重语文知识的积累、对好词佳句的审美熏陶等方面的教材内容,主要是在经典著作的选择上,重中之重是对经典著作教育文本的二次开发,着重选择一些育人观点较强、文化内涵丰富的文章,挖掘文本内容中包含的文化自信教育基因,统筹推进对经典文本教育与文化自信教育相融合,使得学生在大学语文课程的教材中感悟到语言文字的博大精深,体会到经典作品的韵味。教材应该设置多元化的实践活动,教师创设情境,从学生现有的生活经验出发,在创设实践活动的场景中温习理论知识,帮助学生

学会在生活中自觉并有效去应用知识,从而激发学生的学习动机。

2.基于课程文本编写的文化自信教育要素

首先,要组织起一个专业化教材编写团队。队伍的建立可以争取得到学校的支持,能够从各个部门选调专业知识丰富、编写能力较强的人员组成。还可以以中文教研室为主,选用高水平专业化的教师共同编写。教材编写工作最好能够由学校领导牵头与推动。

其次,要重新审视教材编写方向。要把学生文化自信培育贯穿于教材编写始终,在编写目标、体例编排、内容选择、教学指导、课后练习等环节都会融入帮助学生坚定文化自信的教育因子。

再次,在教材编写工作中还要注意挖掘和提炼高校自身的独特优势,以及对区域性的文化资源及其他有利于培育学生文化自信的民族智慧结晶进行充分的挖掘开发,而后还要注意结合自身发展的特点,最终编写出有利于自身发展和学生个性化需要的教材版本,教材还能够做到调整灵活不死板,各类教育资源能够在实际教学中得到有效利用与配置。

最后,要融入中华优秀传统文化、中国红色革命文化和中国特色社会主义先进文化的相关内容。在有限的版面中适当融入更多的"三大文化"元素,切实帮助学生通过课程学习增强对"三大文化"的认知与认同,从而自觉践行文化,增强文化自信心。

总而言之,大学语文教材编写,要坚持正确的教材改革方向,充分体现后期语文教学的正确价值和作用。同时要保证学生始终处于学习的主人地位,关注学生学习方法的指导,以培养学生良好的学习能力,更好地体现大学语文在文化自信教育中的价值和作用,通过"以文载道""润物无声"中培育学生的文化自信。

(三)组织层面的路径:课程设置与文化自信教育的要求契合

1.大学语文课程设置需要科学性

大学语文课程设置需要科学性,是指高校在实际教育教学中,要把文化素质教育、文化自信培育渗透到人才培养计划中,将大学语文作为课程体系的重要组成部分。其一,要做到指向性明确。即课程管理者和课程实施者都要深刻认识到学生文化素质教育、文化自信培育是符合时代要求和市场需求的必然选择。时代和市场都需要具有坚定文化自信的高素质技能型人才,因此在校内不能出现重理轻文的思想和课程设置偏向,应在课程设置中体现大学语文课程的重要地位,确保高校学生在大学语文课程中不断筑牢理论基础、丰富人文精神和坚定文化自信。其二,要做到层次分明。高校很多专业文理兼招,而学生在前一学段都是执行文理分班制,因此会出现学生文化素质参差不齐。在注重基础知识的普及教育时还要根据不同的专业特点、不同的学生基础融入思想性、人文性较强的知识,不断提升学生文化认知、文化认同和文化践行水平,帮助他们能够以丰厚的文化底蕴不断坚定自身文化自信。

2.大学语文课程设置需要开放性

在设置大学语文课程时需要确保课程具有一定的开放性。所谓开放性,就是大学语文课程可以让学生通过交流、合作等方式进行课程学习,甚至是参与课程的设置工作,帮助他们充分感受到大学语文的魅力。因此,各校先要对标国家相关课程政策,把大学语文设置为全校公选基础课程,根据不同专业性质设置教学课时,不能一味地压缩大学语文课程学习课时,应该有效权衡大学语文在不同专业学生学习中的课时占比。还要听取学生的意见与建议,融入具有高度可行性与教育价值的文化自信培育资源,基于具有创造性、研讨性的语文教学活动,既能深化学生的基础交流与写作能力、科研意识与创新能力,还能全面提升他们的文化自信。

(四)理解层面的路径:加强学习培训转变文化自信培育思路

迈克尔·富兰告诉我们,课程管理者和实施者如果在课程的知识与理解层面做出了改变,那么这就意味着课程实施取得了实质性效果,这是一个重要的标志。这里强调课程管理者和实施者要重视课程并能够充分认识到课程实施重要意义和选择的必然性,自觉地在实际教学中体现这一转变。课程管理者和实施者如果在课程的知识与理解层面做出的改变不足,课程所承载的文化也就无法让学生吸收,必然会导致课程实施效果的折扣。因此大学语文课程培育学生文化要想取得较好的效果,需要通过加强学习培训,转变课程管理者和实施者在大学语文课程中培育学生文化自信的观念与思路,促进课程理解的改变,自觉融入实际教学中,成为大学语文课程培育学生文化自信的重要路径。

学习培训活动应该要做到三个"围绕"开展,即围绕"三大文化"的深刻内涵和时代意义,帮助课程管理者与实施者形成自身坚定的文化自信;围绕大学语文教学与文化自信教育的联系,帮助课程管理者与实施者察觉大学课程的重要地位。围绕大学语文的课程性质与组织实施策略,帮助课程管理者与实施者促进课程建设的改革发展。

1.围绕"三大文化"的深刻内涵和时代意义,形成自身坚定的文化自信

"文化自信"在历史发展进程中凝聚形成,不应该只是一个口号或一个名词,它还应该是我们可以真正去感知和践行的,我们可以自觉地去认知、认同我们深厚的优秀传统文化、革命文化和社会主义先进文化,在认知和认同中形成高度的文化自觉,进而自己践行,不断坚定自身文化自信。作为课程的管理者和实施者,对"三大文化"内涵及时代意义缺乏深刻理解和正确把握是当前的一种现实。因此,需要学校开展相应的学习培训,加强学校课程管理者、高职称、高学历以及广大党员干部的学习活动,要学党史,明理哲,立身行,真正在学习党史的过程中,让课程管理者和实施者深刻了解中国共产党对中华优秀文化、革命事迹及社会主义建设的历史积淀和时代重要意义,真正化文化为思想,化思想为行动,在思维迷障的自我突破中提高认识、重视课程,更好地建设课程。

中国优秀的传统文化博大精深。一直以来中国优秀的传统文化都是我们所骄傲的根基,它不仅能够体现我们五千多年来的文化结晶,还是提升我们民族骨气和勇气的精神良药。我们不得不承认我们的优秀传统文化,是人类历史长河中的一个瑰宝,迟至近日依然指导着我国社会主义文化建设,在道理、方向和处理各种问题上都能够发挥着重要作用,因此被称为是实现文化强国和民族复兴的更根本、更深层、更持久的力量,是中华民族在生产生活中世代相传所形成的世界观、人生观、价值观和审美观。这些基本的文化基因,是中华民族及其人民在修气治国、遵时守地、实现变革、开放尽职、为事业做贡献的过程中逐步形成的独特标志。

社会主义先进文化最鲜明的特征就是以马克思主义为指导,是对中国革命文化和优秀传统文化的继承和发展,还把追求中国特色社会主义当成我们的共同理想,把爱国主义当

成民族精神的核心,把改革创新当成时代精神的核心,以及还包含了以人为本的社会道德观念。这些都是从过去的历史中汲取养料,并连接着中国未来的发展。在短短的时间里,我们用实践创造出了令人惊叹的中国道路、中国模式和中国奇迹,用实际行动论证了社会主义先进文化是一种活的文化,是人类文明向文化方向发展和进步的体现。

由此,我们认为"三大文化"的内涵十分丰富,且在当代也极具价值,能够推动中华民族持续健康成长。唯有在学习培训中,充分领悟"三大文化"的深刻内涵和时代意义,才能形成自身坚定的文化自信,对中国文化发展持有乐观的态度以及持久的行动力,形成清晰明确的课程培育观念和思路,有利于突破课程认识迷障,自觉在实际教学中转化运用,形成课程理解层面的改变,促进大学语文课程更好地培育学生文化自信。

2.围绕大学语文教学与文化自信教育的联系,发觉大学语文的重要地位

大学语文与文化自信教育之间有千丝万缕的联系。当代大学生作为国家未来建设和发展的中坚力量,是国家和民族希望的继承者,应该在学生思想最为活跃、受教育影响最大的大学时期,着力通过三大文化来影响大学生,帮助他们不断坚定文化自信心,不断获得、提升民族自豪感。

而大学语文作为高校里开设的基本文化类课程,面向全校开设,与学生接触面广。首先,它把培养人的人文素养作为重要目的,课程目标与文化自信教育目标完美地契合。大学语文通过优秀和优美的诗文,可以让学生感受到中国语言文字的无穷魅力和古人独特的精神文化。这些诗文也包含了很多为人处世的德行、价值观或人生哲学。如自强不息的奋斗精神、精忠报国的爱国精神、舍生取义的牺牲精神、革故鼎新的创新精神、天下为公的社会理论、以民为本和民为邦本的治国理念、居安思危和水可载舟亦可覆舟的忧患意识、协和万邦的和平思想、与人为善和己所不欲勿施于人的为人处世之道,还有如德行相辅和儒法并用的治国理政思想渊源。大学语文所承载的这些文化,是我们博大精深的优秀文化,它们可以增强我们作为中国人的骨气和底气,也是我们要不断深化的文化软实力,是我们民族最深层的精神追求和我们文化自信的源泉。所以,这些文化都是大学语文课程本身所承载有的"文化自信"因子,是可以让学生去主动挖掘、发现和吸收,从而达到不断坚定文化自信的目的。

3.围绕大学语文的课程性质与组织实施策略,增强课程培育自信的能力

每当提及大学语文的课程性质时我们首先就会想到其文学性和工具性等课程性质特点。大学语文蕴含着丰富的文学阅读资源,所定的学习篇目都是经过精心挑选的文字作品代表,具有很高的文学价值。大学语文也是培养大学生利用母语进行沟通交流及基础写作的有效工具。所以,一般情况下大学语文在课程定位及建设时都会围绕这两个课程性质进行。在课程组织实施时也会注重对学生的口语表达、书写能力进行训练,还会引导学生去鉴赏、分析作品的艺术美、结构美和思想美,我们认为大学语文课堂教学实施也能够按照教学要求培养学生的基础能力和人文素养。但是,在新时代背景下文化自信成为文化建设的整体走向,大学语文课程又是培育学生文化自信的有效载体。因此,在文化自信背景下的大学语文应该更具有文化特征,成为普及中国优秀文化知识的重要载体和主要途径,包括中国古代人民的智慧结晶和基本才能,如二十四节气、礼乐射御书数"六艺"、易经哲学等文化知识,更为丰富的"文化性",推动课程建设改革及组织实施。还可以积极汲取实践经验,

迁移其他学段或国外的有益的经验,形成大学语文课程培育学生文化自信的路径。

第三节　大数据以及多元文化在大学语文教育中的融入

一、大数据背景下大学语文文化教学

(一)大数据教学的概念与目标

时代正在悄无声息地快速进步,大数据简而言之,就是整合其他数据形成的大的数据集合体。为什么称作大数据?顾名思义,首先是数据量非常大,其次是变化非常快,再次是构成非常复杂,最后是蕴含非常大的价值;通常将其也归结为大量、多样、高速、精确。大数据教学就是分析大数据,明确日常生活中教学的方向,落实以大数据为核心的精准教学,这是"以学生为本,数据为辅"的新的教学之路。

大数据的基本目标是为教师与学生开创一个新天地,让新模式下的学生与教师可在公共交换平台上进行远距离的了解沟通、相互鼓励、共同进步,大数据技术与大学语文文学教学相结合既可以提高学生对学习的兴趣,又能增强教学质量和教学效果。

(二)教师信息化素养在大学语文文化教学

1.教师教育观念的转变

在传统模式教学中教师是主导者,学生是被主导者,这样可能使学生在学习中产生对抗情绪,抑制学生求学欲望,自身的潜能得不到开发,个性与特长得不到发展从而随大流。如果想培养高素质人才,就需要我们转变教育观念,使教师转化为学生发展的引导者,而不是管理者,让教师主动引导学生学习,带领学生探索新的方法,敢于创新。在教学相长的道路上探索符合时代潮流的教育之路,取传统教育之精华,弃传统教育之糟粕,以学生为教育的主体,进而培养全面发展的高素质人才。

2.利用大数据来了解评价学生

互联网、大数据已经成为未来社会发展不可阻挡的趋势,而教育也身处时代发展之中,因此更不可能置身事外。新课程改革中明确提出学生为教学主体,因此教师在教学过程中应根据学生的学习情况来设计教学内容。学生是发展的人,是独特的人,具有自身独特性;是具有独立意义的主体,是学习的主体。将大数据的收集和分析加入教学过程中,对学生学习情况、学习思想等进行了解,从某种意义来说是对新课程改革"以人为本"的学生观的践行。在传统教育中,我们传统的评价方式过分注重"他评",而忽视了学生的"自评",因此应该摒弃传统评价手段中机械、单一的缺点,避免在评价中不能科学地反映学生的天赋与能力。而使用大数据评价学生是顺应时代的潮流。借助互联网等现代技术为学生提供科学、全面的评价,根据综合评价情况,形成每个学生综合发展建议,针对学生个体进行评价,使评价更具真实性、可行性。例如现在高校最普遍的,利用大数据统计学生的出勤情况,让出勤也作为考核评价的一项。同样,大数据也可以分析目标监察情况,形成新的、全面评价,再根据综合来评价,确定每个学生综合发展建议,找出更适合学生发展的方案。

3. 提升自我信息化素养

在大数据时代背景下,教师信息化素养的提高必不可少,特别是对于中年以上的教师的信息化教改。什么是教师信息化素养的培养呢?主要分为以下几个方面来理解。

（1）教师对信息化素养的理解

信息化素养其主要概念包括信息意识、信息文化、信息技能,三者之间缺一不可,互相制约、互相依赖且共同发展。从某种意义上来讲,就是教师在对信息意识的认知上达到什么样的程度,信息文化和信息技能就需要同步具有去发现、检索、评价与利用该意识程度的能力,这是一项基本且综合发展的能力。

（2）教师应具备的信息素养

从大学语文课程教育观念发展来看,结合学术界对于语文教育教学发展的展望来分析,教师应具备以下几个方面的信息化素养。

获取信息的能力:教师在进行信息化教改中所求,即教师需要什么样的信息,并做出判断且能够在对应的信息化工具中选择所需的工具,从而能够快速高效地获取信息。

分析归纳能力:即教师在获取所需信息之后,需对获取的信息进行分析、筛选并进行正确的判断,归纳整理成为自己所需要的信息。

加工信息能力:即教师在归纳整理出自己所需信息后,能够对信息进行整理加工,成为自己能够进行教学表达基础知识的能力。

选择展示信息平台的能力:即教师在进行信息分析、加工之后,选择对信息展示平台的能力,该平台需要与教师的信息技术掌握能力匹配,从而能够更好地对信息内容进行创新创设教学场景,更好地提升教学质量。

（3）提升教师的信息化素养的途径

在适应新时代大学语文教学大数据背景的前提下,教师所掌握的信息技能是高校语文课程改革成功的一大关键,对于大学语文教师信息化知识的掌握,并不需要统一成为一种规定,而应是一种习惯。但是,其中最为基础的技能应进行统一的掌握,如信息化设备的使用,以及使用是否熟练等应成为优秀教师评选的一大考核内容。

（三）建立网络资源库

在大数据背景的影响下,高校语文教师在备课、上课、课后批改作业等方面不能只使用传统的方式,应该充分利用大数据的特点,根据教材内容来与大数据库做匹配,以此来找到相关信息资源,例如相关的视频、图片与资料等。从而丰富课堂内容,提高教学质量。同时也可以将自己的试讲内容、资料收集方法、经典课堂的分析等保存并发到教师平台,供全国各地高校教师进行交流学习,对本堂课进行点评分析,对高校语文教学进行探讨,不断优化语文教学内容。

二、文化安全在大学语文教学中的融入路径

文化安全作为国家安全体系的重要组成部分,其核心价值体系必须深深根植于国民心中。大学语文作为一门通识课,兼具基础性、综合性、工具性与人文性。它不但是构筑国民综合素质的基石,也是传承国家与民族历史文化的载体。因此,在大学语文教学中积极融

入文化安全的内容就非常重要且必要,太原幼儿师范高等专科学校进行了以下探索。

(一)加强师资队伍师德建设,提升教师文化传承和文化育人的意识和责任感

1. 加强师德建设,坚持立德树人

自古以来,师以德为本,育师先育德。教育的根本任务是立德树人。教师要树人,首先要立德。正所谓"经师易得,人师难求",以德服人才能更好地育人。要让学生形成成熟的人生观、价值观,走好人生的路,系好人生第一颗纽扣,教师的德行示范很关键。师德不仅体现在关爱学生、爱岗敬业等职业道德层面,更体现在教师的价值导向、政治认同、文化认同和家国情怀层面。因此,加强师德师风建设至关重要。

首先,加大学习力度。通过举办讲座、利用寒暑假组织教师进行线上线下培训等形式,组织教职员工进行学习。学习内容除了包含专业提升外,还有大量师德师风培训。广大教师在培训中牢记为党育人、为国育才的初心,明确了文化传承和文化育人的职责和使命,坚定"四个自信",特别是"文化自信",因为"没有文明的继承和发展,没有文化的弘扬和繁荣,就没有中国梦的实现",大学语文教师文以载道、文以化人的使命任重而道远。

其次,建立师德师风考评及奖惩机制。考评机制以《新时代高校教师职业行为十项准则》为依据,把坚定政治方向、自觉爱国守法、传播优秀文化放在首要位置。进一步对广大教师的师德师风进行规范和约束。

2. 提升教师文化传承和文化育人的意识和能力

大学语文除提升学生的语言文字运用能力之外,更重要的是通过中华优秀传统文化、社会主义先进文化等的传播,引导学生形成正确的人生观、世界观和价值观,培养学生的家国情怀、民族自豪感和使命感,树立文化自信。因此大学语文教师要提高这样的意识和能力,把大学语文课堂变成启迪学生思想的课堂、塑造学生心灵的课堂、传播真理的课堂。只有教师提高文化传承和文化育人的意识并牢记肩上的责任,才能在具体教学中得以体现,才能达到启智润心,培根铸魂的效果,最终形成教与学的良性循环。

(二)合理调整大学语文课程设置,以满足其文化传承和文化育人的需求

大学是学生从青少年向成人转变的重要阶段,其人生观、世界观和价值观尚未成熟。而作为传播中华优秀传统文化的语文学科的地位在大学阶段反而急转直下,成为公共基础课,有些学校为了给一些专业课让步,甚至将大学语文课压缩到一个学期。还有些学校把大学语文设置成了选修课。大学语文课时不足和非必修课的性质,使得教学内容无法完整地完成,学生自然也就不重视大学语文的学习,甚至是抱着混学分的态度。因此,要想使大学生对中华优秀传统文化产生认同感,培养其文化自信、家国情怀、社会责任感和民族自豪感,需要给予大学语文足够的时间和足够的重视,以满足其文化传承、先进文化传播和文化育人的需求。

(三)精选教学内容,让中华优秀传统文化焕发新的生命力

1.精选教学内容,激发学生兴趣

很多学生对大学语文没有兴趣,其中一个重要原因是大学语文课本中有很多篇目与中学甚至是小学课文是雷同的,致使学生失去了新鲜感。大学语文所选的教材一般都是国规教材,授课内容非常丰富,在教学过程中,各学校可以根据实际情况自行选择教学内容。这就为教学提供了自主性。

经过语文组教师的集体教研,反复筛选,在选择教学内容时,首先考虑的是文质兼美的经典作品,尽量避免与中小学阶段的篇目重复,或者有些经典篇目无法避免重复,我们会挖掘这些作品的现实意义,将教学的侧重点放在育人功能上,联系时代、联系时事,培养学生的家国情怀、社会责任、文化自信、人文情怀等,赋予文字作品新的生命和光彩,激发学生的学习兴趣。例如杜甫的《蜀相》这首诗,在中学阶段学生是学过的。但中学阶段学习的重点在于理解诗句含义,通过意象把握诗歌的感情,体会诗人忧国忧民的爱国主义精神,而在大学语文中我们对诗歌的解读则不止于此。我们要看到诸葛亮以实际行动践行了"鞠躬尽瘁,死而后已"的誓言,同时也要结合当下现实,思考怎样的人才是真的英雄,甚至平凡的工作者、社会主义建设者是不是英雄,这样的思辨内容既寓兴味于教化,激起学生关乎生活、生命、心灵、精神的思考,又对学生的人生观、世界观和价值观加以引导。

2.重新整合教材,最大限度地发挥教材的文化功能

语文组教师对学生进行了深入调研,大部分学生认为采用项目化教学对传承中华优秀传统文化和社会主义先进文化会起到明显的或一定的效果。在充分考虑到学生意见的基础上,教师进行反复研讨,将教材按照文化主题整合为"诵佳句品君子如兰""感时局慨历史维艰""纵情神吟自然物语"等九个主题,进行模块教学。例如"诵佳句品君子如兰"这一主题,我们选择了屈原、陶渊明、李白、马致远等往哲先贤的经典作品,他们或热血忠诚,或静达超脱,或率性纯真,或不慕名利,从他们的处世哲学中感受中国古代文人的道德情操和对国家前途命运的忧患,从而培养学生的家国情怀,增进学生对中华民族和中华文化的认同感和自豪感。而文化认同是最深层次的认同,是民族团结之根、民族和睦之魂。文化可以使人团结,也可以使人分离。只有当我们的国民对民族文化产生高度的认同,才能提升我们的文化软实力。只有文化安全了,我们的国家昌盛才可能得到保证。

(四)创新教学方法和手段,深层次感受中华文化魅力

1.小先生引领

"小先生制"是陶行知在普及教育实践中提出来的。这种模式对当下提倡的"生本教育"起着举足轻重的作用,对于师范类高校更是有着不同寻常的效果。

我们从各班挑选出一些比较优秀的学生作为小先生,课前教师与小先生进行教学任务的安排和研讨,督促小先生对课堂内容合理设计,并与本堂课的教学目标保持一致。这些活动把课堂教学与实践教学相结合,既提升了学生的职业素养,又提升了学生的文化素养,培养了健全人格,塑造了积极心态。

2. 让学生变成文化传播的主角

首先，组成学习小组，教师布置学习任务，小组成员协作完成。学习任务一般是预习阶段要了解作者和时代背景。这部分内容虽然简单，但很重要，其背后往往蕴含着宏大的历史背景和文化内涵。事实证明效果非常好，小组内部精诚合作，小组之间比学、赶、超，形成了良好的学习氛围，锻炼了学生的自学能力、合作探究能力，培养了学习的主动性，更重要的是学生对源远流长、博大精深的中国历史和文化有了更清晰和深刻的了解。这是教师讲解达不到的效果，正所谓"纸上得来终觉浅，绝知此事要躬行"。

其次，采用"分享式"教学模式，把学生真正变成学习的主体。课堂上学生不光要"听"，还要"说"。语言是思想的载体，让学生充分表达观点，分享感悟，交流思想，将学到的中华优秀传统文化、社会主义核心价值观等真正入脑入心，成为传播文化的主角。

3. 充分利用现代化信息资源，弘扬社会主义核心价值观

当今时代是信息化的时代，人们获取知识和信息的渠道不再局限于书籍和报纸。各种网络资源和媒体资源丰富，足不出户就可以遍知天下事。信息技术的飞速发展无疑也极大地推动了高校的教育教学改革，也为我们大学语文课堂注入了新的活力。

首先，教师可以将最新的时事热点融入相关的教学内容当中。例如舒婷的《致橡树》表达的是一种独立平等、相互扶持、相互理解的爱情观。我们在讲这首诗时结合一些感人的故事给学生举例，比如一对医生夫妇纷纷请愿奔赴武汉，并肩战斗，相互鼓励，抗击疫情。而在疫情期间，这样普通人的感人故事还有很多，学生也踊跃发言，进行分享。在这样的分享中，学生明白了真正伟大的爱情不是狭隘的你侬我侬的儿女情长，而是风雨相伴。

其次，鼓励学生利用网络资源和网络平台学习社会主义先进文化。语文的学习不应该逡巡于故纸堆，更应该开阔眼界，胸怀天下。绝大多数学生愿意利用教师推荐的免费学习平台，如《人民日报》《光明日报》、中国大学 MOOC 等进行学习，作为大学语文教师，我们应该鼓励学生广泛涉猎，放眼天下，做到家事国事天下事，事事关心。

参 考 文 献

[1] 李梁,王金伟.文化自信与价值观自信[M].上海:上海大学出版社,2017.

[2] 王千马.海派再起:一个名流社区的文化自信[M].上海:文汇出版社,2017.

[3] 陈先达.文化自信:做理想信念坚定的中国人[M].长春:吉林人民出版社,2017.

[4] 张继宏.中国自信的文化考量:文化自信铸就匠世匠心[M].北京:东方出版社,2017.

[5] 黄秋生,陈元,薛玉成.当代大学生文化自信现状及培养研究[M].北京:团结出版社,2017.

[6] 何子谦.大学语文与人文素质教育研究[M].西安:西北工业大学出版社,2017.

[7] 李程骅.文化自信[M].南京:江苏人民出版社,2018.

[8] 李建华.文化自信与中国伦理[M].长沙:湖南师范大学出版社,2018.

[9] 李建德,杨永利.中国道路的文化自信[M].北京:研究出版社,2018.

[10] 马雷,张立弛.淮河文化传统与文化自信:第九届淮河文化研讨会论文选编[M].合肥:合肥工业大学出版社,2018.

[11] 陆通.中华优秀传统文化与文化自信[M].长春:吉林出版集团股份有限公司,2018.

[12] 侯丹.大学语文创新教育研究[M].长春:吉林人民出版社,2018.

[13] 李改婷.大学语文教育学[M].郑州:郑州大学出版社,2018.

[14] 薛国栋.大学语文教育改革研究[M].长春:吉林大学出版社,2018.

[15] 党怀兴,郭迎.大学通识教育教材·大学语文[M].北京:高等教育出版社,2018.

[16] 陈正良,梁兴印,金忠."四个自信"之文化自信宁波蓝本[M].长春:吉林大学出版社,2019.

[17] 杨文启.文化自信:家国情怀品自高[M].武汉:武汉大学出版社,2019.

[18] 李仙娥,王琪玖.关中秦人文化性格与文化自信[M].西安:陕西人民出版社,2019.

[19] 麻进余.文化自信与城市文化建设:以大同市为例[J].集宁师范学院学报,2017,39(4):24-29.

[20] 范开田,范语砚.大学语文教育研究[M].长春:吉林出版集团股份有限公司,2019.

[21] 王双同.大学语文教育研究[M].北京:中国商务出版社,2019.

[22] 文智辉.大学语文教育与教学研究[M].长沙:湖南大学出版社,2019.

[23] 王西维.汉语言文学与大学生人文素质教育[M].长春:吉林人民出版社,2019.

[24] 赵宇飞.中国人的文化自信(典藏本)[M].贵阳:孔学堂书局,2020.

[25] 邹广文.当代中国文化自信研究论纲[M].北京:中国青年出版社,2020.

[26] 向勇.新征程:文化自信与融合创新[M].北京:金城出版社有限公司,2020.

[27] 陶元.文化自信引领高校校园文化建设研究[M].北京:中国原子能出版社,2020.

[28] 张波.新时代走向"强起来"的文化自信研究[M].长春:吉林大学出版社,2020.

[29] 于凌炜.新时代中国特色社会主义文化自信研究[M].北京:知识产权出版社,2020.

[30]　王淑卿.文化自信视域下传统文化的传承发展研究[M].长春:吉林出版集团股份有限公司,2020.

[31]　李川川.信息时代背景下大学语文教育研究[M].北京:中国大地出版社,2020.

[32]　马青芳.大学语文[M].北京:北京理工大学出版社,2020.